ニーチェとヘーゲル

ディオニュソス哲学の地下通路

山口誠一 著

法政大学出版局

目次

凡例

一、原文の隔字体は、本書では傍点を付し、イタリック字体は特に表示しなかった。ドイツ語原文で太字で強調されている場合やフランス語原文で名詞が大文字で強調されている場合には、本書では、太字で表示した。

二、著者自身による註記は、〔 〕で表示し、原文中の註記は［ ］で表示した。

三、本書でニーチェ用語を検索するに際しては、インテレックス社版データベース Nietzsche・Werke. Historische-Kritische Ausgabe. Hrsg. v. Coli, G. und Montinari, M., Walter de Gruyter & Co., München/Berlin/New York, 1994 を使用した。

四、本書でヘーゲル日本語文献を検索するに際しては、著者が構築しているヘーゲル日本語文献目録データベースを使用した。

五、引用文中の／は、改行を意味する。執筆年代表記中の／は、執筆期間を意味する。

六、本書で参照した主要文献の略号は、つぎの通りである。

DK: *Die Fragmente der Vorsokratiker*. Griechisch und deutsch v. Diels, H., Hrsg. v. Kranz, W., Weidmann, Berlin, 1974^{17}.（略号 *DK* の後に巻数と章と断片配列番号とを付記する。）

KGW: *Nietzsche・Werke. Kritische Gesamtausgabe*. Hrsg. v. Coli, G. und Montinari, M., Walter de Gruyter & Co., München/Berlin/New York, 1967ff.（部門数はローマ数字で表記し、巻数は算用数字で表記する。）

KdrV: Kant, I., *Kritik der reinen Vernunft*. Hrsg. v. Schmidt, R., Felix Meiner Verlag, Hamburg, 1956.

KSA: Nietzsche, F., *Sämtliche Werke. Kritische Studienausgabe*. Hrsg. v. Coli, G. und Montinari, M., Walter de Gruyter & Co., München/Berlin/New York, 1999.（第七巻以降の「遺された断想」については、この全集の分類整理番号と配列番号を付記する場合もある。たとえば、一一［一］。）

KSB: Nietzsche, F., *Sämtliche Briefe. Kritische Studienausgabe*. 8 Bde., Hrsg. v. Coli, G. und Montinari, M., Walter de Gruyter & Co., München/Berlin/New York, 1986.

Phän.: Hegel, G. W. F., *Phänomenologie des Geistes*. Hrsg. v. Wessels, H. und Clairmont, H., Felix Meiner Verlag, Hamburg, 1988.

PN: Merleau-Ponty, M., Philosophie et non philosophie depuis Hegel(I). Notes de cours, Texte établi et présenté par Lefort, C., In: *Textures.* Vol. 8–9, Éditeur responsable, Richir, M., 1974, pp. 83–129.

PSB: Hartmann, E. v., *Phänomenologie des sittlichen Bewusstseins. Prolegomena zu jeder künftigen Ethik.* Carl Duncker's Verlag, Berlin, 1879.

SW: *F. W. J. Schellings sämtliche Werke*. Hrsg. v. Schelling, K. F. A., J. G. Cotta, Stuttgart/Augsburg, 1856–1861.

VGP: Hegel, G. W. F., *Vorlesungen über die Geschichte der Philosphie*. Teil 1(1994); Teil 2(1996); Teil 3(1989); Teil 4(1986), Hrsg. v. Garniron, P. und Jaeschke, W., Felix Meiner Verlag, Hamburg.

W: Hegel, G. W. F., *Werke in zwanzig Bänden. Auf der Grundauflage der Werke von 1832–1845 neu editierte Ausgabe*. Redaktion: Moldenhauer, E. und Michel, K. M., Suhrkamp Verlag, Frankfurt am Main, 1969–1979.

WF: Schelling, F. W. J., *Die Weltalter. Fragmente. In den Urfassungen von 1811 und 1813*. Hrsg. v. Schröter, M., C. H. Beck, München, 1966.

序論

本書の課題は、仮象論とりわけ行為論という視点に立ってヘーゲルからニーチェへの地下通路に焦点をあてながら一九世紀ドイツ哲学史を刷新しディオニュソス哲学への道を現代に提言することにある。

現代社会は、ネット社会という仮想現実におけるイノベーションという課題に直面している。仮想と現実という両世界は、従来は矛盾し合っていて両者の間には明確な境界があった。しかし、ネット社会では、この両世界が矛盾し合いながらも弁証法的に統合することによってイノベーションの創造的活力を生み出している。してみれば、この弁証法的矛盾と統合の論理を哲学的に明らかにし、とりわけ自己創造的行為論を構築することは、二一世紀文明の未来にとって喫緊事である。そして、この自己創造論のもっとも豊かな哲学鉱脈は、ヘーゲルからニーチェに到る哲学史に埋もれているのである。

ところが、ヘーゲルからニーチェに到る哲学史の展開を解明した論文等はなるほど多少散見されるが、日本人が著した研究書は、わが国にはいまだに皆無である。(1) わずかに、K・レーヴィットの『ヘーゲルからニーチェへ』が、一九五二年から一九五三年にかけて翻訳刊行されたことがあるだけである。(2) こうして、本書は当該課題に関するわが国における先端研究となる。国際的には、当該課題に関する研究は、多いとはいえないが蓄積されてきている。(3) したがって本書はその蓄積の水準にかなう研究でもあることを目指して、一〇数年にわたって執筆してきた。

ところで、このたび、本書を上梓する機縁となったのは、法政大学で三度にわたって開催されたヘーゲル哲学に関する国際交流であった。まず、二〇〇五年秋にドイツのヘーゲル・アルヒーフ所長W・イェシュケが「ヘーゲルの体系」という講演を行った。この講演で、イェシュケは、『精神現象学』に到るまでのイェーナ期の体系形成に焦点をあてた研究から、ベルリン期の講義録における体系形成に研究の重点を移した。[4] 結果として、イェーナ期の『精神現象学』の固有性は、閑却されることになった。しかし、つぎに二〇〇七年の『精神現象学』刊行二〇〇年を迎えるにあたって、二〇〇六年春に「『精神現象学』二〇〇年日独哲学シンポジウム」がフンボルト財団後援で「法政におけるドイツ年」参加企画として開催され、『精神現象学』をめぐってドイツと日本の研究交流が二日間にわたってなされた。とりわけK・フィーベークが『精神現象学』緒論の懐疑主義に注目し、仮象論として『精神現象学』を解釈する方向を示し、[5] M・クヴァンテが[6]『精神現象学』自己意識の章から行為論的見地を摘出したことが印象的であった。そして、二〇〇八年春にもK・フィーベークが招聘研究員として来日し、「像を支配する柔らかい力──構想力についてのヘーゲルの哲学的構想」という講演を法政大学でも行った。この講演は、ヘーゲルの精神哲学の表象論のテキスト分析を通してその現代的意義を解明しようとしている。[7]

しかも当該講演は、フンボルト財団研究プロジェクト「概念とメタファー」の着手点を明示した『ヘーゲルとニーチェ』(二〇〇七年)の巻頭論文「像的なものと概念」[8] と実は補完関係にある。当該論文で編者フィーベークは、ヘーゲルとニーチェとの間に架橋しようとしている。ヘーゲル研究の側からも、表象論は先端研究なのである。また、メタファーの問題は、もう一人の編者グレイが、ニーチェの初期遺稿に依拠して先端的に解明している。[9] このようにして、いまやヘーゲルとニーチェのそれぞれの先端研究が出会う段階に到達している。

その点でフィーベークの研究の指針となっているのはR－P・ホルストマンの論文「ヘーゲルとニーチェの形而上学批判」(一九九三年)[10] である。ホルストマンによれば、ヘーゲルとニーチェとは、形而上学批判という点で軌を一にしており、さらには、判断ないし命題が真理を表現できるという見地を批判している点でも軌を一にしている。ヘーゲルは、そのことを『エンツュクロペディー』で語り、ニーチェは、「道徳外の意味における真理と虚偽について」で語っている。ハウルゲイトも、ヘーゲル派の立場から、ニーチェとヘーゲルは、カント流の二元論的形而上学を克服しようとした点でも軌を一にすると主張する。[11] つまり、物自体であれイデア界であれ、背後世界をみとめようとする形而上学に対して、ニーチェは遠近法的真理観を主張し、ヘーゲルは感性界と対立する超感性界に対して第二の超感性界を主張している。ブレアゼアレは、さらに踏み込んで、ニーチェにも弁証法があることを解明する。まず、ブレアゼアレは、一九六〇年代後半以降、ドゥルーズが、ニーチェを反弁証法の立場に立つ肯定の哲学者と解釈したことを批判する。[12] 両者についてのより根本的問題は、その肯定が否定とどのような関係にあるかにあるという。つぎに、対立し合うものを統一して肯定の立場に到るという弁証法的見地がニーチェにもあることをブレアゼアレは、ニーチェ研究史を概観しながら指摘している。

このようにして、これまでのヘーゲル＝ニーチェ関係研究史を少し概観するだけでも、ヘーゲルとニーチェとを対立させるドゥルーズ説に対して、両者の親近性を解明しようとする潮流が、今日まで連綿と続いていることが判明する。しかし、さらに考察してゆくとニーチェとヘーゲルとが相互に照らし合うことができるためには、ヘーゲルからニーチェへと到る一九世紀哲学史の地下通路の再検討を必要とすることがわかる。その点でレーヴィットは、神の死という視点からヘーゲルからヘーゲル左派を経由してニーチェへと到る地下通路を解明した。さらに近年では、N・ボルツが仮象論という視点に立ちながらカントからフィヒテそしてヘーゲルを経由してニーチェへ、さらには現代コンピューター論へと到る展開を概説している。[13]

著者は、以上の研究史を踏まえながら、仮象論をめぐる展開におけるヘーゲルとニーチェとの間にE・v・ハルトマンを補うとともに、仮象論をさらに行為論へと絞り込んで現代哲学との接点をも解明した。さらには、ヘーゲルとニーチェの相補的関係の根底には、古代ギリシアのディオニュソス崇拝という接点があることを研究の出発点とした。

この接点は、奇しくもM・メルロ＝ポンティ最晩年の遺書ともいうべき「ヘーゲル以後の哲学と非哲学」（一九六一年）における「仮象の絶対者」（PN, p. 91）という表現に凝縮している。なぜならば、仮象はニーチェ哲学の核心であり、絶対者はヘーゲル哲学の核心だからである。このようにして、メルロ＝ポンティは、当該遺稿で、ヘーゲル『精神現象学』とニーチェを「反哲学としての哲学」に数えている。

さて、以上のような立場からニーチェ哲学をとらえてみると、ニーチェ像そのものの転換にもつながってくる。なぜならば、ニーチェ哲学の反哲学性の由来は、レトリックの立場と当時の実証科学とりわけ心理学と生理学の批判的摂取にあることが判明するからである。レトリックの立場は、たとえば「古代レトリック講義」という講義草稿から判明し、この方向は、ほとんど未解明の批判版全集の第二部門を今後時間をかけて解明してゆけばますますニーチェ像の転換に寄与するであろう。

最後に、本書が成立するにあたって、著者は、多くの師友から恩恵を受けていることを心から幸いとする。法政大学大学院の授業「実践哲学研究」の二〇〇七年度受講者の方々には、本書の原稿をめぐる討論に一年間にわたって参加していただき感謝に堪えない。本書を刊行するに際しては、法政大学から二〇〇九年度競争的資金獲得助成金の交付を受けるとともに、法政大学出版局わけても秋田公士氏の御配慮に篤くお礼申し上げる次第である。

註

(1) 巻末参考文献一覧のB．ヘーゲル‐ニーチェ関係研究文献〈邦語〉の項参照。
(2) K・レヴィット『ヘーゲルからニーチェへ1・2』、柴田治三郎訳、岩波書店、一九五二年・一九五三年。
(3) 巻末参考文献一覧のB．ヘーゲル‐ニーチェ関係研究文献〈欧文〉の項参照。
(4) ヴァルター・イェシュケ「ヘーゲルの体系」、山田有希子訳、日本ヘーゲル学会編『ヘーゲル哲学研究』、第一二号、二〇〇六年、七頁〜三〇頁。
(5) クラウス・フィーベーク「意識自身の転回――『精神現象学』の意識の道程について」、満井裕子訳、日本ヘーゲル学会編『ヘーゲル哲学研究』、第一三号、二〇〇七年、四四頁〜五七頁。
(6) ミヒャエル・クヴァンテ「ヘーゲル『精神現象学』における承認関係の体系的意義」、竹島尚仁訳、日本ヘーゲル学会編『ヘーゲル哲学研究』、第一三号、二〇〇七年、七二頁〜八四頁。
(7) クラウス・フィーベーク「像を支配する柔らかい力――構想力についてのヘーゲルの哲学的構想」、赤石憲昭・野尻英一訳、山口誠一解説、『理想』、第六八二号、二〇〇九年、一六七頁〜一八七頁。

(8) Vgl. Vieweg, K. und Gray, R. T. (Hrsg.), *Hegel und Nietzsche. Eine literarisch-philosophische Begegnung*. Bauhaus-Universität Weimar, Weimar, 2007, S. 8ff.
(9) Vgl. Vieweg, K. und Gray, R. T. (Hrsg.), *a. a. O.*, S. 42ff.
(10) Vgl. Horstmann, R.-P., Metaphysik bei Hegel und Nietzsche. In: *Hegel-Studien*. Bd. 28, Bouvier Verlag, Bonn, 1993, 285ff.
(11) Cf. Houlgate, St., *Hegel. Nietzsche and the Criticism of Metaphysics*. Cambridge U. P., Cambridge, 1986.
(12) Cf. Breazeale, D., The Hegel-Nietzsche Problem. In: *Nietzsche-Studien*. Internationales Jahrbuch für die Nietzsche-Forschung. Bd. 4, Bouvier Verlag, Bonn, 1975, S. 146ff.
(13) Vgl. Bolz, N., *Eine kurze Geschichte des Scheins*. Wilhelm Fink Verlag, Münhchen, 1991.

第一編　ディオニュソス哲学の地下通路から

第一章　ディオニュソス的絶対者の謎
——ヘーゲルからアジアへの地下通路を踏み歩く

一　思索の地下通路としてのディオニュソス的なもの

（I）思索の領野には、日のあたる地表に開けた通路と、地下の深い闇に隠れた通路とが走っている。一つの思索を理解するためには、前者の通路だけではなくて、後者の地下通路をも突き止めなければならない。それは、わたしたちの生そのものに、この二つの通路が走っていることに由来する。そして、ニーチェの思索自身の地下通路を垣間見ることができるのは、自伝『この人を見よ』で、そのような思索者としての己れの面目を、「十字架にかけられた者に敵対するディオニュソス」（*KSA* 6, S. 374）と、発狂を目前にしながら表現したことのうちにである。ニーチェは、古代ペルシアのゾロアスター教の開祖ツァラトゥストラを通り、最後は、トラキア・マケドニアから古代ギリシア世界に入り込んだとも推測されている神ディオニュソスに行き着いたわけである。しかも、ツァラトゥストラも、ディオニュソスも、共にアジア世界と深い関係を持ち、ヨーロッパ化されたキリスト教とは、さしあたって異質に見える[1]。

ニーチェは、ディオニュソス経験に示唆されているギリシア的なものの地下通路について、こう述べている。「このディオニュソス経験には、ギリシア的なもの全てにとっての大きな深み、大きな沈黙がある。——この隠れた地下通路が、まだ埋もれたままであるかぎりは、わたしたちはギリシア人を知らないのだ。その発掘のために、どんなに多大の学識が、さらにささげられなければならないとしても、学者たちのやっきとなった目にも、こうした物事は何一つ映ることはないだろう。——ゲーテやヴィンケルマンのような古代愛好者の高尚な熱情も、ここではむしろ無理で、ゆきすぎた感じがする。待機し、準備することだ。新しい泉が湧くのを待つことだ。孤独のなかで、未知の顔や声に出会う心づもりをすることだ。現代のお祭り騒ぎと埃っぽさから、己れの魂をいよいよ洗い浄めることだ。あらゆるキリスト教的なものを、超キリスト的なものによって超克し、たんに振り捨てるだけではなく、――キリスト教の教えは、ディオニュソスの教えに対抗するものだったから――さらに南方を、自己自身のうちに再発見し、明るく輝き霊妙な南方の天空を、己れの頭上に張り巡らすことだ。魂の南方的な健やかさと隠れた力強さを、再びわがものとすることだ。一歩一歩、もっと包括的になり、もっと超民族的になり、もっと超ヨーロッパ的になり、もっと東洋的になり、ついにはギリシア的になることだ――なぜならば、ギリシア的なるものは、一切の東洋的なものの最初の偉大な結合であり総合であって、まさしくそれによってヨーロッパ魂の発端であり、わたしたちの〈新世界〉の発見であったのだから――。こうした命令のもとで生きるのは誰か？　そうした者にいつか訪れうるものが何であるかを知っているのは誰か？　ことによるとそれこそ――新しい日であるかもしれない！」（*KSA* 11, S. 681f.）。当該引用文で著者が注目したいのは、ディオニュソス経験のうちに、ギリシア的なものの隠れた地下通路が埋もれており、とりわけ「ギリシア的なるものは、一切の東洋的なものの最初の偉大な結合であり総合であって、まさしくそれによってヨーロッパ魂の発端である」とされていることである。したがって、ディオニュソス的なもののうちに、東洋的なものから、ヨーロッパ精神の発端への地下通路が隠されていることともなる。

（II）このことは、ニーチェ固有の主張である以前に、宗教史的事実にほかならない。しかも、近年の考古学的発掘によってディオニュソス崇拝は、ヘレニズム・ローマ世界に、広く行き渡っていたことが、具体的に判明しつつある。アレクサンダー大王のインド遠征後には、ディオニュソスは、狂乱の従者たちを連れて、インドに到るアジアを征服したという神話まで作られた。アレクサンダー大王は、自らをディオニュソスの生まれ変わりと考えていたともいわれる。また、その後、たとえば、グレコ・バクトリアの王デメトリオス二世の子アガトクレスが、アラコシアの王として鋳造させた金貨には、ディオニュソス像が描かれていた(2)。また、オクサス河畔のアイ・ハヌム（現在アフガニスタン）のギリシア人植民都市遺跡からは、小アジアはプリュギアのケライナイ近くを流れるマイアンドロス川の神マルシュアスの像が出土した。この像は、オクサス川にささげられている。マルシュアスは、ギリシア神話では、アポロンと楽の音を競って敗れたとされ、アウロスという楽器は、ディオニュソス崇拝の祭祀のためにだけ使用されたとされる(3)。

このディオニュソス崇拝は、ヘレニズム・ローマ世界では、アジア系民族の間にも浸透していた。それは、たとえばアジア世界でも前一世紀から後一世紀を中心に、ガンダーラ、タキシラ、スワートなどで製作された「化粧皿」に彫られたディオニュソス像から知られる。そのテーマや様式は、ヘレニズムの影響の濃い時代、サカ族時代、インド・パルティア時代に分けられる。ディオニュソス崇拝は、死と再生をめぐる現世的密儀宗教であったようである(4)。

そもそもディオニュソス崇拝は、古代ギリシア本土では、エレウシスなどを中心に成立した密儀宗教にも取り入れられた。密儀宗教の本質は、一定の秘蹟に参加させることによって、身分や階級のいかんを問わず、あらゆる人に永遠の生命と、霊魂の彼岸における幸福を与えるところにある。すなわち、各々の密儀宗団は、世俗社会から隔離された一つの特殊社会なのであって、人は、この霊的社会の一員となることによって、直ちに超自然的で聖なる恵みを与えられるのである。入会を許可され、その秘蹟に参加することを許可されること自体が、その人を世俗から区別するのである。

たとえば、エレウシスの密儀の入会式については、つぎのようなことが判明している。入会を希望し、それを決意した個人は、この宗教祭式の奥義を究めた入聖導師のもとに赴いて、この人に必要な儀式を指導してくれるように頼むのである。入聖導師は、請願者に対して、俗世の汚れを浄める払浄式を行う。つぎに、入聖式において、初心者は、厳粛荘厳な儀式の緊張のうちに、神の秘名を示され、秘蹟的意味を持つ聖句を伝授され、かつ密儀の象徴的行いの意味を理解させる聖なる伝承が、朗読されるのである。彼は、それから数日間の大斎を守った後、聖なる飲み物キュケオンを飲み、聖別されたパンを食べて、呪文をくちずさみながら、聖物に手を触れ、ここに滞りなく入聖式を終わって初心会員となる。さらに初心会員は、次第に熟達研鑽の功を積んだ後、奥義会員の位に進むのである。そして、初心会員には示されない秘儀が、明かされることになっていた。

エレウシスの密儀の祭礼には、毎年アテナイの郊外アグライの丘で行われる春の小祭と、エレウシスで盛大に行われる秋の大祭とがあった。そして、まだ小祭に参加したことのない初心者は、大祭に参加することを許されなかった。大祭は、八日間から九日間にわたって行われる大掛かりなものだった。その中心の儀式は、五日目にアテナイからエレウシスまで、イヤッコスつまり「稚児ディオニュソス」の神像を運んでゆく聖体行列であった。そして、祭りの終わりは、三千人の信徒を集める大会堂において演じられる象徴的密儀式であった。この儀式に参加した信徒たちは、秘蹟の力によって自らも神々の復活に与ることを許されたと信じ、未来永劫にわたる浄福を確信して、この世のものならぬ融和と平穏の歓喜に包まれるのであった。

ここで、注意すべきは、密儀宗教は、一般的にきわめて複雑な経過を辿って、紀元前六世紀頃に隆盛を誇るようになったことである。大略、ギリシアの各密儀宗教は、異国の神ディオニュソスを祭るディオニュソス祭礼が、それとは直接関係のない地母神を祭る五穀豊穣祈念の農業祭祀に入り込んで、成立したと考えられる。農業祭祀は、地に蒔かれた種子を咒言と咒作によって再び新しい生に蘇らせようとする農民の宗教儀式が、その原始形態であった。したがって、この農民祭祀の主宰神は、大地の生産力と地から生まれる穀物を象徴する地母神であり、後に草木花実の四季循環を体現する神が第二の主神として、これに加えられた。しかし、紀元前七世紀頃、各地の密儀宗教のなかに、ディオニュソス神が堂々と侵入し、抵抗に遭いながらも地母神と結合してゆくのである。

ディオニュソス崇拝とは、もともとは、極度の感情的興奮と集団的幻覚にもとづく野蛮な宗教的儀式である。信徒は、野山を駆け巡りながら、鮮血が滴る獣の生肉を嚙み、陶酔の境地に酔ったといわれる。ディオニュソスは、エレウシスの密儀においても、地母神などの神々と並んで、信徒の圧倒的信仰を受けたといわれる。このようなディオニュソス崇拝の混入によって、従来の密儀宗教は、農業祭礼的性格を棄てて、次第に純粋な彼岸宗教に転換していった。

他方、ディオニュソス崇拝の側から見れば、密儀宗教のなかに取り入れられて、来世信仰の中心的要素となることによって、その本来的特徴であった野蛮性を脱却して、人格的個人的宗教情緒に満ちた浄福を目指すことになった。[5]

(Ⅲ) さて、ヨーロッパ精神というより、ニーチェからすればドイツ精神の権化ともいうべきヘーゲルの著述にも、ディオニュソス的なものについての言及がある。とりわけ、絶対者の真理の比喩として、ディオニュソス崇拝に由来する比喩表現を用いていることは、重要である。なぜならば、ヘーゲルは、概念表現で示されない思索の地下通路を、比喩表現で示しているようにも見えるからである。「真なるものは、乱痴気騒ぎの（bacchantisch）陶酔であって、それに与るかぎり、誰も酩酊しない人はいない。そして、そのなかの或る人が、〔その陶酔から〕離れても、すぐに〔その陶酔に〕溶け込んでしまうので、その陶酔は、透明で単純な安らぎでもある」（*Phän. S.* 35）。ここで、ヘーゲルは、絶対者の現実的真理の契機ともなる否定的なものの生成消滅を、「乱痴気騒ぎの陶酔」と表現する。「乱痴気騒ぎの（bacchantisch）」は、ディオニュソスのローマ名であるバッコス（Bacchus）に由来する。[6] そして、ヘーゲルが、ディオニュソス崇拝を伴うエレウシスの密儀宗教に強い関心を持っていたことも周知のことである。[7] 啓示宗教の精神〔自己を霊として自覚する霊〕は「一つのパンテオン〔全ての神々を祀る神殿〕」（*Phän. S.* 35）でもあるから、ヘーゲルの意図を超えてディオニュソスと通じてもいる。『精神現象学』の比喩表現は、その地下通路を暗示している。その点で注目すべきは、『精神現象学』が、シラーの「友情」という詩のアレンジで終わっていることである。「この精神の国の杯からは、絶対精神に己れの無限性が泡立ち溢れ出る」（*Phän. S.* 531）。この表現は、いかにもキリスト教の聖体拝領の儀式に通じるようにも思える。つまり、赤葡萄酒を、キリストの血に見立てて飲むわけである。しかし、この儀式よりも古いディオニュソス崇拝や、エレウシスの密儀にも地下で、むしろ通じている。つまり、この葡萄酒ないしキュケオンで満たされるべき杯から溢れ出る無限性のおかげで、絶対精神は、誰一人酔わぬ者はない集団的陶酔に溶け込み、「生命なき孤独」（*ebd.*）を免れるのである。「杯（Kelch）」の語源のラテン語 calix は、葡萄酒をも意味したから、葡萄の精にして酒の神ディオニュソスが影を落としている。こうして、『精神現象学』の地下通路が、ここでも、その謎めいた姿をかすかに現している。

二　謎かけの書としての『精神現象学』

そもそも『精神現象学』という書は、それを読むことに堪えうる者には、謎をかけ続けてきた。しかし、この書は、何よりも著者ヘーゲル自身にとってさえも、謎となってしまっていたのである。なぜならば、当初「学の体系」第一部として公刊されながら、やがて『エンツュクロペディー』体系の一部門に組み込まれたにもかかわらず、ヘーゲルは、最晩年に「学の体系第一部」という規定を外して、再版を準備していたからである。その準備は、突然の死のために、序説の書き換えで、中断されたままになってしまった（*Phän. S.* 550ff.）。

ところで、著者は、旧著『ヘーゲル哲学の根源――〈精神現象学〉の問いの解明』で『精神現象学』は、方法の書であり、体系の書であることに先立って、問いの書であることを主張した。(8) そして、この問いの次元における『精神現象学』を、原 - 現象学と命名した。(9) この次元におけるさまざまな問いのうちで、もっとも根源的な問いは、「精神とは何か」である。この問いを遂行する方法が懐疑的方法であり、この方法によって構築された体系が『学の体系第一部・精神現象学』である。

「精神とは何か」という問いに対して与えられた応答は、端的には、「絶対者は主体である」となる。この主体は、また否定性ともいわれる。つまり、絶対者は、精神ととらえられ、それが、さしあたって実体として問われてゆくうちに、自己否定的に主体となってゆくのである。しかし、「絶対者は主体である」という命題は、哲学命題としては、「主体が絶対者の本質である」という命題を、必然的に生み出す。しかし、それでは主体の本質は何かといえば、否定性であることとなる。その否定性としての絶対者が、『論理学』では、「存在」「本質」「概念」と規定される。だが、ここで、事態はさらに暗転する。というのは、『論理学』第二版では、『精神現象学』を前提することがなくなったからである。これは、『エンツュクロペディー』成立の結果である。とすると、この絶対者の三つの規定は、『精神現象学』における否定性としての絶対者との必然的関連を失っている。換言するならば、『精神現象学』の否定性は、その終極へ到る道筋を失ったのである。あるいは終極へ到る保証を失ったともいえる。さて、それでは、『精神現象学』は、その保証を失うべくして失ったのか、あるいは、失うべきでなかったのに失ったのか。結局、主体としての絶対者は、肯定的終極へ到る否定性なのか、あるいは終極なき否定性なのかということである。

そもそも、「絶対者は主体である」は、「精神とは何か」という問いに対する応答とはいえ、いかなる応答なのか。それは、いわば方程式であり、けっして解答ではない。主語や述語に代入されるべき事柄を要求しており、その意味で謎を依然としてかけている。マルクスは、『経済学・哲学草稿』(一八四四年)で、そして、コジェーヴは、パリの高等研究院での『精神現象学』講義(一九三三年〜一九三九年)で、絶対者をめぐる謎解きをともかくも試みたともいえよう。

三　メルロ＝ポンティの『精神現象学』解釈

さて、これから検討するメルロ＝ポンティのヘーゲル論も、絶対者をめぐる謎解きの新しい試みでもある。それは、また現代哲学そのものが、この謎解きであるかもしれないことを示唆してもいる。

メルロ＝ポンティが、一九六一年五月の急死直前まで、「ヘーゲル以降の哲学と非哲学」と題された講義を、コレージュ・ドゥ・フランスで行っていたことは、比較的よく知られてはいる。しかし、それが、備忘録の体裁をとったままの講義用ノート(以下「ヘーゲル講義」と略記する)として、一九七四年からその翌年にかけてやっと公刊されたこともあって、少なくともわが国では、いまに到るまでまだ本格的に研究されてこなかった。(10) このノートは、『精神現象学』緒論をきわめて精緻に解読しながら、絶対者が現に存在する真の次元を、『精神現象学』の固有なる事柄として、終始討究しているがゆえに、『精神現象学』の謎かけを解明する上で、きわめて貴重である。しかも、その討究は、遺稿『見えるものと見えないもの』(一九六四年)として公刊された後期哲学の形成とも重なっている。何よりもそのことによって、メルロ＝ポンティは、『精神現象学』を、自らの求めていた「問いかけとしての哲学」に連なり、反哲学としての間接的存在論に連なる生ける哲学書として読み直している。

さらに、刮目すべきは、ハイデッガーが一九四二／四三年の演習にもとづいて著述としてまとめ、『林道(*Holzwege*)』(一九五〇年)に収録された「ヘーゲルの経験概念」をテキストとして用いていることである。このテキストは、『精神現象学』のホフマイスター第一版(一九三七年)から引用された緒論とそれに対する詳細な註釈とから成り立っている。メルロ＝ポンティは、緒論の引用を仏訳しながら、段落ごとに註釈を付している。その際に、ハイデッガーの註釈も綿密に読んでいる。[11] したがって、『精神現象学』を媒体としながら、メルロ＝ポンティがハイデッガーと対決していることともなる。これは、メルロ＝ポンティの「問いかけとしての哲学」が、フッサールそしてハイデッガーを通して形成されつつあったことを勘案すると、問いかけという次元で、ヘーゲル、ハイデッガー、メルロ＝ポンティそして、フッサールが重なり合うことをも示す。

ところで、以上の経緯からも、メルロ＝ポンティの『精神現象学』理解が、ハイデッガーの『精神現象学』理解を、批判的に継承しながら、独自の理解に到達していることは、容易に推察されるであろう。そもそも、両人の間には、ヘーゲル哲学全体に関する評価についての連続性が見られる。ハイデッガーは、体系の次元で、『精神現象学』を分岐点に二つの体系に、ヘーゲル哲学を分断している。この点に関しては、「ヘーゲルの経験概念」では、「『精神現象学』公刊の後、一〇年の間に『精神現象学』は、『エンツュクロペディー』(一八一七年)という講壇体系においては、精神哲学の局限された一部門へと転落している」[12] と簡単に述べられている。さらにハイデッガーは、そもそも『精神現象学』という書名も講壇哲学に由来しているのであり、本来、それは、『意識の経験の学』であるべきであったと主張する。なぜならば、その「経験」こそが、「存在者の存在」だからであり、解釈学的現象学に連なるからである。[13]

学は、ヘーゲルにあって、存在神学であり、存在論は『意識の経験の学』として展開し、神学は、『論理学』として展開する。[14] このようなヘーゲルの哲学体系は、『精神現象学』の講義では、「現象学体系」と「エンツュクロペディー体系」とに単純に二分されている。[15] それでは、何ゆえに、前者から後者への転落が生じたのであろうか。ハイデッガーは、それは推量するしかないと断った上で、こう推量している。「おそらくヘーゲルは、思惟する耳朶のうちに『経験する』という語の根源的意義の響きを所持していたであろうが、それを新たに鳴り響かせるということは、すなわち、経験すること（erfahren）を、手を伸べつつ到達すること（auslangendes Gelangen）として、この到達することを、現前することの仕方、つまり〈存在（εἶναι）〉の仕方として、新たに鳴り響かせるということは、やはり、あまりにも大胆すぎるように見えたのであろうか」[16] と。このようにして、ハイデッガーは、「存在者の存在」という自らの観点から、『意識の経験の学』の構想を高く評価し、その構想を記した文書として緒論を、綿密に解釈してゆくのである。

メルロ＝ポンティは、この「存在者の存在」という観点を、いわゆる「肉の存在論」からとらえ直しながら、ハイデッガーの評価区分自体を批判的に踏襲する。「〔『精神現象学』〕第一版において見出しなしに書かれた断章は、その後では、〈緒論〉と呼ばれる。それはヘーゲル自身が、絶対者の現前である『精神現象学』に、〈緒論〉はないともはや見ていないということである。一八一七年の『エンツュクロペディー』の時期に、現象学は学の一部、学の一分野に戻る。現象学はもはや、《或る観点から見た全体系》（イッポリート）とはならないであろう。一八〇七年には、相互浸透の関係、中心を同じくする状況、相互的包摂はあるが、それはやがて《肯定的に合理的なもの》の――あるいは思弁的なものの包摂的思惟に席を譲る」（PN, p. 125）。なるほど、肯定なき弁証法としての「相互浸透の関係」が『精神現象学』緒論には見られた。にもかかわらず、一八一七年の『エンツュクロペディー』では、肯定的に合理的なものの包摂的思惟に変化してしまったというわけである。このような脈絡で「しかし、この反‐哲学は、とりわけ反‐体系――スコラ化したヘーゲルに反対――であるが、一八〇七年までのヘーゲルに反対ではない」（PN, p. 88）

と述べられる。さらには、イッポリートを踏まえながら、「現象学は或る種の観点からすれば全真理である」(*ibid.*)とされる。これは、体系から外されながらも第二版が出版されようとした謎への一つの解答である。[17] ここで反対される哲学とは、「生から切り離された哲学」である。反哲学としてはマルクス、キルケゴール、ニーチェ、ハイデッガーを挙げている。ただし、マルクスについては、後で吟味することを含めている。

ところで、ニーチェは、メルロ＝ポンティが引用仏訳している『悦ばしき知識』第二版序説で、哲学を二つに大別している。「或る人にとっては哲学することは彼の欠陥であり、他の人にとっては哲学することが、彼の豊かさであり力である。支えとしてであれ、慰めとしてであれ、医薬としてであれ、救済としてであれ、昂揚としてであれ、自己疎外としてであれ、前者の人は、自分の哲学を必需品とする。後者の人にとっては哲学は、まさにひとつのけっこうな贅沢であり、うまくゆけば勝利を手にした感謝に対する歓びであり、それも、ゆくゆくは宇宙的な大文字で、概念の大空に書きつけられなければならないものである」(*KSA* 3, S. 347)。この二つの哲学の違いは、身体の誤解に端を発する。前者は、メルロ＝ポンティが反対した哲学であり、後者が反哲学としての哲学である。そして、さらに『精神現象学』をも反哲学として理解しようとする。そのような脈絡で、メルロ＝ポンティは次のように述べる。「生から切り離された哲学は薬であり、《思想の日向の場所》の探究である――哲学とはわたしたちが生きる当のものの、そして苦悩や嫌疑の《変容》である、なぜならば、生は《問題》なのだから」(PN, p. 90)。この言明は、ニーチェの『悦ばしき知識』第二版序説への註釈として書かれている。メルロ＝ポンティは、この序説の一部を仏訳して詳細に註釈している。当該序説は、まさしく病から快癒した健康な生を問題とするディオニュソス哲学の宣言であった。たとえば、「『悦ばしき知識』、――それは〔……〕快癒の陶酔に襲われた精神の、底抜け騒ぎの農神祭を意味する」(*KSA* 3, S. 345) とある。メルロ＝ポンティの思索は、その地下通路からいえば、『精神現象学』緒言のうちに、死と再生のディオニュソス的絶対者を突き止めようとすることになっている。メルロ＝ポンティは、ニーチェにおける神の死を、ハイデッガーの解釈に従いながら、彼なりに深めてゆく。「それは、絶対者というものを、死ぬことのできるものと考えなければならないことを意味している。しかも、それは、外的な原因によって現実存在から根こそぎにされる、たんに生きているだけのものの死という意味においてではない。むしろ、人間が意識、想起、自己自身の試練にかけられる否定性であるがゆえに、人間のなかに予示されている人間的死という意味においてである。――絶対者は孤独で生命のないものでないためには、そうした一切を必要とする（ヘーゲル）」（PN, p. 91）。ここに、引き裂かれて死んでも、なおも再生するディオニュソスの影を見ないわけにはゆかない。

このような観点から、メルロ゠ポンティは、ヘーゲル読解を絶対者解明として遂行し、つぎのような問題を設定する。「問題は、哲学とその敵対物との間の戦いではない。問題なのは、非‐哲学であることによって、哲学であろうとする哲学にある。――すなわち、《彼岸》としての、つまり第二の肯定的秩序としての絶対者ではなく、此岸を、すなわち複写を要求し、それを通じてのみ接近できる別の秩序としての絶対者へ道を開く《否定哲学》（《否定神学》という場合の意味）にある」（PN, p. 88）と。しかし、緒論には、絶対者についての積極的な主張は、わずかに二箇所しかない。一つは、「絶対者は、絶対的にすでにわたしたちのもとに存在しなければ、そして存在しようとしなければ」（緒論第一節）という箇所である。もう一つは、「絶対者だけが真なるものであり、すなわち、真なるものだけが絶対的である」（緒論第三節）である。この二箇所のもっと立ち入った説明を求めて、メルロ゠ポンティは、とりわけ緒論第一三節から第一七節までを、集中的に解明する。しかも、その解答は、意識の自己吟味を論じた第一三節の解釈から得られている。「かくして現象学の主題（現象知、知の現出）は、哲学の転覆をもたらすように思われる。絶対的自体はない、絶対的な『我々にとって』もない。――そしてそれは同じ諸理由、すなわち〔……〕自体と『我々にとって』との相互的相対化、その両者の相互浸透のゆえである。このことが意味するのは、絶対者という次元そのものであって、この次元はこれまでの哲学が考えられえてきたのとは別の仕方で考えられねばならないのだ」（PN, p. 114）。ここで、絶対者が相互浸透であるという解答が与えられている。あるいは、先程の絶対者への二つの言及箇所との関わりでは、こうもいわれている。「真なるものだけが絶対的であることが明らかにされた。真なるものつまり真実であることを証されるもの、労苦、生成、経験だけが絶対的である。すなわち、絶対的とは、解放され、縛られていないで、自足していることである。絶対者への外的関係も、絶対者と結びつくための手段もあるわけではない。絶対者への手引きはない。わたしたちは絶対者のもとに存在する」(PN, p. 119)。対象と知との間の相互包摂関係こそ絶対者であり、したがって、現象の奥に別の世界として絶対者の世界があるのではない。否定哲学だからこそ、絶対者について何も肯定的に語られていない第一三節から第一七節にかけての箇所から、メルロ゠ポンティは絶対者を読み取ろうとした。そして、「絶対者は主体である」という謎かけに対しても、つぎのように解いて見せる。「絶対者は主体であるという(後の)定式化は、絶対者は主体にすぎない、という意味ではない。《自由なもの》とは、自由なものと束縛されたものの自由である。絶対者は、絶対者と相対者との同一なるものである。真の主体は、主観と対象との主体性である。〔……〕真の哲学は絶対者を、現出のすなわち現象の別の側面としか考えることができない」(PN, p. 114)と。あるいは「ヘーゲル的絶対者は切り離された絶対者の死滅、神の死である」(PN, p. 127)と述べられ、ニーチェの問題設定に重ねる。

このようにして、メルロ゠ポンティによれば、ヘーゲルの絶対者とは、知と対象との肯定なき相互浸透であり、現象の背後世界ではなくて現象の別の側面である。そして、「意識が自分自身になるために意識が引き裂かれなければならない」(PN, p. 119)という意味で、死ぬことのできる神なのである。

四　「逆さまの世界」とディオニュソス的絶対者

ところで、著者は、このメルロ゠ポンティの解釈は、『精神現象学』緒論よりは、むしろ「力と悟性」の章の「逆さまの世界」によって、本来、より鮮明になるべきものだったと考える。なるほど、メルロ゠ポンティも「弁証法は逆さまの世界であるときっぱりいったのはヘーゲルその人であること」(PN, p. 104)を述べてはいる。しかし、問われているものの本質を、現象世界に求める問いかけの遂行[18]において、「逆さまの世界」を問うことはなかった。とはいえ、本来、肯定なき弁証法とは、この問いかけの方法だったのであり、それは、本質を内側の面とする現象的世界へ還帰することを前提とする。そして、そのような還帰が「力と悟性」の章で遂行されているのである。

この章で、ヘーゲルは、「感性的存在」と「内なるもの」を包括する現象を、「現象としての現象」と規定する。つまり、現象の外と内が二つの側面として区別されることとなる。それにもとづいて、「世界」を三つに大別してゆきながら、「逆さまの世界」へと立ち返るのである。第一に「感性的世界」であり、それは、「多くの対立」「交替」「変転」を特徴とする。第二に、その世界と対になる「第一の超感性的世界」であり、それは、「感性的世界」を映し出す「普遍的区別」を表現する「法則の静かな国」である。したがって、「第一の超感性的世界」は、「感性的世界」の「直接の静かな模像」にあたる。しかし、両者の世界は、実体にとどまっている点では同一なのである。そこで、「感性的世界」から「交替と変転の原理」を取り入れることによって、「第一の超感性的世界」が逆さまになった世界が、「第二の超感性的世界」ないし「逆さまの世界」である。その世界の原理は、「内的区別」ないし「事象そのものの交替」を表現する「現象そのものの法則」である。

この「現象そのものの法則」は、つぎのように定式化されている。第一に、自己に等しい事象が自己とは異名の事象になることであり、第二に、自己に等しくない事象が、自己に等しい事象になることである。このような「事象そのものの交替」を原理とする「逆さまの世界」は、無限的である。すなわち、「現象としての現象」の外面は、「有限なものそのもの」であり、「現象としての現象」の内面は、無限的である。ところで、無限的であるとは、「規定態」としての「有限なものそのもの」が、その有限性を自己否定するという意味で、限定が無効であることである。それをヘーゲルは、「己れ自身の反対」と表現している[19]。このような意味で、「逆さまの世界」の内面に無限的な絶対者としての弁証法を、有限者の透かし模様としても見通すことができる。「自己理解する経験の運動において、わたしたちは、経験の背後あるいは経験の下にある何かではなくて、経験において透かし模様になり、透かし模様でしか存在しない絶対者に触れる。後の著者〔ヘーゲル〕において同じ役割では二度と現れない『精神現象学』の否定性。働く否定性、働きつつしか否定性でないこの否定性は、哲学の内在－超越という二者択一を廃棄する。哲学とは、働きつつすなわちそれが働きかける〈存在〉との接触においてしか、否定的でないこの否定的なものの承認である」(PN, S.127)。これこそが、己れを引き裂いて死んだ神が再生したディオニュソス的絶対者である。これは、絶対者の生が、発展的に解体することのない矛盾を源泉としていることを意味している。

　ニーチェにおいても、キリスト教の唯一神が死んだ後に、ディオニュソスの神が再生する。そこで、このことを解明するために、次章では、一九世紀ドイツ哲学史におけるディオニュソス的矛盾の系譜を考察する。

註

(1) 著者は、キリスト教のなかにも、ディオニュソス的なものが、聖体拝領や謝肉祭という宗教行事ないし儀式として入り込んでいると考えている。この点については、本書一三頁を参照されたい。

(2) Cf. Tarn, W. W., *The Greeks in Bactria & India* (Revised Third Edition). Ares Publishers, Inc., Chicago/Illinois, 1997, p. 158.

(3) 前田耕作『バクトリア王国の興亡――ヘレニズムと仏教の交流の原点』、レグルス文庫、一九九二年、二七六頁以下参照。

(4) 宮武昭『ガンダーラ仏の不思議』、講談社、一九九六年、五六頁参照。

(5) 『井筒俊彦著作集1・神秘哲学』、中央公論社、一九九一年、一四五頁以下参照。ただし、他の関連諸文献も参照している。

(6) 『精神現象学』の金子武蔵訳や『精神現象学』序説の山本信訳では、bacchantisch(乱痴気騒ぎの)をbacchisch(バッカス祭の)の意味で訳している。後者の用例は、つぎの箇所にある。Vgl. *Phän.* S. 473, Z. 24, Z. 34.

(7) 青年期に「エレウシス」という詩を作っているし、『精神現象学』にもエレウシスの密儀についての言及がある。Vgl. W 1, S. 5, Z. 9; S. 230, Z. 1; S. 231, Z. 17; S. 285, Z. 20.; *Phän.* S. 77, Z. 6; S. 472, Z. 26. 比喩表現としてのエレウシスの密儀については、つぎの文献を参照されたい。Cf. Verene, D. P., *Hegel's Recollection. A Study of Images in the Phenomenology of Spirit.* State University of New York Press, Albany, 1988, pp. 35–36.

(8) 拙著『ヘーゲル哲学の根源――〈精神現象学〉の問いの解明』、法政大学出版局、一九八九年、四頁参照。

(9) 同書、二八頁参照。

（10）邦訳は、田島節夫・実川敏夫・田島由美子三氏によって、『理想』メルロ＝ポンティ特集号（一九七七年三月）誌上に掲載され、本書でも参照した。また、英訳としては、Maurice Merleau-Ponty, Philosophy and Non-Philosophy Since Hegel. Tr. by Silverman, H. J., In: *Telos*. No. 29, 1976, pp. 43-105 がある。しかし、この講義ノートに関する研究書ないし論文は、著者が構築したヘーゲル日本語データベース（一八七九～二〇〇五）や国立国会図書館編『雑誌・記事索引（CD－ROM版）』（一九九四～一九九八）、国立国会図書館所蔵和図書オンライン目録を、書名ないし論文題名に従って検索しても見あたらない。さらに、外国語文献に関しては、Steinhauer, K., *Hegel: Bibliographie*. Teil 1（1980）, Teil 2（1998）, K. G. Saur, München/New York/London/Paris では、つぎの論文だけが該当するだけであった。Cf. Silverman, H. J., Heidegger and Merleau-Ponty: Interpreting Hegel. In: *Research in Phenomenology*. Vol. 7, 1977, pp. 209-224.

（11）イッポリートの『精神現象学の生成と構造』の頁数も記されているので参照している。

（12）Vgl. Heidegger, M., *Holzwege*（*Gesamtausgabe*. I. Abreilung: Veröffentlichte Schriften 1914-1970. Bd. 5）, Vittorio Klostermann, Frankfurt am Main, 1977, S. 202.

（13）Vgl. ders., *a. a. O.*, S. 180.

（14）Vgl. ders., *a. a. O.*, S. 200.

（15）Vgl. Heidegger, M., Hegels Phänomenologie des Geistes（*Gesamtausgabe*. II. Abreilung: Vorlesungen 1923-1944. Bd. 32）, Vittorio Klostermann, Frankfurt am Main, 1980, S. 2ff.

（16）Vgl. Heidegger, M., *Holzwege*（*Gesamtausgabe*. I. Abreilung: Veröffentlichte Schriften 1914-1970. Bd. 5）, Vittorio Klostermann, Frankfurt am Main, 1977, S. 200.

（17）メルロ＝ポンティ自身は、この経緯に気付いていないようである。

（18）Cf. Merleau-Ponty, M., *Le visible et l'invisible*. Éditions Gallimard, Paris, 1964, p. 151.

（19）拙著『ヘーゲル哲学の根源――〈精神現象学〉の問いの解明』、法政大学出版局、一九八九年、一〇九頁以下参照。

第二章　ドイツ近代哲学史におけるディオニュソス神話

一　ドイツ近代哲学史とニーチェ

これから問題にする一九世紀のドイツ哲学の歴史には、実に多くの闇がある。しかも、ドイツ観念論を中心とする一九世紀のドイツ哲学は、ヘレニズム文化とりわけ新プラトン主義やグノーシス主義と同じように、さまざまな成分が含まれている途方もない混合体である。したがって、複眼的な理解が、不可欠である。なるほどドイツ観念論の成立過程については、もっぱらカントに淵源を求める単眼的理解が次第に訂正されつつある(1)。また、ドイツ観念論そのものについても、ヘーゲル中心の単眼的理解が訂正されてきている。しかも、フィヒテ、シェリング、ヘーゲルだけではなくて、ヘルダーリンやヤコービなども加えてもっと包括的な哲学運動として理解しようとしている(2)。しかし、ドイツ観念論以後のドイツ哲学の歴史については、複眼的理解がまだなされていない。たしかにヘーゲル学派の成立と分裂、キルケゴール以降の実存哲学成立のなかでのヘーゲルやシェリングの重要な役割がこれまで指摘されてきた。しかし、これらだけではまだまったく不充分である。とりわけ、ドイツ観念論と現代思想との関係を解明するためには、ドイツ観念論と一九世紀末のニーチェとの関係がきわめて重要である(3)。

この関係については、ハイデッガーとレーヴィットの理解が先駆的である。ハイデッガーは、ヨーロッパ形而上学の完成という観点から、ドイツ観念論からニーチェへの連続した展開を主張した(4)。しかし、形而上学の否定を特徴とする現代思想との関係は、消極的なものになる。このことは、形而上学の破壊を目指すハイデッガーからすれば不可避である。また、レーヴィットは、キリスト教批判という観点から、ヘーゲルからヘーゲル左派のD・シュトラウスやB・バウアーを経由してニーチェへ到る地下通路を解明しようとしている。[5] D・シュトラウスの『イエスの生涯』は、神話としてのイエスを、ヘーゲルの弁証法を駆使しながら実証した。また、バウアーは、『暴かれたキリスト教』(一八四二年)で、反キリスト者としてのヘーゲルを主張している。[6] これは、現代思想が無神論的であることを考えれば、ヘーゲルから現代思想への積極的展開を解明している。しかし、シェリングやフィヒテとニーチェとの関係は不充分にしか解明されていない。

たしかに、ニーチェ自身には、ドイツ観念論にキリスト教批判を見るという観点はない。むしろ、逆であった。「ドイツ人の間でなら、哲学は神学者の血で頽廃しているとわたしがいえば、直ちにその意味は理解される。プロテスタントの牧師はドイツ哲学の祖父であり、プロテスタンティズム自身がその原罪である。プロテスタンティズムの定義は、すなわちキリスト教の半身不随——そして理性の半身不随……ドイツ哲学が根本において何であるかをとらえるためには、『チュービンゲン神学校』という語を発音しさえすればよい、——それは狡猾な神学である……」(*KSA* 6, S. 176)。「チュービンゲン神学校」は、その後のドイツ観念論の主役となったシェリングとヘーゲルを輩出していることはいうまでもない。このようなニーチェの発言にもかかわらず、ドイツ観念論に関するニーチェ自身の哲学史的理解ははなはだおぼつかないものに見えてくる。K・フィッシャーの『近世哲学史』をよく読んでいた形跡はある(*KSB* 6, S. 101)が、ドイツ観念論の原典を系統的に読んでいた形跡はない。ただし、少なくともヘーゲルやシェリングに関しては、原典からそれなりの見識を得ていたといってよい。K・フィッシャーの『近世哲学史』のほかに、ヴァーグナーからのヘーゲル摂取もあったかもしれない。そして、何よりもD・シュトラウスの『イエスの生涯』を精読したことによって、ヘーゲルの弁証法を体得したであろう。たとえば、シュトラウスは、『イエスの生涯』第一四七節の「最後のディレンマ」で、霊の弁証法を披瀝している。神人キリストが存在するという信仰を、ヘーゲルの弁証法で概念的に説明している。「人類が自前で人類の理念を復活させることによって、とりわけ自らすでに〈霊の否定である自然性〉の否定が、それゆえ、否定の否定が、人間にとって真に霊的命へ到る唯一の道であるという契機に従って、神人の命を持つ個人も類に関わるようになる」[7]と。また、カントについては、ショーペンハウアーを通しても摂取していたことも間違いない。

二 『悲劇の誕生』からにおうヘーゲル

ニーチェの場合に注目すべきは、フィヒテから始まりヘーゲルに終わるという一見おさだまりに思えるドイツ観念論の理解が、意外にも一九世紀ドイツ哲学史の地下通路につながっていることなのである。そのことは、ニーチェの『悲劇の誕生』を、哲学史の地上の通路にこだわることなく精読すると判明する。そこで、ニーチェ自身に、『悲劇の誕生』の地下を貫く通路の存在をさらに明言してもらう。「――この本〔『悲劇の誕生』〕は不快にもヘーゲルのにおいがする、また、この本は、ほんの二、三の言い回しにおいてだけだが、とにかくショーペンハウアーの葬儀ふれ回り者用香水がしみこんでいる。一つの『理念』――ディオニュソス的とアポロン的との対立という理念――これが翻訳されて、形而上学的なものにまでなっている。歴史でさえもがこの『理念』の展開なのだ。悲劇においてこの対立が揚棄せられて統一に達する。このような観点から光をあてると、いまだかつて一度も面と向かい合って互いを眺め合ったことのない二つのものが、突如対置せられ、互いに相手に照らされ、はっきりと概念把握される……たとえばオペラと革命という二つのものが……」(*KSA* 6, S. 310)。

この言明からは、これまでのニーチェ理解を覆すようなメッセージが発信されている。第一に、『悲劇の誕生』の思索圏におけるヘーゲルとショーペンハウアーの比重が逆転する。というのは、ニーチェは、両者の影響を「におい」に喩えた上で、ヘーゲルからの影響については、「不快にもヘーゲルのにおいがする」と表現している。それに対して、ショーペンハウアーについては「葬儀ふれ回り者用香水がしみこんでいる」と表現している。どちらの表現も、肯定的とはいえないが、違いがある。ヘーゲルの不快なにおいは、『悲劇の誕生』の思索圏の体内から体臭のようにおってくる。それに対して、ショーペンハウアーの香りは、通説に反して『悲劇の誕生』の思索圏の体表に香水のように付着しているにすぎない。たとえば、アポロン的なものを律する「根拠の原理」も、体表につけるだけの香水でしかないということになる。しかし、『悲劇の誕生』本文では、ショーペンハウアーからの影響を、ことあるごとにニーチェ自身が明言しているが、ヘーゲルからの影響については、まったく語られていない。この落差が持つ意味を徹底的に解明する必要がある。端的にいって、その意味は、ニーチェの隠されたヘーゲル受容という地下通路にほかならない(8)。

ヘーゲルからの影響を「におい」と表現するのであれば、ニーチェは、不快な「におい」を明言している。ということは、不快ではない「におい」の可能性も出てくる。つまり、ニーチェがここで明言していないが、後年になっても、否定しないヘーゲル受容も潜んでいる可能性がある。この可能性については、『悲劇の誕生』そのものと、後のニーチェの言明等の両面から、さらに検討する必要がある。

そこで、まず、そもそもヘーゲルからの不快な「におい」を精査してみる。端的にいって、それは、ヘーゲルの「理念の弁証法的自己運動」という見地である。第一に、ここでの理念とは、アポロン的なものとディオニュソス的なものとの対立である。そして、第二に、理念が対立であるがゆえに、展開し運動する。それを揚棄と統一の過程と表現しているし、さらには、アポロン的なものとディオニュソス的なものとは反照関係にあって概念把握されるとまでいっている。ここで、ニーチェは、ヘーゲルの理念の弁証法の一般定式を精確に再現していることになる。

問題は、ニーチェがヘーゲルから弁証法を受容せざるをえなくなった理由である。それは、そもそも造形芸術あるいは演劇を、アポロン芸術と重ね、音楽をディオニュソス的なものと重ねたところに胚胎している。それは、ヴァーグナーの楽劇を、ギリシア悲劇の再生とする基本構想からして不可避になった。ところが、一方でヴァーグナーの楽劇そのものは、ヴァーグナー自身によれば、男性原理としての演劇と女性原理としての音楽との生殖ないし合体によって産出される。他方で、ギリシア悲劇そのものは、ニーチェによれば、アポロン的芸術衝動とディオニュソス的芸術衝動の対立拮抗によって産出されるのである。この二柱の神そのものは男性であるし、二つの芸術衝動を両性の各々に割り振る根拠も薄弱なのである。そして、そもそもニーチェにあっては、二つの芸術衝動の対立拮抗が、悲劇を産出する原動力であって、これは異性間の愛を基調とする生殖とは対立する。

　ニーチェも、たしかに生殖理論を認容するかのようなメモを遺している。「七［五二］自然は、生殖を両性に結びつけたように、芸術作品の産出という最高の生殖を個別化一般に結びつけた」（*KSA* 7, S. 150）。そして、『悲劇の誕生』冒頭の一節も、この遺稿を敷衍しているかのように見える。「もしわたしたちが、芸術の発展がアポロン的なものとディオニュソス的なものとの二元性に結びついていること、あたかも生殖が、絶え間もなく闘争を続けただ周期的にのみ和解を示すにすぎない男女両性の二元性に依存しているのと同様であるということを、たんに論理的に認識するにとどまらず、直観によって直接確証したならば、美学のためにわたしたちの得るところは多大なるものになろう」（*KSA* 1, S. 25）。たしかに、この箇所は、生殖理論のように読むこともできる。しかし、当該箇所の後には「このはなはだしく異なった二つの衝動は、多くの場合公然と軋轢《あつれき》を続けながら、繰り返し新たに層一層強健な児《こ》を設けるように相互に刺激し合っては、『芸術』という共通の言葉がたんに外見上橋渡ししているにすぎないかの対立の闘争の跡をこれらの産児のなかに永久にとどめるべく、相並んで進んで行く」（*ebd.*）とある。この箇所は、実は、ヴァーグナーのいう生殖理論と重なってはいない。[9] そして、遺稿でも、ニーチェのいう生殖は、「両性の対立拮抗」を基盤に据えている特殊な見地であることが判明する。「一四［一四］芸術は、ディオニュソス的なものとアポロン的なものとが対立拮抗し合うことを必然的な機縁にして進展する。それは、人類が両性の対立拮抗を必然的機縁にして進展するのと同じである」（*KSA* 13, S. 224）。そして、『悲劇の誕生』の終わりでは、こう述べられている。「悲劇におけるアポロン的なものとディオニュソス的なものとの難解な関係は、まさしく二柱の神の兄弟の結盟によって象徴しうるであろう」（*KSA* 1, S. 139f.）と。すなわち、『悲劇の誕生』冒頭では、「男女両性の二元性」あるいは「組(Paarung)」と表現されていた事態が、ここでは、「二柱の神の兄弟の結盟」と表現されている。両者は、明らかに矛盾し合うが、後者がニーチェの本心をはっきり表現している。なぜならば、この表現は、性別から脱却してアポロン的なものとディオニュソス的なものとの弁証法的関係に行き着くからである。この表現の後にはこういわれている。「ディオニュソスはアポロンの言葉を、しかしアポロンは最後にディオニュソスの言葉を語る」（*KSA* 1, S. 140）と。これこそが、ニーチェが、ヘーゲルの「におい」といっていることなのである。そして、そうであるならば、ヘーゲルからの影響が、ショーペンハウアーからの影響よりも強いことが判明する。なぜならば、ヘーゲルの弁証法が、悲劇を誕生させるからである。

三　『曙光』を導く弁証法的否定

つぎに問題となるのは、まさしく、ヘーゲルからニーチェへの地下通路の根幹となることである。それは、ヘーゲルの「におい」ではあるが、嫌ではない「におい」の方である。ニーチェは、これを「ドイツ的なもの」と、後に呼んでいる。「全ての真のロマン民族の人にとっては精神に反する罪である〈不合理なるがゆえに我信ず〉というあらゆる結論中もっとも危険なこの結論ほど、古来ドイツ魂に深い印象を与えたものはない。またドイツ魂をこれほど『誘惑』したものはないのである。——この結論とともにドイツ論理学がはじめてキリスト教の教義の歴史に登場する。しかし、一千年過ぎた今日においてもなお、わたしたち今日のドイツ人、あらゆる点において末裔のドイツ人は——ヘーゲルが当時のドイツ精神をしてヨーロッパに対する勝利をかちとらせるために用いた、あの有名な現実弁証法的な根本命題——『矛盾が世界を動かす。一切の事物はそれ自身に矛盾している』〔*W* 6, S. 74〕——の背後に、真理の幾らかを、真理の可能性の幾ばくかを嗅ぎ出すのである。わたしたちはまさに、論理学の内部に入り込んでさえ、厭世論者なのである」（*KSA* 3, S. 15）。この点で、ドイツ人がヘーゲル主義者であることは不可避なのである。「わたしたちが本能的に（ラテン語習得者たちの全てとは反対に）『存在する』ものに対してよりも生成や発展に一層深い意味と一層豊かな価値とを付与する——わたしたちは『存在』という概念の権能をほとんど信じない——かぎり、わたしたちドイツ人は、たとえヘーゲルごときが存在しなかったにしても、ヘーゲル主義者なのだ、同様にわたしたちが、わたしたち人間の論理をもって、論理そのもの・唯一の種類の論理だと容認する気にはなれない（むしろわたしたちは、それが特殊な場合のものにすぎないこと、おそらくはもっともまれでもっとも愚劣な場合の一例だとばかり、我とわが身にいいきかせたがる——）かぎり、わたしたちドイツ人はヘーゲル主義者なのだ」(*KSA* 3, *S.* 599)。

こうして、ドイツ人の本能のなかに不可避にある意志が「ドイツ的なもの」である。それは、ヘーゲルに明示されている生成や発展の見地であり、矛盾を論理と考える現実弁証法なのである。しかし、ニーチェによれば、この論理学そのものは、道徳的な現象から生まれている。ドイツ論理学の背後に道徳の問題がある。「しかし論理学的な価値判断はわたしたちの勇敢な疑いが降りてゆくことのできる一番下でもっとも徹底的なものではない。この判断の妥当性がそれに従って増減する理性への信頼は、信頼としては道徳的な現象である……」(*KSA* 3, *S.* 15)。換言すれば、ヘーゲルは、合理ないし論理の価値を疑って否定したが、道徳の価値を疑い否定することはなかった。そこで、ニーチェは、後者を疑い否定しようというのである。「理性への信頼[10]」とは道徳的な現象なのであり、「理性」とは「道徳」なのである。

そこで、ニーチェは、ドイツ観念論が疑うことのなかった近代道徳をも、「ドイツ的なもの」つまり弁証法的否定によって克服しようとする。「もしかするとドイツ的厭世論はその最後の手段をさらに講じなければならないのではあるまいか？　もしかするとそれはもう一度おそろしいやり方で、その我信ずとその不合理とを対置しなければならないのではあるまいか？　また本書〔『曙光』〕が、道徳の内部に突き進むに到るまで、道徳への信頼を乗り越えるに到るまで、厭世的であるとすれば、——本書はまさにそれによって一個のドイツ的な本ではなかろうか？　なぜなら、本書は実際に矛盾を明示しており、それをおそれないからである。本書のなかでは、道徳に信頼の解約告知が出されている——だがなぜなのか？　道徳にもとづいているから！」(*KSA* 3, *S.* 15f.)。「ドイツ的厭世論」が講じる手段とは、

「厭世的意志」を執行することである。「この良心を持つ人間としてのみ、わたしたち道徳を否定する者、今日のわたしたち神を失った者は、たとえもっとも疑わしいそして最後の末裔としてではあっても、やはり数千年来のドイツ的な正しさと敬虔の近親者であることを感じる。それどころか、或る意味では、その相続者でさえあると感じ、そのもっとも内面的な意志の、すなわち悦びを抱きながら否定するために自己自身を否定することをおそれない、前述のような厭世的な意志の執行者であると感じる！　わたしたちの内面においては、もし諸君が定式を望まれるなら、――道徳の自己揚棄が遂行される」（*KSA* 3, *S.* 16）。こうして、「厭世的意志」は、「悦びを抱きながら否定するために自己自身を否定することをおそれない」のである。そして、まさしく、『曙光』は、「道徳の自己揚棄」を遂行している。ただし、このような道徳の自己揚棄は、ニーチェの診断に反して、別の意味でシェリングにもヘーゲルにもある。

四　ヘーゲルとニーチェの仲介者シェリング

一九世紀ドイツ哲学史の地下通路にあって、後期シェリングはニーチェとヘーゲルを仲介する位置にある。というのも、弁証法的矛盾を、ディオニュソスの問題としてはっきりとらえたのは、シェリングだからである。ところで、ディオニュソスの問題は、シェリングの前期から中期を経て後期へと到る思索を集約している。前期シェリングにとってまず問題だったのは、フィヒテの第一根本命題「我は根源的にして絶対的に自己自身の存在を設定する」（*FW* I, *S.* 98）に表現されている絶対我の性格である。それは、何よりもけっして非我によってその働きを妨げられるような有限な我ではなく、本来どこまでも無限に自己を設定する我である。つまり、絶対我は、非我つまり世界の事物や他者を必要としない。これは、もはや、人間の我を越えた性格を持っていることになる。にもかかわらず、我と呼ばれているがゆえに、人間の主観性を脱却できないことになる。周知のように、シェリングは、この主観性の脱却を目指した。

前期シェリングは、『哲学一般の形式の可能性について』（一七九四年）と『哲学の原理としての我について』（一七九五年）によって、我をめぐる三つの根本命題に関して表面上フィヒテと同じ見解をとっている。とりわけ後者の著作では、無制約的なものを、物一般のうちにも、物となりうる有限な我のうちにも求めることができず、物となりえない絶対我のうちに求めている。

その際に、シェリングは、制約を意味するドイツ語 Bedingung が、物（Ding）に関係するがゆえに、制約とは反対に無制約的なもの（Unbedingtes）としての絶対我は、物を否定するから物に関係しないという説明をしている（*SW* I, S. 90f.）ことは興味深い。

しかも、絶対我をスピノザ的全一論で理解してもいる。すなわち、我は全ての実在性を含んでおり実体である。全ては我のうちに存在する。全ては我においてかつ我にとってのみ存在すると。このようにして、哲学は、我において「一にして全て」を見出したというのである（*SW* I, S. 193）。

したがって、前期シェリングのフィヒテ解釈において、すでにフィヒテのいう我の内容が無制約であることが強調された。この後、シェリングは、我の内容そのものを、観念的なものと実在的なものとの同一性に求めることになり、後者の実在的なものは、自然としてとらえられ、両者の同一性は、絶対的同一性としての絶対者としてとらえられることになる。この絶対的同一性の観点は、無差別と区別されながら中期そして後期においても相対化されてはいるが維持されている。たとえば、中期シェリングは、『人間的自由の本質』（一八〇九年）のなかで、「我性が全てのものであるだけではなく、逆にまた全てのものが我性である」（*SW* VII, S. 351）と述べて、フィヒテのように、全てのものを我性とし主観に還元することで事足れりとするのではなくて、自然のうちに我を探究する必要を説いているのである。これは、我をめぐる根本命題よりも、自然が先立つことをも意味している。そして、根本命題に先立つ「全てのもの」を表現する学問哲学を究明している。

『人間的自由の本質』では、スピノザ的な汎神論体系そして前期の同一哲学を脱却した弁証法的学問哲学を構想している。それによれば、まず哲学の原理は、精神的熱狂である。その熱狂は、弁証法という技巧へ向かう衝動を通して自己を表出する。つぎに哲学体系を構築してゆく際の哲学の規則が悟性による弁証法なのである。弁証法によって精神的熱狂をよりわけながら有機的な体系的秩序が形成される。その際に悟性は原像を見やりながら体系を形成するが、その原像とは、根源的な知恵としての理性である（*SW* VII, S. 414ff.）。

この弁証法の見地は、さらに副次的になるとはいえ、中期の『世界世代論』（一八一一年）でも継承されてゆく。それによれば、本当の学問哲学は、根源的に生きているものないし根源実在を叙述する。しかも、世界創造以前の時代から始めて現在と未来にわたる根源実在の展開の歴史を辿るのである。それに対して、これまでの学問哲学は、自己の諸概念や諸思想のたんなる帰結・発展であったにすぎない（*WF*, S. 3）。

ところで、被造物のなかでは人間だけが、この根源実在を知ることができる。それは、人間のうちにだけ超世界的原理が宿っているからである。なるほど、人間においては、この原理は原初の純粋状態のままではない。むしろ、別の低次の原理と結びついているので、事物の原像は、そこでは暗くなっている。しかし、原理は、まったく消えているわけではないので、認識の予感と憧れによって再び目覚めることができる（*WF*, S. 4f.）。

そのためには、想起が必要であり、さらに反省と分割が必要である。たんなる直観では無言のままなので、反省・言表が必要となり、そこに弁証法が出てくる。したがって、一切の学問哲学は弁証法を通ってゆかなければならない（*WF*, S. 8）。

ただし、弁証法の存在と必要性は、哲学がまだ現実的な学問になっていないことの証明でもある。なぜならば、学問哲学本来の方法は、問いかつ答え、知りかつ知らない、そうした内面的討議の術という哲学者の本来的な秘儀であるのに対して、弁証法は外面的な技術にすぎないからである（*WF*, S. 5）。

にもかかわらず、学問哲学は、現実的な学問へ到る道としての弁証法によって担われなければならない。そして、わたしたちは、探究者としてあらゆる意見の賛否を考量しつつ正しい見解が確立し、疑いのない仕方で永遠に根づくまで探究し続けなければならない。ただし、このことが書かれている当の『世界世代論』（一八一一年）は、世界の過去・現在・未来を、厳密な学問形式によってではなくて、伝達しやすい形式で比喩的な言い回しで語ったものにすぎない（*WF*, S. 9）。

シェリングは、さらに『世界世代論』（一八一四年／一八一五年）で、真の学問哲学を支える哲学命題について思索を深めている。まず、シェリングは、前期フィヒテが主張していた学問哲学の土台としての確実にして無制約的な根本命題をみとめていない。むしろ真の学問哲学は、制約された命題の運動を不可欠のものとする。もし、この運動がなければ、重要な諸命題は、あたかも生きた幹からもぎとられた果実のようなものとなってしまう。つまり、フィヒテのいうように或る命題が無制約的で確実であるならば、命題の運動は必要がなくなり、真の学問哲学は形成されない。したがって、最初の命題は、制約されたものであり、命題の運動を通して、別の述語を得ることによって制約からさらに解放されることになる。ここまでは、『精神現象学』の思弁命題論とかなり重なっている。

つぎに、シェリングによれば、矛盾は永遠の生の源泉であり、この矛盾を構成することが学問哲学の至上課題であるというのである。してみれば、矛盾律は、そのままでは哲学命題には適用されない。たとえば、「精神は自然である」および「観念的なものは実在的なものである」という哲学命題は、矛盾律に従うかぎり、理解できない。なぜならば、自然は、精神の対立概念であり、実在的なものは観念的なものの対立概念だからである。そこで、シェリングは、命題の連辞「である」を通常のように主語と述語の一致としてではなくて、「二つの統一の統一」として理解しようとしている。こうして「AはBである」という命題における「である」は、Aの本質とBの本質が、同一のxであることを意味していることになる。すなわち、主語Aと述語Bは、同一の本質xにおいて対立しながらも均衡しているという緊張状態の関係にある。ここでは、ヘーゲルにおけるようには統一されることはなく、互いに矛盾し合ったままの関係が肯定されている（*SW* VIII, S. 213ff.）。

むしろシェリングは、『世界世代論』（一八一四年／一八一五年）では、創造の働きの源泉を、矛盾によって「自己自身を引き裂く狂気」(*SW* VIII, S. 338) に求めている。まず、シェリングは、「一切の自覚的創造作用は無自覚的創造作用を前提する」(*SW* VIII, S. 337) とした上で、「無自覚的創造作用」は、古代のギリシア人たちによれば、「神的で神聖な狂気」(*ebd.*) の働きだったとする。それは、豹ないし虎が牽引する「ディオニュソスの車」に象徴されている「熱狂の野生の陶酔」(*ebd.*) である。これは、先程の哲学の原理であった「精神的熱狂」が、ディオニュソスと関連づけられたものである。ここに、シェリングにあって、弁証法的矛盾が、ディオニュソスの問題へと深まった。

五　シェリングからニーチェへ到るディオニュソス哲学の系譜

ディオニュソスの問題は、その後、ドイツ哲学史の地下通路で、ニーチェの『悲劇の誕生』へと行き着く。というのも、ニーチェのいう根源一者も、「永遠に悩める者」であり、さらに「矛盾に満ちた者」だからである。その点については、遺稿でつぎのようにいわれている。「七［一五七］矛盾が根源一者の本質であるかぎり、それはまた最高の苦痛でもあれば、最高の快楽でもありうる」(*KSA* 7, S. 199) と。あるいは「七［一二八］個別化は自己の究極の歓ばしい目的を達するために根源一者を必要とするのであり、それがために消滅は発生と同等の価値をおび、まったく同じように尊ぶべきものと化すのだ。そして、ひとたび発生したものは、消滅によって、個人としての自らに課せられた課題をまっとうしなければならない」(*KSA* 7, S. 192) と。このようにして、根源一者の本質たる矛盾とは、最高の苦痛が最高の快楽でもあり、消滅が発生と同等の価値をおびる事態にほかならない。これこそが、ディオニュソス的な現象である。「魔女の飲み物を偲ばせるのは——ちょうど薬が致命的な毒を思い出させるように——ディオニュソス祭の熱狂者たちの激情に見られるあの異様な混合と二重・分裂性にほかならない。すなわち、苦痛が快感を呼び覚まし、歓喜が胸から悲痛きわまる声をほとばしらせるというあの現象である」(*KSA* 1, S. 33)。

根源一者の本質が、消滅と発生、苦痛と歓喜という正反対の事象相互の分裂矛盾であるということは、根源一者が、快楽から苦痛への生成、苦痛から快楽への生成として存在することである。そして、そのような生成としての存在とは、後に権力への意志と呼ばれる。

ところで、このようにしてシェリングからニーチェへと通じている地下通路は、古典文献学の分野で、ディオニュソス問題をめぐる系譜のなかに見えている。そして、この系譜を、ニーチェ自身もはっきり自覚していた。

ディオニュソス問題をめぐる系譜について、B・v・ライプニッツは、『悲劇の誕生』におけるアポロン的なものとディオニュソス的なものの対立という見地に先立つ前史として、およそつぎのように考えている。ただし、ライプニッツは、ニーチェ自身がこの前史を自覚していたことを見落としている。まず前史の出発点に、ヴィンケルマンを据える。たしかに当該の対立はヴィンケルマンにもすでにある。しかし、陶酔と恍惚を特質とするディオニュソスという、アポロンに本来対立する見地がまだない。ヘルダー、ゲーテそしてヘルダーリンは、反キリストの革新思想の象徴としてディオニュソスを理解した。シュレーゲルは、ディオニュソスの陶酔と、アポロンのおだやかな熟慮との対立、さらには密儀のディオニュソスを重視した。そして、クロイツァーによって、ディオニュソスは、葡萄酒の神から、ディオニュソス・ザグレウスに転換する。これは、シェリングによって包括的かつ哲学的にとらえられた。この哲学的方向が古典文献学のなかで論じられた対立をさらに介して、ついにニーチェに辿り着く。その際にF・G・ヴェルカー、K・O・ミュラー、J・J・バッホォーフェン、リッチュルが仲立ちしている。[11] とりわけリッチュルは、竪琴としてのアポロン的なものと笛としてのディオニュソス的なものとの対立を基軸にした。このように、B・v・ライプニッツの指摘でも、ニーチェの哲学的先行者としてシェリングが登場している。

しかも、ニーチェ自身も、すでにシェリングを先行者として自覚している。[12] ニーチェとシェリングは、一九世紀ドイツ哲学史の地下通路でしっかりとつながっている。その地下通路が、ディオニュソス哲学の系譜なのである。ニーチェの講義「古典文献学百科全書」（一八七一年）ではこう明言されている。「ハイネとヨハネス・ハインリッヒ・フォスとが、一八世紀末に〔古代人の宗教と神話について〕さらに深く理解するきっかけを作った。それとともに啓蒙期の極端なエウエメロス説〔ギリシア神話の神々を人間の神格化とする説〕が続いた。その期間にギリシア神話学をエジプト起源やフェニキア起源にすることが繰り返し試みられた。いまやサンスクリット語に熟達していることが大切になる。つまり、いまやギリシア神話はインド的なものから導き出される。とりわけクロイツァー、そして彼の敵対者J・H・フォスとローベック、ヘルマン、O・ミュラーは、宗教を進んでギリシアの産物として理解しようとしている。神話の内容とは何かと問うに際して、O・ミュラーは、さまざまな種族におけるさまざまな見方を強調する。プレラーは、自然や環境や地震の神格化を強調する。異国の影響も考慮するゲルハルトは、それらの合一を強調する。そのほかに哲学的考察、とりわけ、再びクロイツァーに影響を及ぼしているシェリングによる考察。一見すると、とりわけさまざまな言語研究にすがっている。ヴェルカーにおける一種の予備的終結」(*KGW* II/3, S. 410)。B・v・ライプニッツの指摘に照らしながら、ニーチェの言明を分析すると、シェリングからニーチェへ到るディオニュソス哲学の系譜にクロイツァーやヴェルカー、O・ミュラー、プレラー、ゲルハルトが介在していることが判明する。とりわけクロイツァーが指摘している三つの姿(ザグレウス・バッコス・イヤッコス)をとるディオニュソスという見地は、シェリング[13]にもニーチェ(*KSA* 1, S. 72)にも見られる。

ヘーゲルも、シェリングやヘルダーリンとともに周知のようにディオニュソスをめぐる神話や崇拝と深く関わっている[14]。しかも、それは、表面的なものではなく根源的なものである。ヘーゲルは、青年期には、「エレウシス」という詩を作ってもいる(*W* 1, S. 230f., S. 285)。

このようにして、一九世紀ドイツ哲学史の地下通路を探ってゆくと、地上の哲学史も広がりをみせてくる。さしあたって、たったいま挙げたディオニュソス神話研究に関わった人たちの仕事を実証的に解明しなくてはいけない[15]。ニーチェの『悲劇の誕生』は、まさしくこのような地下通路へ通じている。

次章では、本章で一九世紀ドイツ哲学史の視点からニーチェにおいて確認された根源一者のディオニュソス的矛盾をさらに詳密に解明する。

註

（1） 拙著『ヘーゲルのギリシア哲学論』、創文社、一九九八年、六頁。

（2） この点については、拙論「物語としてのドイツ観念論――後期シェリングのヤコービ論を中心に」（哲学会編『哲学雑誌』、第一一九巻第七九一号（ドイツ観念論再考）所収、二〇〇四年一〇月、五七頁～七三頁）参照。

（3） この点については拙論「ニーチェからヘーゲルへ」（『法政大学文学部紀要』、第四六号所収、二〇〇四年三月、二五頁～四五頁）参照。

（4） Vgl. Heidegger, M., *Nietzsche*. Bd. 1, Verlag Günther Neske, Stuttgart, 1961, S. 421f.; ders., *Die Metaphysik des deutschen Idealismus*（*Schelling*）［*Gesamtausgabe.* II. Abteilung: Vorlesungen 1919–1944. Bd. 49］. Vittorio Klostermann, Frankfurt am Main, 1991, S. 193ff.

（5） Vgl. Löwith, K., *Von Hegel zu Nietzsche. Der revolutionäre Bruch im Denken des neunzehnten Jahrhunderts*. Bd. 1, Felix Meiner Verlag, Hamburg, 1955, S. 204.

（6） Vgl. Bauer, B., *Die Posaune des jüngsten Gerichts über Hegel*. Neudruck der Ausgabe（Leipzig 1841）, Scientia Verlag Aalen, Darmstadt, 1969, S. 6.

（7） Vgl. *Das Leben Jesu*. Bd. 2, Kritisch bearbeitet von David Friedrich Strauss. Verlag von C. F. Osiander, Tübingen, 1836, S. 735.〔法政大学大原社会問題研究所所蔵貴重書〕

（8） Cf. Porter, J. I., *The Invention of Dionysus. An Essay on The Birth of Tragedy*. Stanford U. P., Stanford/California, 2000, p. 192, Fn. 2.

（9） 生殖理論をめぐるヴァーグナーとニーチェとの相違については、谷本慎介「ニーチェのワーグナー・コンプレックス――『生殖理論』をめぐって」（三光長治他『思索する耳――ワーグナーとドイツ近代』所収、同学社、一九九四年）を参照されたい。

（10） ヘーゲルは、「理性が存在するという信念」（Glauben an die Vernunft）と表現している。Vgl. Hegel, G. W. F., Berliner Antrittsrede. In: *Gesammelte Werke*. Bd. 18, Hrsg. v. Jaeschke, W., Felix Meiner Verlag, Hamburg, 1995, S. 18.

（11） Vgl. Reibnitz, B.v., *Ein Kommentar zu Friedrich Nietzsche. »Die Geburt der Tragödie aus dem Geiste der Musik«*（*Kap. 1–12*）. Verlag J. B. Metzler, Stuttgart/Weimar, 1992, S. 61ff.

（12） ニーチェは、「ラテン文法講義」（一八六九年～一八七〇年冬学期）でも、言語の起源についての先行学説として、シェリングの「神話の哲学」から引用している（*KGW* II/2, S. 410）。

（13） Vgl. Schelling, F. W. J., *Urfassung der Philosophie der Offenbarung*. Teilband 1, Hrsg. v. Ehrhardt, W. E., Felix Meiner Verlag, Hamburg, 1992, S. 321ff.; *SW* 2/III, S. 188.

(14) ヘーゲルがヘルダーリンに贈るために執筆した詩「エレウシス」は、秘密結社フリーメーソンの神秘主義と関連しているかどうかが問題となる。とりわけフリーメーソンのゲルーが、フリーメーソンの合唱曲の歌詞として作詞した賛美歌との比較は重要である。Vgl. *Minerva*. Nr. XVII, 1792, S. 94ff.〔当該文献は法政大学市ヶ谷図書館に貴重書として所蔵されている。〕

(15) Vgl. Jamme, C., *Einführung in die Philosophie des Mythos*. Bd. 2, Wissenschaftliche Gesellschaft, Darmstadt, 1991, S. 58ff.; Frank, M., *Der kommende Gott. Vorlesungen über die Neue Mythologie*. Suhrkamp Verlag, Frankfurt am Main, 1982, S. 75ff., S. 245ff.

第三章　ニーチェの根源一者
――矛盾としてのディオニュソス

現代思想とりわけフランス現代思想は、一九六〇年代初頭に親ヘーゲルから親ニーチェへと転回した。それと同時に、とりわけドゥルーズは、ニーチェを反ヘーゲルと解釈するようになった。たしかに、この転回以前には、たとえば、バタイユは、『内的体験』（一九四三年）で、ヘーゲルの主人と奴隷の弁証法を、ニーチェの『道徳の系譜』の先取りと見なした。また、とりわけメルロ＝ポンティは遺稿「ヘーゲル以後の哲学と非哲学」（一九六一年）で、ヘーゲルを、ニーチェと同じようにディオニュソス哲学として解釈していた。しかし、翌年にドゥルーズは、『ニーチェと哲学』（一九六二年）で、ニーチェを反弁証法論者として評価しなおすようになったのである。このかぎりでは、とりわけヘーゲルとニーチェとの間には対立関係しかないこととなる。たしかに、ニーチェは、ソクラテスの主知主義に端を発する「近代的理念」総じて「万人にとっての真理」という考えに、鉄槌を振り下ろした。しかし、永遠回帰説は、全てが鎖でつながっているという全一論を含んでいて、その点でヘーゲルとの親近性も見られるのである。これは、ニーチェが反西欧近代でありながら、親古代ギリシアであるということに由来する。なぜならば、ヘーゲルも親古代ギリシアだからである。

端的にいえば、ヘーゲルとニーチェとの間の重なり合いを、三点にわたって確認することができる。第一に、矛盾を本質とする生成の重視、第二に、否定的なものを肯定的なものに転換すること、第三に、行為の根源を、権力への意志に求めることである。これらの重なり合いは、偶然なのではなくて、それぞれの思索の根源における重なり合いなのである。

そもそもヘーゲルとニーチェとの関係は、異同をたんに探るというようには一筋縄では理解できない。端的にいえば、両者の思索の重なり合いは、相補的なのであり、対立し合っている。[1] ということは、相互に融合しえない相違を持ちながらも、同時に関係し合うことによって矛盾の哲学という全体を形成するのである。そこで、その相補的重なり合いを、ニーチェの方から探究することによって、ニーチェの謎の一端を解明する。

一　ニーチェと全一論

そこで、ニーチェとヘーゲルとが、親古代ギリシアであることを、「一にして全て」という全一論の見地から、探究し始めることとする。それにしても、ニーチェは、プラトン主義的な背後世界を、偶像として批判しているし、カント以降のドイツ哲学をも批判している。にもかかわらず、ニーチェに、全一論という形而上学的見地を見届けようとすることは、ニーチェの本意に沿わないようにも思えよう。近年のニーチェ解釈の主流となってきた実存哲学や現代フランス思想も、反形而上学を規矩にしながらニーチェ像を描いてきた。また、レーヴィットのように、永遠回帰説に、ギリシア的ピュシスへの回帰を見る場合にも、ギリシアから近代にまで流れる全一論のうちにニーチェを位置づけることはしない[2]。

しかし、ニーチェは、自分の先行思索を、さまざまな仕方で挙げていて、「二五［四五四］わたしの祖先――ヘラクレイトス、エンペドクレス、スピノザ、ゲーテ」（*KSA* 11, S.134）と述べてもいる。これらの思索者は、いずれも全一論と密接な関係を持っている。全一論を「一にして全てである」と定式化するかぎり、ヘラクレイトスの「全ては一である」（*DK* I, 22, B50）さらにはプロティノスの「一者が全てである」（*Enneades*. V3, 15, 23）[3] とも重なってゆく。それどころか、ゲーテを評価する際には、こう述べている。「そうした自由となった精神者〔ゲーテ〕は、歓びにあふれ信頼のおける宿命論をたずさえ、個別的なものだけが非難されるべきであり、全体のうちでは、全てが救済され、肯定されているとの信仰を抱きつつ、全てのただなかに立っている――彼はもはや否定することがない……しかしそうした信仰は全ての可能な信仰のうちの最高のものである。すなわち、わたしはそれをディオニュソスと命名した。――」（*KSA* 6, S. 152）と。ここで、ニーチェの思索の根源たるディオニュソスという信仰で理解されているのは、「個別的なものだけが非難されるべきであり、全体のうちでは、全てが救済され、肯定されているとの信仰」である。これは、典型的な全一論にほかならない。ゲーテ自身も、「一にして全て」という詩を書いている。「たえず活動し、たえず創造の行為を続け、／まず自己を形成し、やがて変容する。／ただ見た目にだけ瞬時の静止がある。／永遠なものが全てのなかに休みなく働く。／全てが存在のなかにとどまらんと思えば／消滅して無に帰さなければならない」(4)。ここで、ゲーテは、創造と消滅の必然的生成と、永遠なる一者が全てのなかにとどまるという全一論とを統合しているのである。

晩期のニーチェは、ゲーテとヘーゲルとの間に、全一論としての親近性を、つぎのように指摘している。「九［一七八］ヘーゲルの考え方は、ゲーテの考え方からあまり遠くない。ゲーテがスピノザについて述べている言葉を聞くがよい。そこには、全てのものと生命を神化しようとする意志があり、これによって、それを直観し、観照することのなかに平静と幸福を発見しようとするのである。ヘーゲルはいたるところに理性を求める――人間は理性の前には頭を垂れ、謙虚になることができるのだ。ゲーテの場合には、歓びにあふれ信頼のおけるといってよい一種の宿命論があり、それは、反抗を引き起こさず、意気阻喪も知らない。そして、全ての全体のなかではじめて救済され、善かつ正義なるものとして現れるという信念を持って、自己を一つの全体性にまで形成しようと努める」（*KSA* 12, S. 443）。ここで、ニーチェは、ヘーゲルの理性を、ゲーテの汎神論ないし全一論と重ねようとしている。

この全一論があってこそ、ニーチェにあっても「近代性の理念」を批判する際の支点ともいうべき「大いなる自己愛」が、永遠回帰説とはじめて結びつくことができるのである。ニーチェの全一論は、「全てを鎖でつながっていて、糸で貫かれて、深く愛し合っているものとして」（*KSA* 4, S. 402）と表明されている。この見地は、『悲劇の誕生』では、根源一者からつぎのようにいわれてもいた。「ディオニュソス的なものの魔法のもとでは、人間と人間との間のつながりが再び結び合わされるだけではない。疎外され、敵視され、あるいは圧服されてきた自然も、その家出息子である人間と再び和解の宴を祝うのである」(*KSA* 1, S. 29) と。

このような全一論は、『ツァラトゥストラ』の永遠回帰説にも含まれている。たとえば、鷲と蛇は、意味を理解しないまま、こう歌っている。「全ては行き、全ては帰ってくる。存在の車輪は永遠に巡る。全ては死に、全ては再び花ひらく。存在の年は永遠に巡る。／全ては破れ、全ては新たに継ぎ合わされる。存在の同じ家が、永遠に建てられる。全ては別れ、全ては再び挨拶し合う。存在の円環は、永遠に己れに忠実である」(*KSA* 4, S. 272f.)。

存在は、車輪であり、永遠に巡る年であり、永遠に建てられる同じ家であり、円環なのである。いずれも生成の運動でもあるような実体である。生成は、車輪の回転であり、年の循環であり、家の建築であり、円運動なのである。全体として同一物の永遠回帰といわれる。しかも、その同一物は、全一的多でもある。

とはいえ、さしあたって、ニーチェは、万人の理性に対して、「わたしの徳」「わたしの趣味」というかたちで、身体的な自己への大いなる愛に立脚する。自己を本当に愛することから、他者への愛を考える。そして、そのような自己を愛するためには、自由意志を行使することから生まれる責任から解放されることを主張する。それが無垢な人間であり、人を責めないし、自分を責めることもない。してみれば、そこに他者へと開かれた自己愛が自ずと生まれる。しかも、全てが鎖でつながり、愛し合っているならば、自己への愛は、自己がそのうちにある世界そのものへの愛、運命愛にもなる。「全てを、新たに、そして永遠に、全てを鎖でつながっていて、糸で貫かれて、深く愛し合っているものとして、おお、そのようなものとして、あなたがたはこの世界を愛したのだ！」(*KSA* 4, S. 402)。

つぎに、ニーチェの全一論が、とりわけヘーゲルと相補的になる淵源を、ニーチェが、自分の祖先の筆頭に挙げたヘラクレイトスに探る(5)。

二　ニーチェのヘラクレイトス理解

ニーチェとヘーゲルが相補的になる見地は、まず、ニーチェの思索の根源にあっては、ディオニュソスそしてディオニュソス的なものに含まれている。たとえば、ニーチェは、一八八八年春頃に執筆された断片で、『悲劇の誕生』を回顧しながら、こう述べている。「一四〔一四〕『ディオニュソス的』という言葉で表現されているのは、統一への衝動であり、個人、日常、社会、実在を忘却の深淵として越え出てつかみかかる働き、すなわち、より暗く、より豊満で、より浮動的な諸状態のうちへと激情的に痛ましく溢れ出る働きであり、あらゆる転変のうちにあって変わることなく等しきもの、等しい力を持つもの、等しい浄福を恵まれているものとしての、生の総体的性格へと狂喜して然《しか》りと断言することである。大いなる汎神論的共歓と共苦であり、生産へ、豊饒へ、回帰へ向かう永遠の意志からして、生のもっともおそるべきもっとも疑わしい諸固有性をも認可し神聖視するところのものである。創造の働きでもあり絶滅の働きでもある必然だという統一感としてそうなのである」（*KSA* 13, S. 224）と。本章冒頭で示したヘーゲルとニーチェとの間の重なり合いの第一点は、「創造の働きでもあり絶滅の働きでもある必然性だという統一感としてそうなのである」に対応し、第二点は、「あらゆる転変のうちにあって変わることなく等しきもの、等しい力を持つもの、等しい浄福を恵まれているものとしての、生の総体的性格へと狂喜して肯定し断言すること」に対応し、第三点は、「越え出てつかみかかる働き」に対応する。

　ディオニュソス的なものが、実際の歴史上、このようなことであったか、ここでは問題ではない。むしろ、断片で挙げられている特徴の全てを、ニーチェは、ヘラクレイトスの生成の哲学のうちに見ていることが決定的である。『この人を見よ』の『悲劇の誕生』解説部分でこう述べている。「わたし以前にはこのようなディオニュソス的なものを一つの哲学的パトスへと移植した例がない。つまり、悲劇的な知恵を持っている者がいない。〔……〕ヘラクレイトスの場合にはその兆候がないとはいいきれないようにわたしには思われた。とにかくこの人のそばにいるとわたしは他のどこにいる時よりもずっと暖かく、快適な心地がする。流転と破壊との肯定、これこそディオニュソス哲学なるものにおいて決定的なことだ。対立と闘争とに対する肯定、『存在』という概念をさえ徹底的に拒否して、あえて説く生成――これらは、何はともあれ、これまでに考えられたことのなかでわたしの考えにもっとも近いものとわたしはみとめざるをえない。『永遠回帰』の教説、すなわち、絶対的に、無限に反復される万物の循環の説――ツァラトゥストラのこの教説も結局のところすでにヘラクレイトスによって説かれていたのかもしれない」（*KSA* 6, S. 312f.）と。ここで、いわれているように、ヘラクレイトスの全一論的生成は、ニーチェにあっては、永遠回帰説と一体化されて、こう述べられている。「三八［一二］もっとも単純なものから発してもっとも多様なものへ、もっとも静かで硬く冷ややかなものから、もっとも灼熱し、荒々しく、自己矛盾的なものへ進みゆき、そしてまた再び充満から単純なものへ、矛盾の戯れから歓ばしき調和へ引き戻り、自ら自身を肯定しつつこの自らの同じ軌道と年月のなかにとどまり、永遠に回帰せざるをえないものとして、いかなる飽食も、倦怠も、疲労も知らない生成として自らを祝福する――、永遠の自己創造と自己破壊のこのわたしのディオニュソス的世界」（*KSA* 11, S. 611）。

このようにして、ニーチェは、ヘラクレイトスのうちに、ディオニュソス哲学あるいはディオニュソス的なものを見たのであり、ここにこそニーチェの原型を目撃することができる。このロゴスがニーチェ独自のかたちで表明されている作品こそが、『悲劇の誕生』なのである。

三　根源一者としてのディオニュソス

そこで、これから、『悲劇の誕生』に依拠しながらディオニュソス的なものあるいはディオニュソス哲学を、もっと詳しく解明する。たとえば、『悲劇の誕生』再版に付した「自己批評の試み」（一八八六年八月）で、こういわれている。「実際、ディオニュソス的とは何か？――この本のなかに、その答えがある、――」（*KSA* 1, *S*. 15）と。まず、ニーチェは、芸術の発展、とりわけギリシア悲劇の誕生を、ディオニュソス的なものとアポロン的なものとの二重性から説明しようとする。ディオニュソスは、「真に実在する根源一者」であり、「永遠に苦悩する者」「矛盾に満ちた者」（*KSA* 1, *S*. 38）である。この苦悩は、悲劇作品というアポロン的な夢・仮象から生まれる美的快感によって救済される。この考えは、「世界の存在は、美的現象としてのみ是認される」（*KSA* 1, *S*. 17）とも表現される。もっと詳しくは、「もっとも苦悩する者・もっとも対立的な者・もっとも矛盾に満ちた者としての神は、仮象においてのみ救済されることができるのであって、世界というのは、このような神の永遠に変転する、永遠に新しい幻影である」（*ebd.*）ということになる。

ここで注意すべきは、ディオニュソスが「根源一者」と、仮説としてであれ、規定されていることである。これは、ショーペンハウアーの「根源意志」と同一であるともいわれる。たしかに、根源意志と、その表象としての世界という図式からするかぎり、根源一者は、根源意志である。また、ショーペンハウアー自身が、意志が一であることを強調しているので、そのかぎりで根源一者は、根源意志の言い換えと考えることができる。しかし、この一者は、意志であると同時に、それにとどまらずディオニュソスなのである。そのことについては「ディオニュソスこそ真に実在する唯一のもので、それが戦う英雄の仮面をつけ、いわば個々の意志の網にひっかかって、多数の人物となって現象するのである」（*KSA* 1, *S*. 72）と明言されている。したがって、ギリシア悲劇の有名な主人公であるプロメテウスやオイディプスも、ディオニュソスの仮面にすぎなかったこととなる。後に、悲劇的人間にディオニュソスの苦悩を見たことをつぎのように明言している。「悲劇的人間はもっとも苛烈な苦悩をもなお肯定する。彼は、そうしうるほど充分強く、豊満であり、神化されているからである」（*KSA* 13, *S*. 266）。ここで、根源一者は、存在そのものといわれ、苦悩は否定されるのではなくて、肯定される。つまり、苦悩は、悦びになる。ニーチェにおいては、苦悩は、快楽主義のように避けられるのではなくて、むしろ、苦悩に飛び込む。したがって、「大いなる苦悩の鍛錬」（*KSA* 5, *S*. 161）

という表現も見られる。

ニーチェは、苦悩が悦びに変わる事態を、さまざまな場面で問うている。まず、万人の理性に納まらない自己を、行為へと突き動かす情熱ととらえ、苦しめる情熱が、悦びの情熱になるという。苦しめる情熱とは、肉欲、支配欲、我欲であり、万人の理性からは、悪となる。しかし、「わたしの善」からは、つまり、人間たる自己を超克しようとする観点からは、善となり、悦びの情熱となる（*KSA* 4, S. 42ff.）。

そもそも、ニーチェによればギリシア悲劇は、かなり長期間、ディオニュソスが主人公だった。「〔……〕あの主人公は、密儀の苦悩するディオニュソス、個体化の苦悩をわが身に経験するあの神にほかならない」（*KSA* 1, S. 72）とされ、「八つ裂きにされた神としてのあの存在〔ザグレウス〕において、ディオニュソスは残虐凶暴な魔神《ダイモン》と温和で心優しい支配者という二重の性質を持っている。ところで、秘祭の行者《エポプテース》たちの希望は、ディオニュソスの復活に向けられていたが、この復活によって個体化の苦しみは終わるのだ、とわたしたちはいま見当をつけておかなければならない。行者たちのどよめく歓呼の歌がとどろいたのは、この来るべき第三のディオニュソスに対してであった。この希望があればこそ、引き裂かれて多くの個体に崩壊した世界の顔にも、一筋の歓喜の光がさすのであった。このことを神話は、永遠の悲嘆に沈んでいたデメーテルが、もう一度ディオニュソスを生むことができると告げられたときに、はじめてまた悦びを取り戻したという話で象徴的に示している」（*ebd.*）。ニーチェによれば、ここには、つぎのような悲劇的知恵が含まれている。それは、①全て現存するものは一つであるという根本認識、②個体化を禍ないし苦悩の根源と見なす見方、③芸術は個体化の呪縛を破りうるという悦ばしい希望であり、合一が復活されるという予感である。

これは、たいへんヘーゲル的なトゥリアーデであり、当時のニーチェのヘラクレイトス解釈とも符合する。なぜならば『悲劇の誕生』を公刊した一八七二年夏学期講義の題目が、「プラトン以前の哲学者たち」であり、それをもとに、一八七三年三月には、「ギリシア人の悲劇時代の哲学」が成立しているからである。

このようにして、ニーチェのいうディオニュソス的生成にあっては、「永遠の自己創造と自己破壊」ということが決定的であり、これは、ニーチェの基本的世界観であるともいってよい。しかし、ディオニュソスが「永遠の自己創造と自己破壊」と関連することは、自明のことではない。端的にいえば、それは、ニーチェが、ディオニュソスに、ヘラクレイトスを読み込んだ結果なのである。逆にいえば、ニーチェにあってはヘラクレイトスこそ、ディオニュソスの原像であるといってもよい。

ディオニュソス的生成を、「永遠の自己創造と自己破壊」と理解しうる機縁は、ディオニュソス＝ザグレウス神話にほかならない。ヘラに唆《そその》かされた巨人族が、ゼウスとペルセフォネとの間に生まれた幼児ザグレウスを殺そうとする。変身の神ザグレウスは、さまざまに姿を変え、山に逃れ、海中に逃れる。しかし、最後に牝牛になったところで巨人たちに八つ裂きにされる。だがまた、心臓だけは、女神アテナによって救われ、ゼウスのもとに届けられる。ゼウスは、それを呑み込んで養い、それがあのセメレとの間に生まれたディオニュソスの種となったという。ディオニュソスは、自ら一度死に、そしてまた生き返る。

この神話をニーチェがもっとも重視していたことは、つぎのように明らかである。「〔……〕いまや不滅の内容を持つ真のディオニュソス的神話がやってくる。わたしたちは、これをギリシア人の全芸術生活の基底と見なさなければならない。それによれば、未来の世界統治者は幼少のころ巨人たちによって寸断せられ、いまや彼はこの状態のままザグレウスとして崇められなければならないというのである。ここに述べられているのは、本来のディオニュソス的苦悩たるこの寸断は地水火風への変化と等しきものであるということである。したがって、これによれば、個別化の状態はあらゆる苦悩の源泉および根源として、それ自体、忌避すべきものと考えなければならない」(*ebd.*)。ここからも、「個別化の状態」が、ショーペンハウアーとの関係からは、「あらゆる苦悩の源泉および根源」と規定され、ヘラクレイトスとの関係からは、「地水火風への変化」と等置されることとなる。この変化こそが、もっと詳密には、「永遠の自己創造と自己破壊」と表現されるようになるのである。

「永遠の自己創造と自己破壊」とは、ヘラクレイトスの生成[6]の矛盾にほかならない。ヘラクレイトスの生成原理を提示しているのは、引用（A）と、それに続く引用（B）である。

（A）「たしかにヘラクレイトスは、全ては分割されうるものにして分割されざるもの、生成したものにして生成せざるもの、死すべきものにして不死なるものであるといい、また、それは、永遠の理《ことわり》（ロゴス）であり、父にして子であり、公正なる神であるといっている。『わたしにというのではなくて、この理（ロゴス）に聞いて、それを理解した以上は、それに合わせて、全ては一であることに同意するのが知というものだ』というのが、彼の言である」（*DK* I, 22, B50）。

（B）「そして、万人が、このことを知らず、それに同意しないことを、ほぼこのように非難している。『どうして不和分裂しているものが、自らと一致和合しているのか、彼らには理解できない。逆向きに働き合う調和結合というものがあって、たとえば、弓や竪琴の場合がそれである』」（*DK* I, 22, B51）。

（C）「一なるものは、弓や竪琴の諧調《ハルモニエー》のように、不和分裂しながらもそれ自身が自らと協調一致しているのである」（プラトン『饗宴』一八七A）。

（D）「ヘラクレイトスによれば、『対峙するものが和合するものであり、さまざまに異なったものどもから、もっとも美しい調和が生じる』」（アリストテレス『ニコマコス倫理学』一一五五b四［*DK* I, 22, B8］）。

（E）「ヘラクレイトスによると、周期的な永遠の火（は神であり）、理（ロゴス）とは、存在するものどもを、逆向きへの運動によって創り出す運命である」（アエティオス『学説誌』I七・二二［*DK* I, 22, A8］）。

引用（A）から判明するように、「全ては一である」という理《ことわり》（ロゴス）は、もっと厳密には「全ては分割されうるものにして分割されざるもの、生成したものにして生成せざるもの、死すべきものにして不死なるものである」ということを意味している。一ということは、単純ではなくて、対立し合うものの結合なのである。それは、引用（B）によれば、「不和分裂しているものが、自らと一致和合している」ことであり、「逆向きに働き合う調和結合」

なのである。したがって、このようにして、引用（B）は、引用（A）の「理（ロゴス）」の厳密な説明となっている。引用（B）には、①不和分裂しているものが、自らと一致和合すること、②不和分裂とは力が逆向きに働き合うこと、③その働き合いによって調和結合することとが含意されている。引用（C）と引用（D）は、①だけを含意し、引用（E）は、②の一部分を含意している。したがって、引用（B）こそが、「理（ロゴス）」の精確な説明となる。

ニーチェは、ヘラクレイトスのロゴスにおいて、対立と矛盾を鋭く区別しなかったとはいえ、ともかく読み取った。しかし、ヘラクレイトスのロゴスには、対立や矛盾という語は見られないので、その読み取りは、創造的解釈となる。ニーチェの解釈によれば、「ヘラクレイトスは、この生成と消滅の、本来的過程を、両極性というかたちで、つまり一つの力が質的に異なり対立し合う二つの働きに分離するとともに、また、これらの分離した働きが再び結合せんとして努力しつつある過程として把握したのである」（*KSA* 1, S. 825）[7]。ここで、ニーチェは、生成を「一つの力が質的に異なり対立し合う二つの働きに分離する」ことと解釈し、消滅を「これらの分離した働きが再び結合せんとして努力しつつある」ことと解釈している。前者は、ヘラクレイトスによれば、「不和分裂」であり、後者は、「不和分裂しているものが、自らと一致和合している」ことなのである。そして、この両極性としての生成と消滅の過程が、「逆向きに働き合う調和結合」なのである。その例として、ヘラクレイトスは、弓と竪琴を挙げている。弓は、弓幹《ゆがら》に弦《つる》を張ってできあがっている。弓幹は、湾曲を否定して真っ直ぐになろうとする外向きの力を生み出す。反対に、弦は、弓幹の湾曲を維持するために内向きの力を生み出す。弓は、この両力の「逆向きに働き合う調和結合」なのである。この調和結合から矢を放つ運動が生成する。竪琴もその点では同一であるが、さらにこの調和結合から音階が成立し、音楽が奏でられる。このようにして、ニーチェは、「逆向きに働き合う」ということを、質的に異なり対立し合う二つの働きの分離と理解した。

ニーチェは、さらに「逆向きに働き合う調和結合」から、つぎのような理解も生み出した。「この世に罪、不正、矛盾、苦悩が存在するのか？　然り、存在する、しかし、——とヘラクレイトスは叫ぶ——個別的に分離して見、綜合統一して見ない偏狭な人間に対してのみ存在するのであって、全体的に見る神に対して存在するのではない。神に対して、全ての抗争するものは和合して一つの調和をなすのであって、この調和は、凡俗の人間には見えなくても、直観的な神に似たヘラクレイトスのような者には理解されるのである」(*KSA* 1, S. 830)。ここでは、「逆向きに働き合う調和結合」が、全ての抗争し合うものが和合して一つの調和をなすという全一論つまり宇宙童子の遊戯へと展開している。さらに、この全一論は、『ツァラトゥストラ』では、生成する全てのものがつながり合って、永遠に回帰する円環として存在するとされるようになる。

ニーチェは、このような対立そして矛盾の理解から、ツァラトゥストラという典型の躍動性、音楽性、舞踏性を編み出すことができた。「ツァラトゥストラが語れば必ずや矛盾がある。全ての精神のなかでもっとも肯定的なこの精神。この精神のなかでは全ての対立が結ばれて新しい一つの統一となる」(*KSA* 6, S. 343)。この矛盾こそが、円環に象徴される和合そして、音楽、舞踏に象徴される矛盾を孕んだ調和を生み出す。なぜならば、舞踏者ツァラトゥストラが歌う矛盾の言葉が、全てのものの調和結合を奏でるからである。このような意味で、ヘラクレイトスは、ニーチェにとって決定的である。

そこで、生の調和結合を生み出す矛盾の論理構造を、ヘーゲルとの比較を通して、創造的に解明する。というのも、ヘーゲルもヘラクレイトスに、生成の論理を見ているからである。しかも、たしかに生成における否定の論理を見ている点でもニーチェと同じであるにもかかわらず、逆向きに働き合う両力の関係に充分注目することがなかった。その文献上の原因は、ヘーゲルの時代には、ヘラクレイトスの断片編纂が進んでいなかったため、引用(B)を読んでいなかったことにある。ヘーゲルが読んだのは引用(C)なのであり、プラトンの不正確なヘラクレイトス理解に従っている。この断片に従えば、「一なるもの」は、弓の弦や、竪琴の調弦となり、引用(B)のように、「逆向きに働き合う調和結合」としての弓や竪琴の全体ではなくなる。ヘーゲルは、引用(C)をつぎのように理解している。「一なるものは、自ら自身から区別されることによって、自ら自身と一つの自らである。これは、生命体の過程である。それは、弓や竪琴の調和のように一つの自らである」(*VGP* 2, S. 74)。そして、「調和には本質的に区別が属する」としているように、矛盾ではなくて区別を見ている。その点については、さらに、つぎのように規定されている。「各々の特殊、差異あるものは、一つの他者から異なるのではなくて、己れの他者から異なる」(*ebd.*)。この「己れの他者」は、「他者の他者」ともいわれる。これは、『精神現象学』では、「内的区別」(*Phän.* S. 114) あるいは、「己れ自身の反対」(*ebd.*) ともいわれる。これは、「逆向きに働き合う調和結合」の一体化を意味しないで、力の逆向きへの働き合いだけを意味している。調和結合の方は、絶対知まで完成されないのである。

ニーチェにあっては、「己れ自身の反対」の見地は、すでに述べたように、『悲劇の誕生』では「苦痛が快感を呼び覚まし、歓喜が胸から悲痛きわまる声をほとばしらせるというあの現象」つまり「ディオニュソス的現象」として明示されていた。これこそが、根源一者の本質たる矛盾なのである。そして、『ツァラトゥストラ』では、これは、ツァラトゥストラにも体現されることとなる。「いままで人に然《ヤー》りといわれてきた全てのことに対して、あきれはてるほど否《いな》をいい、否を行う者が、しかもなお、いかに否をいう精神の反対たりうるかという問題。もっとも重々しい運命を担い、使命という一つの宿命を担っている精神が、しかもなお、いかにもっとも軽快にしてもっとも彼岸的なる精神でありうるか——そうだ、ツァラトゥストラは一個の舞踏者なのだ——という問題。——現実へのもっとも苛酷な、もっともおそるべき洞察を持ち、『もっとも深淵的なる思想』を思惟した精神が、しかもなお、いかにその思想のなかで生存を非難せず、生存の永遠の回帰をさえも非難せずありうるかという問題」(*KSA* 6, S. 345)。ツァラトゥストラとは、否をいう精神と、その反対との一体化・調和結合を舞踏者として体現する。

次章では、このようにしてツァラトゥストラにも体現されていたディオニュソスの神への通路が、「神の死」によって切り開かれてゆく経緯を解明し、そこにヘーゲルのディオニュソス的絶対者との出会いをも確認する。

註

（1）　なるほど、たとえば、ミュラー＝ラウターが、ニーチェを「矛盾の哲学」として解釈したが、それをヘラクレイトスにまで遡って解明してはいない。Vgl. Müller-Lauter, W., *Nietzsche. Seine Philosophie der Gegensätze und die Gegensätze seiner Philosophie.* Walter de Gruyter & Co., Berlin, 1971. さらに、近年では、ヴォールファートが、いかにも、ニーチェのツァラトゥストラ像の中核に、ニーチェのヘラクレイトス理解を見ているが、矛盾という点から解明するには到っていない。Vgl. Wohlfart, G., Wer ist Nietzsches Zarathustra? In: *Nietzsche-Studien.* Internationales Jahrbuch für die Nietzsche-Forschung. Bd. 26, Bouvier Verlag, Bonn, 1997, S. 319ff.

（2）　わが国で第二次大戦後公表されたニーチェ文献を、インターネットで検索したかぎりでは、ニーチェのヘラクレイトス論を主題とする研究文献としては、土井虎賀寿「はかなきものの美しさについて——ヘラクレイトスの生成流転とニーチェの永劫回帰」（『思想』、第三三〇号、岩波書店、一九五一年、八二頁〜八五頁）、内藤可夫「ニーチェのヘラクレイトス解釈における『人格』の問題について」（『人間環境論集』、第八号、人間環境大学、二〇〇九年、一頁〜一三頁）などがある。

（3）　プロティノス的新プラトン主義にあっては、一般的にはバイアーヴァルテスも述べているように「一者は、その関係体系のうちで、個々のものの構成過程として存在するのであるが、それにもかかわらず、個々のものの全てを超えて依然として一者そのものなのである」（Beierwaltes, W., *Denken des Einen.* Vittorio Klostermann, Frankfurt am Main, 1985, S. 440.）。すなわち、全一論と、一者の超越性が併存している。

（4）　Goethe, J.W., *Sämtliche Werke.* I. Abteilung, Bd. 2, Deutscher Klassischer Verlag, Frankfurt am Main, 1988, S. 495

（5）　ニーチェは、ヘラクレイトス的見地をも、ディオニュソスという哲学原理に読み込んで、「近代性の理念」を、ニヒリズムというかたちで現状分析したと理解できる。永遠回帰説は、その現状分析から帰結するものであって、古代の円環的時間論と同一視することはできない。

（6）　ニーチェも、ヘーゲルも、通説に従って、ヘラクレイトス哲学を「万物は流転する」という生成の見地と考えている。しかし、これは、プラトンの解釈と考えた方がよく、ヘラクレイトスに則すならば、ハイデッガーのようにB五〇の「全ては一」であるというロゴス説を中核に据えるべきである。Vgl. *KSA* 1, S. 822; *VGP* 1, S. 71; Heidegger, M., Heraklit. Freiburger Vorlesungen (Sommersemester 1943 und 1944) ［*Gesamtausgabe.* II. Abteilung: Vorlesungen 1919–1944, Bd. 55］. Vittorio Klostermann, Frankfurt am Main, 1987^{2}, S. 242.

（7）　ヴォールファートによると、B五一の解釈については、ニーチェは、ベルナイスの論文に依拠しているようである。Vgl. Wohlfart, G., *»Also sprach Herakleitos«. Heraklits Fragment B52 und Nietzsches Heraklit-Rezeption.* Alber, Freiburg/München, 1991, S. 230.; Bernays,

J., Heraklitische Studien. In: *Rheinisches Museum*. Bd. 7, E. Weber, Bonn, 1850, S. 319ff.

第四章　ディオニュソスへの解放としての「神の死」

一　「神の死」の解釈的意味

本章の課題は、ニーチェのいう「神は死んだ（Gott ist tot）」という言明を、無神論的ニヒリズムの通説から切り離し、ディオニュソスの新たな宗教への前人未踏の道と解釈し、そこにヘーゲルとディオニュソス的絶対者との出会いをも確認することにある。

たとえば、ルー・ザロメは、ニーチェの本質的部分としての宗教性をこう指摘している。「自由精神者にあっては、宗教が生み出した宗教的要求——個々人の信仰形成のあの高貴な第二の後裔——は自己自身に投げ返されることによって、自由精神者の本性にとって英雄的な力となり、いわば或る高遠な目標のために自己を犠牲にしようとする衝動となることがある。／ニーチェの性格には、そういった英雄的なものがある。それはニーチェのもっとも本質的な部分であり、その他の属性や衝動を統一し構造化しているものである。わたしたちは、やがてニーチェが新たな宗教の預言者として現れることを身をもって知り、その宗教は、その使徒としての英雄を必要とする宗教となるであろう（1）［／は改行箇所を示す。以下同様］」。たしかに、ザロメは、『善悪の彼岸』第二九五節の「神ディオニュソスの最後の使徒」（*KSA* 5, S. 238）の句を念頭においているのかもしれない。だが、ニーチェの遺稿を読む機会がなかったがゆえに、超人を超えてディオニュソスの神への道を解明することができなかった。

ディオニュソスの神への道については、さらにクロソウスキーがこう論じている。「［……］『神の死』とは、この観点からすれば、エロースに亀裂が生じるということ、そのときニーチェが二つの相反する方向（『自己自身を創造せんとする意志』と『崇拝せんとする意志』」に分裂することを意味する。『自己を創造せんとする意志』には必ず破壊が伴い、『崇拝せんとする意志』には永遠化の意志が必ず伴う。そして、『権力への意志』が、この二つの傾向を合わせたものの別名にほかならないかぎり、また、その意志が変容への普遍的傾向を構成するかぎり、『権力への意志』は、ニーチェにおいては、多神教のあの古い神が彼のうちで死にかつ蘇った一切の神々を表し、その神々を結び合わせるという意味での『ディオニュソス』と彼との同一化に、代償のごときもの、治癒のごときものを見出すのである」。[2]ただし、クロソウスキーは、一方で「神の死」が多神教を招来することを指摘しつつも、他方でディオニュソスの神を積極的にとらえることがない。これは、ヘーゲルやシェリングにも通じているディオニュソス哲学の哲学史的展開(本書第一編第一・二・三章参照)をとらえていないことによる。

ともかくも、このようにして宗教性をニーチェに見ようとすることは、これまでのニーチェ解釈の主流とはならなかった。[3]むしろ、「神は死んだ」というニーチェの著述に出てくる言明は、無神論的ニヒリズムの根源を意味していると大方において考えられてきた。一九世紀後半のヨーロッパ精神の根本動向を歴史的事実ないし事件として記述した命題だというわけである。[4]なるほどニーチェ自身のつぎの言明もそのように理解されてきた。たとえば、「近頃のもっとも大きな事件――『神は死んだ』ということ、キリスト教の神が存在するという信仰が信じるに足りなくなったということ――それはすでに全ヨーロッパにその最初の影を投げかけ始めている」[5](*KSA 3, S. 573*)。しかし、そもそも、そのような通説は、ニーチェの言明をニーチェの遠近法的認識に即して内在的に理解することにはなっていない。なぜならば、ニーチェの遠近法的認識に従えば、全ての認識は解釈的であり、普遍的事実を説明してはいないからである。してみれば、「神は死んだ」という言明をまず事実記述命題と理解することになれば、当該言明は、ニーチェの思想圏を離れて完全に一人歩きし始める。そのことはまた、当該言明が近世哲学を貫くニヒリズムの歴史記述の一局面に埋め込まれることによって、解釈的意味を切り捨てられてしまうことを意味するのである。

この解釈的意味に立ち返る着手点は、当該言明の語り手が、ニーチェの著述では主に三人だということである。すなわち、ニーチェ、狂人そしてツァラトゥストラである。しかも、狂人とツァラトゥストラは文学的な虚構である。なるほど、当該言明が事実を記述しているのであれば、語り手の違いは第二次的である。しかし、ニーチェ自身、「神が死んだ」という事件を、人々に届く知らせとして事実的に理解するよりは、「この事件のためにそもそも何が起こったか」(*ebd.*)という解釈的意味をむしろ問題にしている。こうして、当該言明が解釈的意味を表現しているのであれば、解釈者としての語り手の違いは決定的となる。そこで、これから、これらの解釈的意味を解明することにする。

二　未来を開く「神の死」

「神は死んだ」という言明が出てくる代表的箇所は、つぎの引用文中にある。

「狂人――きみたちは狂人のことを聞いたことがないだろうか。天気のいい日の午前中、提灯に火をつけ市場に走っていって『わたしは神を探している！　わたしは神を探している』とたえず叫んだ狂人のことを。――市場にはまさに神の存在を信じない者が大勢集まっていたので、彼は大笑いの的になった。それじゃあ、神は行方不明になったのかい、と或る者はいった。子供みたいに道に迷ったのかい、と別な者。あるいは神は隠れているのかい。いや、神はわたしたちを怖がっているんじゃないか。神は船で出掛けたのだろうか。それとも神は移住しちまったのか。――そんなふうに彼らは口々に叫んで大笑いした。狂人は彼らの真ん中に飛び込み、穴のあくほど彼らを凝視した。『神はどこにいった』と、彼は叫んだ。『おまえたちにいってやりたい！　わたしたちが神を殺したのだ、おまえたちとわたしが！　わたしたちはみんな神の殺害者なのだ！　しかしわたしたちはどうやってそれをやったのか。わたしたちはどうやって海の水を飲み干すことができたのか。水平線全部を拭い去るために、誰がわたしたちに海綿をくれたのか。わたしたちがこの地球を太陽から切り離したとき、わたしたちは何をしたのか。いまや地球はどこに向かって動いているのだ。わたしたちはどこに向かって動いているのだ。あらゆる太陽から離れているのか。わたしたちはずっと突進しているのではないのか。それも後方にか、側方にか、前方にか、あるいは全方位に向かってか。まだ上と下はあるのか。わたしたちはまるで無限の無のなかを通っているように、さまよっているのではないか。何もない空間がわたしたちに息を吹き付けているのではないか。前より寒くなったのではないか。たえず夜がやってくるのではないか、以前よりも多く夜が。午前中提灯に火をつけなくてはならないのではないか。神を埋葬する墓掘り人たちの騒ぎについて、わたしたちはまだ何も聞いていないのか。神の腐臭はまだ全然していないのか——神々も腐敗するのだ！　神は死んだ！　神は死んだままだ！　わたしたちが神を殺したのだ！　殺害者中の殺害者ともいえるわたしたちに、慰めはあろうか。これまで世界が所有していたなかでもっとも神聖で強力なものが、わたしたちのナイフに刺され血を流して死んだのだ——この返り血をわたしたちから拭き取ってくれるのはいったい誰なのだ。いかなる水でわたしたちは自分を浄めることができるのか。いかなる贖罪の祭り、いかなる聖なる戯れをわたしたちは作り出さなければならないだろうか。この行為の偉大さはわたしたちには偉大すぎるのではないか。その偉大さに匹敵するだけでも、わたしたち自身神々にならなければならないのではないか。これより偉大な行為はけっして存在したことはなかった——たとえどんな者であれ、わたしたちの後に生まれてくる者は、まさにこの行為のために、これまでの歴史全てよりも高い歴史に入ることになるのだ！』——ここで狂人は沈黙し、再び聴衆の方を見た。彼らも黙って怪訝そうな表情で彼を見やった。とうとう彼は手にしていた提灯を地面に投げやると、提灯は粉々に砕けその光も消えた。『わたしが来るのは早すぎたのだ』と狂人はそれからいった。『わたしの時代はまだなのだ。この途方もない出来事はまだ中途でさまよっている——それはまだ人間たちの耳に達していなかった。雷鳴と稲妻も時間がいるし、星の光も時間を必要とする。行為とても、それがなされた後でさえ、見られ聞かれるためには、やはり時間を必要とするのだ。この行為は人間たちにとって、もっとも遠くにある星よりもいまだに遠い——にもかかわらず、彼らはこの行為を行ってしまったのだ！』――さらに人の話では、狂人は同日さまざまの教会に侵入しては、彼の『神ノ永遠ナル平安』を祈る鎮魂曲を歌ったとのことだ。外に連れ出されて釈明を求められると、彼は同じようにただこう答えただけだという、『教会はもし神の墓と墓碑でないとすると、いったい何だというのだ？』」（*KSA* 3, S. 480ff.）。

（I）当該引用文中の狂人とは、キリスト教徒として神の存在を信じていながらキリスト教の神を殺害し、鎮魂歌を歌いながらその後も別の神を探し続けている錯乱した信仰者である。たしかに、明るい午前に提灯を灯していることも狂気である。だが、それよりもさらに狂っているのは、神をめぐるいま述べた錯乱なのである。しかも、この狂人が、異教のギリシア人哲学者シノペのディオゲネスをモデルにしていることからも、探している神がキリスト教の神にもはや限定されないことも暗示されている。このようにして狂人は、無神論者の仮面をつけているツァラトゥストラとも違うし、反キリスト者であるニーチェとも違う。さらには、神の殺害者であるという点でもツァラトゥストラやニーチェとは決定的に違う。

この狂人が神の存在を信じる者であることは、「市場にはまさに神の存在を信じない者たちが大勢集まっていたので、狂人は大笑いの的になった」という行文からも判明する。したがって、その行文以下で語られることは、キリスト教徒の預言者から発せられている。「『神はどこにいった』と、彼は叫んだ。『おまえたちにいってやりたい！　わたしたちが神を殺したのだ、おまえたちとわたしが！　わたしたちはみんな神の殺害者なのだ！』」。ここで「神はどこへいった」という言明から狂人が依然として神への信仰を求めていることが明らかにされながら、狂人と信仰を持たない人々とが神の殺害者であることが明らかにされる。狂人は神の殺害を自覚しているが、市場の群衆は、その殺害を自覚しないまま信仰を失っているのである。[6]『ツァラトゥストラ』では、神の殺害者は、「もっとも醜い人間」である（*KSA* 3, S. 327ff.）。彼らは、進んで神を殺害したわけではない。信仰した神そのものが、全人類への同情から、とりわけキリスト教徒の罪の告白を通して、羞恥心を忘れて全てを目撃しようとしたことに、「もっとも醜い人間」

は耐えることができず、いわば自己防衛のようにして神を殺害したのである。このような経緯を狂人が認識していたかは定かではないが、神自身が人間をして神の殺害者たらしめたというストーリーの伏線は暗示されている。そのはなはだしきに到っては、市場の群衆のように殺害したという自覚すらないのである。狂人にしてもどうしてそんな自分の信仰に逆らう錯乱した犯罪行為を犯したかわからない。ただ、罪を犯したという認識は、つぎの行文から判明する。「これまで世界が所有していたなかでもっとも神聖で強力なものが、わたしたちのナイフに刺され血を流して死んだのだ――この返り血をわたしたちから拭き取ってくれるのはいったい誰なのだ。いかなる水でわたしたちは自分を浄めることができるのか。いかなる贖罪の祭り、いかなる聖なる戯れをわたしたちは作り出さなければならないだろうか」。さらに、この行文より前で神を太陽に喩えている行文は、狂人がニーチェではないことを証し立てている。こういわれている。「わたしたちがこの地球を太陽から切り離したとき、わたしたちは何をしたのか。地球はどこに向かって動いているのだ」。ここで、神を殺害したことは、「わたしたちがこの地球を太陽から切り離した」とされている。この喩えは、ニーチェが語っている『悦ばしき知識』第三四三節ではこういわれている。「少なくとも、この劇を見て取るだけの充分に強く鋭い眼と眼底の疑心とを有する少数の者にとっては、まさに一つの太陽が没したように見え、一つのある古くて深い確信が逆転して懐疑と化してしまったように見える」(*KSA 3, S. 573*)。ここで、ニーチェは、一つの太陽が没したように見えるといっていて、実はそうではないということを暗示している。しかも、そう見えるのは、「この劇を見て取るだけの充分に強く鋭い眼と眼底の疑心とを有する少数の者にとって」(*ebd.*)なのである。ニーチェ自身にとってではない。そもそも神が太陽に喩えられるのは、キリスト教徒にとってだけなのである。そして、太陽が没したり、地球から切り離されたとき、「わたしたちはまるで無限の無のなかを通っているように、さまよっている」と思われてくる。ここに、いわゆるニヒリズムの到来を見ることもできる。

そのことは、太陽の比喩の直前で未来を海に喩えている場合、神の死が未来を失うことを意味するか、未来を開くことを意味するかという解釈的意味の対比を導く。「わたしたちはどうやって海の水を飲み干すことができたのか。

水平線全部を拭い去るために、誰がわたしたちに海綿をくれたのか」。まず、海が、ニーチェにとって冒険に満ちた未来を意味していることは、つぎの箇所からも明白である。「認識者の冒険の全ては、再び許されている。海が、わたしたちの海が、再び眼前に開けている。おそらく、こんなに『開けた海』は、かつてあったためしはないだろう」(*KSA 3, S. 574*)。神の死は、認識者たるニーチェにとっては、海が開かれることを意味しているのに対して、神を殺害したキリスト教徒の狂人にとっては、海を飲み干し、冒険が向かうべき水平線を拭い去ってしまうのである。つまり、神に未来を託していたキリスト教徒にとって未来を失うことを解釈的に意味していた。それに対して、ニーチェは、こうもいっている。「……今日と明日との狭間に身を置き、今日と明日との間の矛盾に心裂かれるばかりに緊張していわば山上に機をうかがっているわたしたち生まれつきの謎解き」(*ebd.*) と立場を明示している。この立場からすれば、神が死んだことは、さしあたって福音なのである。一方で「やがてヨーロッパをおし包むに違いない影」(*ebd.*) を事実として眼前に見据えつつ、他方でその解釈的意味からいうと「この晦冥化の到来を待ち受けている」。それどころか、さしあたっての影響は、悦ぶべきことなのである。「……事実わたしたち哲学者であり『自由精神者』は、『古い神は死んだ』という報知に接して、まるで新しい曙光に照らされでもしたような思いに打たれる。わたしたちの胸は、このとき感謝と驚嘆と予感と期待とに溢れみなぎる、――水平線はついに再びわたしたちに開けたようだ、まだ明るくなってはいないにしても。わたしたちの船はついに再び出帆することができる、あらゆる危険を冒して出帆することができるのだ」(*ebd.*)。

(II) しかし、ここに解釈的意味をめぐる誤解と理解との岐路が立ちはだかる。この新たな出奔は、無神論への出奔という誤解なのか、あるいはディオニュソスの神への出奔という理解なのかという岐路である。この点についても当該節のつぎの行文に暗示が埋め込まれている。「この行為の偉大さはわたしたちには偉大すぎるのではないか。その偉大さに匹敵するだけでも、わたしたち自身神々にならなければならないのではないか。これより偉大な行為はけっして存在したことはなかった――たとえどんな者であれ、わたしたちの後に生まれてくる者は、まさにこの行為のために、これまでの歴史全てよりも高い歴史に入ることになるのだ！」。ここで、まず、神を殺害する資格は、自己を神と化する者にあることが暗示されている。そして、またこの神の殺害によって後の人類はこれまでもっとも高い歴史に入ることが明示されている。

この道は、『ツァラトゥストラ』の裏側を通って『善悪の彼岸』から発狂へと到る道を示している。『ツァラトゥストラ』でもこういわれている。「敬虔さのうちにもまた、よい趣味がある。この趣味が、ついに語ったのだ、『そんな神なんか失せろ！　神なんかいない方がましだ、独力で運命を作る方がましだ、阿呆である方がましだ、自ら神である方がましだ！』と」(*KSA* 4, S. 324f.)。さらにこう続けられている。「――『わたしは何ということを聞くことか！』と、ここで、耳をそばだてていた年老いた教皇は語った。『おお、ツァラトゥストラよ、そなたは、こんなに不信仰でありながら、そなたの思っている以上に敬虔なのだ！／そなたの内なる何か或る神が、神を無にするそなたの立場へと、そなたを改宗させたのだ。／そなたをして、もはや一なる神の存在を信じさせないものは、そなたの敬虔さそのものではないのか？／事実また、そなたのあまりにも偉大な正直さは、そなたをかてて加えて善悪の彼岸へ連れ去るであろう！」(*KSA* 4, S. 325)。ここで、元教皇の言葉を通して、「神の死」は、ツァラトゥストラの「内なる何か或る神」への「よい趣味」の敬虔さが実現したことを明言している。こうして、「神は死んだ」は、ニーチェにあっては無神論を土台とするのではなくて、ディオニュソスの神を招くための露払いであったのだ。たとえば、このことをニーチェが発狂直前に記した『この人を見よ』掉尾の句「――わたしのいうことをこれでおわかりいただけたであろうか？――十字架にかけられた者対ディオニュソス……」(*KSA* 6, S. 374) から読み取ることができる。たしかにディオニュソスが神であることは分明ではない。しかし、このことは同時期の遺稿断片から判明する。

「一四［八九］二つの典型、すなわち、ディオニュソスと十字架にかけられた者。――はたして典型的で宗教的人間は一つのデカダンス形態であるかを確かめること。偉大な革新家はことごとく病気にかかっており癲癇持ちである。しかしそのときわたしたちは宗教的人間の或る典型を、異教的典型を除外してはいないであろうか？

異教的礼拝は生に感謝し生を肯定する一つの形式ではなかろうか？　その最高の代表は生の弁明や神化たらざるをえないのではなかろうか？　恍惚《こうこつ》として溢れ流れる上出来の精神の典型……生存の矛盾と疑惑をわが身のうちへと摂取して**救済する**精神の典型！　ここからわたしはギリシア人の神ディオニュソスを立てる」（*KSA* 13, S. 265f.）。

ディオニュソスは、この引用では、キリストとは対照的ではあるが、「宗教的人間の或る典型」であると同時に、「ギリシア人の神」なのである。こうして、ニーチェにあっては、神の死は、単純な無神論に通じてはいなかったのである。しかも、ディオニュソスは、人間のうちにある神であるから、その神とそれをうちに持つ人間とは連続的になる。

（Ⅲ）しかし「神の死」からディオニュソスへの道をわかりにくくするのは、つぎの三箇所の言明である。

（A）「全ての神々は死んだ。いまやわたしたちは、超人が生きんことを欲する」（*KSA* 4, S. 102）。

（B）「実際、古い神々はもうとっくに最期を遂げた。――そしてまことに、彼らは、或るよい、悦《よろこ》ばしい、神々の最期を遂げたのだ！／彼らは『たそがれて』死んだのではない、――それは、まっかな嘘だ！　むしろ、彼らはかつて、笑って死んだのだ！」（*KSA* 4, S. 230）。

（C）「［……］そのとき、全ての神々は笑い、彼らの座上で身を揺るがし、そして叫んだ、『神々は存在するが、唯一の神は存在しないということこそ、まさに神々しい《こうごう》ことではないか』と」（*ebd.*）。

（B）（C）より、ニーチェは、（A）の「神々」ということで、古き神々と唯一神とを考えている。ディオニュソスは、前者の神々に含まれる。しかも、（A）で、「全ての神々は死んだ」と述べているので、ディオニュソスの神も死んだことになる。これは、先述の「内なる何か或る神」と背馳するように見える。この点を理解するために注意すべきは、（A）で全ての神々の死後、超人が生きようとしていることである。超人は内に神を宿している。(8) 端的にいえば、「内なる何か或る神」とは、一回死んで再生したディオニュソスなのであるからこういわれている。「寸断されたディオニュソスは生の約束の土地である。それは永遠に再生し、破壊から立ち返ってくるであろう」（*KSA* 13, S. 267）。ニーチェにあっては、キリスト教の神の死とディオニュソスの神の再生とは表裏一体の関係にある。そして、何よりもキリスト教の神からディオニュソスの神へと歩む者が自由精神者たるニーチェなのである。

三　内なる神ディオニュソス

（1）ニーチェにあっては、宗教的敬虔はその思想の核であり、反キリスト論はその核を覆う表皮ないし仮面である。しかし、この仮面なくして核はない。この構造こそニーチェのいう自由精神者なのである。「わたしの庭園を、黄金の格子の垣根をめぐらした庭園を忘れるな！　庭園にも似た人たちを、――はや一日も思い出と化する夕べのひとときの水面に流れる音楽にも似た人々を、きみたちのまわりにめぐらしたまえ！」（*KSA* 5, S. 42）。ニーチェによれば、このような庭園と垣根をめぐらした孤独は、「快い孤独、自由気ままで軽やかな孤独」（*KSA* 5, S. 42f.）である。そして、庭園の中心にある孤独を「自己の居城にして隠れ家」（*KSA* 5, S. 43）と呼んでいる。「全て選り抜きの人は、本能的に自己の居城にして隠れ家を求める。そこで自らが大衆、多数者、民衆から解放され、そういった人たちの例外者として〈人間〉という基準を忘れ去るためである」（*ebd.*）。こうして、精神の自由とは、多数者からの解放であり、〈人間〉という基準の例外であることなのである。ただし、まったくの孤独ではなくて、「庭園にも似た人たち」（*KSA* 5, S. 42）や「なれ合いの友」との交流がある。後者についてはこういわれている。「『なれ合いの友』となれば、いつもあまりにも気兼ねがなさすぎて、気兼ねがないことに友としての権利があるとさえ信じているありさまだから、こうした連中には前もって誤解のための遊技場と運動場とを空けておいてやるに越したことはあるまい」（*KSA* 5, S. 45f.）。たしかに庭園の垣根の外側には、「なれ合いの友」と交流する「遊技場と運動場」があることになる。しかし、それは、理解のためにではなくて誤解のために空けられている。

このような自由精神者の構造からすれば、「内なる何か或る神」とは、庭園の垣根と居城の壁という二重の仮面で隠された隠れ家に棲んでいることとなる。この神について、ニーチェはこうもいっている。「だが、わが友よ、わたしは何をいっているのだ？　きみたちに向かってわたしは何者のことを語っているのか？　わたしは、きみたちにその者の名を告げるのを失念するほどに我を忘れていたのか？　このように誉め讃えられようとしながらも怪しげな精神者にして神が何者であるかを、きみたち自身つとに察知しておられるのではないか」（*KSA* 5, *S*. 237）。そして自由精神者の居城に棲むがゆえにディオニュソスについては、「この精神者こそは、すなわち神ディオニュソスにほかならない」（*KSA* 5, *S*. 238）といわれる。そして、この精神者を神と呼び、さらにディオニュソスと名指すことは、古き神々の一柱ディオニュソスのシミュラークル（偽像）としての再生を意味する。この再生は、「神の死」と表裏一体であるがゆえに、『ツァラトゥストラ』でも直ちに暗示されている。「葡萄摘みの男〔ディオニュソス〕はおまえ〔アリアドネ〕の大いなる救済者だ、おお、わが魂よ、それは無名の者だ――／――かずかずの来るべき歌がはじめてこの者の名を見出すであろう！〔〔　〕内は著者の補足〕」（*KSA* 4, *S*. 280）。『ツァラトゥストラ』ではこのディオニュスの名は、無神論者の仮面の裏に隠されていた。この仮面を『善悪の彼岸』で外して、「神ディオニュソスの最後の使徒、最後の聖徒」（*KSA* 5, *S*. 238）を自称するに到った。ここでは、神と人間の違いが強調されて、たとえば神には羞恥心がないが、人間には羞恥心があるとされる。しかし、神が人間に学んだときには、神の羞恥心が生まれる。そうなったときには、ニーチェ自身も神となる。[9]「人間が、己れ自身を、しかも全身全霊、自然の神化された一形式であり自己是認であると感じるあの歓喜の高所から、くだっては、健康な農夫や健康な半人獣にも似た者たちの歓喜に到るまで、幸福のこうした長い巨大な光と色彩の全階梯《かいてい》を名づけるに、ギリシア人は、おそらくは或る秘儀を授かっている者にとっての感謝の戦慄をおぼえつつ、おそらくは用心の上にも用心して敬虔な沈黙をまもりつつ――ディオニュソスという神の名をもってした。――全ての近代人が、脆弱《ぜいじゃく》で、多様で、病弱で、特異な時代の子が、ギリシア的幸福の範囲について何ごとを知っていよう、それについて何ごとを知ることができよう！『近代的理念』の奴隷どもがディオニュソス的祝祭に与る権利をいったいどこから手に入れるというのか！」（*KSA* 11, S. 680f.）。ここでは、神が存在しているかどうかは、問題ではない。なぜならば、「神の死」によって、真の世界と偽りの世界との絶対的区別が崩壊し、全ては美を最高価値とする芸術的創造の世界になったからである。そこでは、超人をディオニュソスと命名することが決定的となる。ディオニュソスの使徒は、秘儀を授かっていることからもわかるようにディオニュソスへの信仰は、秘教的なのである。しかし、それは、あくまで比喩であって、自由精神者の仮面に隠されていることとの喩えにほかならない。

（II）ところで後期のディオニュソスのもっとも特質的なことは、哲学者とされるに到っていることである。「ディオニュソスは哲学者であり、したがって神々もまた哲学する」（*KSA* 5, S. 238）のである。ディオニュソスが、初期の悲劇の神から哲学の神へと重心を移している。なるほど、ニーチェによれば、初期から後期へのこの変化も本質的ではないようにも見える。なぜならば、後期のディオニュソスも「あの偉大で両義的で誘惑的な神、きみたちも知っているようにわたしがかつて人知れぬ秘密と畏敬のうちにわたしの処女作をささげたあの神にほかならないのである」（*ebd.*）としているからである。しかし、つぎの回顧には本質的な違いが出ている。「ギリシア人の魂内におけるディオニュソス的なものとアポロン的なものとのこの対立状態は、ニーチェ[10]がギリシア的本質に当面して心ひかれる想いを感じた大きな謎の一つである。ニーチェが骨折ったのは、根本において、なぜまさしくギリシア的アポロン主義がディオニュソス的地底から発育せざるをえなかったかのかを見ぬくことをおいてほかにはない。ディオニュソス的ギリシア人こそ、アポロン的となることを必要としたのである。言い換えれば、物すごいもの、多様なもの、不確実なもの、おそろしいものへのその意志を、節度への、単純性への、規則と概念に従属することへの意志でくじくことを必要としたのである。節度なきもの、荒涼たるもの、アジア的なものを、ギリシア人は心の底に持っている。だから、ギリシア人の勇敢さはそのアジア主義との闘争にある。美はギリシア人にとっては贈与されたものではなく、論理も、慣習の自然さもそうではない、美は、征服され、意欲され、戦いとられたものであり――それはギリシア人の勝利なのである」(*KSA* 13, S. 225)。

ここでは、第一にディオニュソス的なものとアポロン的なものとの対立拮抗がいわれているが、初期にあっては、両者の合体が問題なのであった。なぜならば、悲劇はこの両者の合体から誕生するからである(*KSA* 1, S. 26)。そして、それどころか「ニーチェが骨折ったのは、根本において、なぜまさしくギリシア的アポロン主義がディオニュソス的地底から発育せざるをえなかったかのかを見ぬくことをおいてほかにはない」とあるが、初期にあっては、アポロン的なものが、ディオニュソス的なものへ立ち返ることを強調していた。

第二に、より根本的な違いは、後期にあっては、ディオニュソスは、アリアドネと一体なのである。なぜならば、ディオニュソスの魂がアリアドネだからである。ツァラトゥストラは、アリアドネの目=魂のなかでディオニュソスに変身する。「おお、生よ。先頃、わたしはおまえの目のなかを覗き込んだ。夜のように暗いおまえの目のなかに、黄金がきらめくのを、わたしは見た。――思わず恍惚として、わたしの心臓の鼓動が止まった。――金色の小舟が一隻、真っ暗な水面にきらめくのを、わたしは見た。沈みかけ、水に浸り、再びさしまねく金色に揺れる小舟!」(*KSA* 4, S. 282)。この言葉を冒頭に持つ章は、もともとは、ディオニュソスと題されていた。そして、ツァラトゥストラが「生」の目のなかを覗き込んだとき見た「金色の小舟」こそ、ディオニュソスが乗っている舟なのである。「そうだ、悲壮な者よ、いつかはそなたもなお美しくならなければならない。そして自身の美を鏡に映して見なければならない。/そのとき、そなたの魂は、神々しい欲望をおぼえておののくだろう。そしてそなたの美を誇る心のなかに、崇拝すべきものが現れてくるだろう!/これが、すなわち魂の秘密である。魂〔アリアドネ〕が英雄〔テーセウス〕に見捨てられたとき、はじめてその魂に、夢のなかで、――超英雄〔ディオニュソス〕が近づいてくる――」(*KSA* 4, S. 152)。このようにして、ツァラトゥストラとは、自由精神者がさらに無神論の仮面を取って新たな神ディオニュソスとなる途上の人なのである。

四　宗教的敬虔なきディオニュソスへの道としてのヘーゲル哲学

前節の帰結に従えば無神論は、一時期のニーチェそしてツァラトゥストラの仮面だということになる。してみれば、レーヴィットのように、無神論的反キリスト者B・バウアーを介して、ヘーゲルとニーチェを結ぼうとする理解は、表面的なものになる。より根底でヘーゲルとニーチェを結ぶものは、むしろディオニュソス的絶対者なのである。

(I)バウアーは、『ヘーゲルを裁く最後の審判ラッパ』（一八四一年）でヘーゲル体系を、第一の表皮、第二の皮、核の三つの部分に分けている。[11] 第一の表皮は、「キリスト教的敬虔の残滓」であり、より具体的には「かの生ける神、世界が存在した前にいましたまう唯一現実者なる神」、「唯一の真の現実性である」神、「世界創造以前より存在しキリストにおいてその愛を人間に啓示したもうた三位一体」[12] である。この部分に老ヘーゲル派はとどまっている。たしかにたとえば『論理学』冒頭で『論理学』は、世界創造以前の神の叙述であるといってもいる（W 5, S. 44）。こうして、ヘーゲルは、自らは、あたかもプロテスタント信仰を持つかのような言辞を各所で弄している。

しかし、ヘーゲル自身の言明を追跡してゆくと神という名前そのものを放棄していることがわかる。第二の皮は、弁証法的汎神論である。「宗教が、実体性＝関係というかたちにおいて弁証法としてとらえられ、そのうちで個別的精神が、実体ないし――さらにしばしばこう呼ばれているが――絶対的理念として個別精神を支配している普遍者に帰順し当初の特殊的個別性を譲り渡して普遍者と一になる」[13]。当時のヘーゲル理解は一般的にはこの第二の皮にとどまっていた。ヘーゲルの理解者クーザンもそうであった。そしてアメリカのエマソンなどの超越論者たちも彼の著作を通してドイツ観念論一般を汎神論とすら理解していた。[14]

第三の核は、無神論的反キリスト論である。「宗教的な関係は自己意識の、自己意識自身に対する内的な関係にほかならず、実体ないし絶対的理念として自己意識からなお区別されているかのようにもみえる力も、実は宗教的表象というかたちで客観化されているだけの自己意識自身の契機にほかならない」[15]。

（II）ヘーゲルは、『精神現象学』のなかで「この〔仲介者イエスという〕表象の死は、神自身が死んだという不幸な意識の痛ましい感情である」（*Phän. S.* 512）と述べている。イエスの刑死は、さしあたって、表象の死であるが、神そのものの死でもある。「この表象の死は、同時に自己として設定されていない神的実在という抽象態の死を含んでいる」（*ebd.*）。神と命名されるべき実在そのものが否定されているのだから、神という名前もいらなくなる。生成する主体は概念であってもはや表象ではないのである。

ほとんど看過されているが、つぎのような決定的なことをいっている。「空虚な無概念の一であるような純粋の主語というのは、感性的な直観か表象において自己とされるものを別とすれば、まずは名前としての名前にすぎぬものでしかない。この理由から、たとえば『神』という名前は避けた方がよいであろう。なぜならこの言葉は、直ちに概念でもあるというわけではなくて、まったくの名前にすぎず、根底に存する主語として固定的に静止しているものだからである。これと違って、たとえば『存在』とか『一者』『個別性』『主体』といった言葉は、それ自身直ちに概念をも示している。――あの『神』という主語について、あれこれと思弁的真理が語られることがあっても、それらの真理の内容は、自分に内在する概念を欠いている。なぜなら、この場合、内容はただ静止せる主語としてそこにあるにすぎないからである。この事情のために、こうした種類の真理は、えてして、ただ信心深いだけのものになる」（*Phän. S.* 48f.）。

ヘーゲルは、真理を実現する学の体系を構成する哲学命題にあっては、直ちに概念を示す言葉を用いるべきであるとする。ところが、神は「名前としての名前」でしかないから、哲学の言葉として避けた方がよいことになる。これは、ヘーゲルの立論からすれば当然のことである。しかも、神という神聖な名前は、その意味とも結びついているから、名前を避ければ、意味も避けることになる。

そもそも先述の「神自身が死んだ」（*Phän. S.* 512）という言明が、神という名そのものの廃棄をもすでに意味している。それが、序説（Vorrede）でヘーゲルが、神という名は、概念ではなくて、固有名であり、「根底に存する主語として固定的に静止している」（*Phän.* S. 49）がゆえに避けることを提唱することにつながってゆく。だが、神という名を使わないで神を概念把握するということは実質的にも神の否定につながる。「死において否定の契機が直観化される。この契機は本質的に精神の本性の契機であり、この個体において現れざるをえないのがこの死そのものである。その場合死はこの個体の死として表象されざるをえない、この感性的個体の死として表象されざるをえないだけでなく――異端はこれをそのように受け取った――そのうちには、神は死んだ、神自身が死んだ、ということがある。すなわち神は死んだ――これは否定である、そしてそこでこれが神の本性の、神自身の契機である。これとともにこの死において神は贖った[16]」。

ここでヘーゲルは、「神は死んだ」を、さらに「神自身が死んだ」と言い換えている。ヘーゲルは、「神自身が死んだ」といっているのは、人の子にして神の子つまり神人イエスが処刑されたのは、神の本性としての実体が否定されたからである。したがってそのような意味での神は再来しない。再来するのは、絶対者としての主体なのである。主体は、信仰対象としての表象ではなくて、思惟対象であり思惟そのものとしての絶対概念である。

註

（1）Vgl. Pfeiffer, E.（Hrsg.）, *Friedrich Nietzsche, Paul Rée, Lou von Salomé. Die Dokumente ihrer Begegnung.* Auf der Grundlage der einstigen Zusammenarbeit mit Schlechta, K. und Thierbach, E., Insel Verlag, Frankfurt am Main, 1970, S. 184.

（2）Cf. Klossowski, P., *Un si funeste désir.* Éditions Gallimard, Paris, 1963, pp. 224-225.

（3）Vgl. Löwith, K., *Nietzsches Philosophie der ewigen Wiederkehr des Gleichen.* Neue Ausgabe, Kohlhammer, Stuttgart, 1956, S. 46f.

（4）Vgl. Heidegger, M., Nietzsches Wort »Gott ist tot«（1943）. In: Heidegger, M., *Holzwege*（*Gesamtausgabe.* I. Abteilung: Veröffentlichte Schriften 1914-1970. Bd. 5）. Vittorio Klostermann, Frankfurt am Main, 1977, S. 214ff.

（5）ここでは、「最初の影」は神の死という事件の影であるが、「神の影」（*KSA* 3, S. 467）の一部分でもある。神は太陽にも喩えられ、さらに「最初の影」は、日蝕でできた影に喩えられているから、神の死の影と同じである。ことさらに「最初の」といわれているのは、信仰を失うことであり、教会が墓場となることを意味しているのであろう。

（6） 神が存在することを信じていない市場の人々が、「神は死んだ」ことを知らないというのは、一見奇妙である。しかし、神の存在・非存在と神の生き死にとを区別すれば意味はわかる。ニーチェからすれば、キリスト教の神は妄想として生きていただけなのでそのような意味である。

（7） 海は、一方で新大陸を目指して冒険の航海に出たコロンブスと結びついている。他方で、海を舟で渡る神ディオニュソスとも結びついている。

（8） 超人がエピクロス的神と等値されている場合もある（*KSA* 11, S. 54）。

（9） ニーチェによれば、ディオニュソスの神には羞恥心は最初はないが、人間に学んでから羞恥心を持つようになる。それゆえに「神の羞恥心」といわれるようになる。

（10） ここでは、かつての自分をニーチェと呼んでいる。

（11） Vgl. Bauer, B., *Die Posaune des jüngsten Gerichts über Hegel*. Neudruck der Ausgabe（Leipzig 1841）, Scientia Verlag Aalen, Darmstadt, 1969, S. 47f.

（12） Vgl. ders., *a. a. O.*, S. 47.

（13） Vgl. ders., *a. a. O.*, S. 48.

（14） Cf. Murdock, J., *Sketches of Modern Philosophy; Especially among the Germans*. John C. Wells, Hartford, 1846, p. 184.

（15） Vgl. Bauer, B., *a. a. O.*, S. 48.

（16） Vgl. Hegel, G. W. F., *Vorlesungen über die Philosophie der Religion. Teil 3: Die vollendete Religion*. Hrsg. v. Jaeschke, W., Felix Meiner Verlag, Hamburg, 1984, S. 150.

第二編　仮面と仮象をめぐって

第一章　ドイツ哲学における基体主語の解体

一　ドイツ近世哲学の帰結

（I）ニーチェは、なるほど後年とりわけ『善悪の彼岸』（一八八六年）になると「良きヨーロッパ人」を自称し、民族文化から自由になろうとしたし、ドイツ文化よりはフランス文化を評価した（*KSA* 5, S. 198f.）。しかし、『悲劇の誕生』（一八七二年）ではギリシア悲劇がドイツ文化の精華ヴァーグナーの楽劇として再生することをまだ主張していたし、ショーペンハウアーからの影響も顕著であった。さらには、ドイツ人は、宿命的にヘーゲル弁証法を免れることができないとも述べている（*KSA* 3, S. 599）。こうして、ニーチェにおけるドイツ哲学受容は見えにくいがはっきりと存在する。

（A1）従来、ニーチェの第一次的なドイツ哲学受容は、ショーペンハウアー受容とされてきた。そして、ショーペンハウアーを通して、エドゥアルト・フォン・ハルトマン[1]やヴァーグナーとの思想的関連も問われることもあった。（A2）さらにショーペンハウアーと同じくカントを受容し新カント派に数えられるランゲ受容がつぎに問われてきた。ただし、ランゲを、ヘルバルトそしてロッツェの継承者として跡づけることはなされていない。

（B1）以上に対して、ドイツ観念論受容は、ニーチェにとって第二次的とされてきた。主要には、ヘーゲルからヘーゲル学派（シュトラウス、フォイエルバッハ、B・バウアー、シュティルナー）への思想史的展開を神の死の視点から理解してきた。（B2）また、フィヒテからシェリングそしてヘーゲル、ヤコービというドイツ観念論本体とニーチェとの積極的関連は、本格的には解明されてこなかった[2]。というのも端的にいって、ニーチェ自身は、ドイツ観念論の批判者を自称していたので積極的関連には無自覚であったからである。

しかし、ニーチェの哲学は、ニーチェがいうほどいきなり登場したわけではないのである。なるほどディオニュソスも神の死も意味内容の上ではニーチェのオリジナルではあるが、表現そのものは、シェリングに到るまでのドイツ近世哲学で提出されていた。ニーチェのオリジナルは、その表現を踏まえている。

ところで、端的にいえばニーチェの「神の死」は、実体我を喪失した仮面の哲学を帰結した。そして、神の死が、カント以降のドイツ近世哲学の帰結であったのであれば、仮面の哲学も、ドイツ近世哲学の帰結であったことになる。本章は、そのことを、カントからニーチェへ到るドイツ哲学を命題文における基体主語の解体過程として解釈することによって明らかにする。

(B1)で述べたように、従来、レーヴィットのようにヘーゲルからニーチェへの展開を、シュトラウス、シュティルナーやB・バウアーなどのヘーゲル学派によるキリスト教批判やニヒリズムからとらえてきた。さらにそれを踏まえながら神の死という観点からデカルト以降の哲学の帰結としてニーチェをとらえてきた。

しかも、神の死は、ニーチェにあってもディオニュソスの登場の後に登場した[3]。ニーチェ特有のディオニュソスなしには神の死は考えることができない。このディオニュソスも実はドイツ近世哲学受容の帰結なのである。

(II)クロソウスキーもいうように神の死は人間における実体我を突き崩し[4]、私見によれば、命題文における基体主語の崩壊を引き起こすことになり、述語だけの論理を生み出す。ニーチェは、そのことをはっきりと自覚した上でさらに実体我のない仮面の哲学を語り出した。

そもそもカントが、神の現存在の道徳的証明[5]を持ち出したときに、神は、人間が滅びても存在するという超越性を否定され、道徳的人間が存在するための条件になった。その軌道のうちで、神への信仰を否定するという意味でのニヒリズムがフィヒテによって展開され、ヘーゲルが「神自身が死んだ」という感情を『精神現象学』で表現するに到った。たしかに、ヘーゲルのいう神の死は、他方で主体(Subjekt)の誕生でもあったが、まさにこの主体が、基体主語（Subjekt als Substrat）を解体する道を拓いた。ニーチェのいう神の死がそれ以前の神の死説よりも徹底していたのは、基体主語を解体し、述語だけの論理によって仮面の哲学を提出したことにある。

（Ⅲ）『悲劇の誕生』（一八七二年）ではディオニュソスは、仮面をつけた根源一者であった。しかも、この根源一者は、本書第一編第三章第三節で述べたように矛盾に満ちながら超越的ではなくて、全一論的であった。このような根源一者は、従来ショーペンハウアーの意志を淵源としているとされてきた。しかし、ショーペンハウアーは、全一論者ではないから、この点については辻褄が合わない。

この全一論的根源一者は、エマソンの大霊にも由来するのである。そして、エマソンは、そのことをクーザン『近世哲学史』英訳を読んで受容した(6)。いわゆる超越論者のドイツ近世哲学観は、この書に由来する。クーザンは、ドイツ観念論を全一論と考えている。したがって、ニーチェの全一論は、エマソン経由のドイツ観念論とりわけシェリングに由来することになる。

しかし、『悲劇の誕生』では、アポロン的な個体性の世界がディオニュソス的全一論と対をなしてもいる。いわば基体主語が居場所を持っている。しかし、それがすでに仮象と規定されてもいた。その後、根源一者が姿を消し、神の死が登場すると仮象としての基体主語そのものも否定される。こうして世界を解釈し仮象を成立させるのはわたしたちの衝動としての権力への意志となる。つまり、わたしたちの衝動と衝動の賛否が世界解釈の主役となる。このような衝動の表現形式は、一人称代名詞と述語とからなる命題ではなくて、主語のない命令形である。

二　基体主語の否定

（Ⅰ）ニーチェによれば、哲学の主張は、命令文で表現される（*KSA* 5, S. 145）。それは、権力への意志の表現なのである。「思惟も意志の要素とされなければならない。すなわち全ての意志作用のうちには、或る命令する思想が含まれている」（*KSA* 5, S. 32f.）。それに対して真偽が問題となる命題表現は、真理への意志の表現であり、真理は生に奉仕する手段にすぎないのである。「第一の問題はこうである。〈真理への意志〉はどの程度まで〈物事〉のうちに迫るのか。——生物を保存するための諸手段との相関において無知の価値の全てを評価せよ。そして同様にしてもろもろの単純化一般の価値と、論理的虚構など規制的に働くもろもろの虚構の価値を評価せよ。何よりもまず練り上げられた解釈の価値を測定し、〈それが存在する〉ではなくて〈それが意味する〉がそのときどの程度まで存続するのかを測定せよ。そうすればつぎのような解答に辿り着くはずだ。つまり〈真理への意志〉は〈権力への意志〉に仕えるために展開するのであり——厳密に考察してみれば、〈真理への意志〉の本来の責務とは、或る種の非‐真理に勝利と持続とを与え、もろもろの歪曲の首尾一貫した全体を或る種の生物を保存するための基盤であると見なすことにある、という解答に」（*KSA* 11, S. 699）[7]。ここから、真理とは、「もろもろの歪曲の首尾一貫した全体」であることがわかるのである。

　ここでの歪曲は、①概念によって物事自体の普遍的真理が表現されるかのように装うことであり、さらに、②命題によって基体‐属性関係が表現されるかのように装うことである。

　①についてニーチェは、遺稿「道徳外の意味における真理と虚偽について」（一八七三年）でこう述べている。「もしも誰かが或る物を小藪のうしろに隠しておいて、それをちょうど小藪のうしろに探し出し発見したとしても、こういう探索や発見はさして得意になるべきこととはいえまい。しかし理性圏内における〈真理〉の探索と発見とは所詮そういうものなのだ。わたしが哺乳動物の定義をこしらえておいて、一頭の駱駝を検べてから、見なさい、これは哺乳動物だ、と説明したところで、なるほどそれで何らかの真理は明るみに出されるだろうが、しかしその真理の持つ価値は限られている。つまりわたしのいおうとしているのは、そういう真理は、徹頭徹尾人間の姿の投影であって、人間を度外視して〈真理それ自体〉といえるような、現実的で普遍妥当的であるようなたったの一点をすらも含んではいないということである」（*KSA* 1, S. 883）。

（II）このようなことは、ヘーゲルの言語論にもかなりあてはまる。ヘーゲルは、『精神現象学』「感性的確信」で、言語が臆念よりもっと真理であるのは、言語が普遍を表現するのに対して、臆念は個別にしか関わることができないからだとしている。そして、〈このもの〉は、言語としては普遍であることを指摘している。ここでは、あらかじめ、哲学の真理は普遍的であり、言語はその普遍を表現すると前提しておいて、〈このもの〉という名詞は普遍を表現するから感性的確信よりもっと真理だとしている。真理を普遍という小藪のうしろに隠して、言語は普遍を表現するからより真理だとしているわけである。ここでは、真理が言語という人間的なものによって実現されるというわけであるから、擬人化されていることともなる。

そうなると、感性的確信の個別的事実は、哲学の外に残されることになる。たしかに、「知覚」の章でいわれているように、白いとか甘いとか辛いといったことは、言語で表現される。しかし、白さについての視覚映像は、各人によって異なる。ましてや、たとえば納豆の味ともなれば、言語によって甘いとも辛いとすらも表現できない。一人一人の顔立ちも言語で精確に表現することはできない。この点に関してニーチェはつぎのように述べている。「もしも言語の発生において真理が、さまざまな命名において確実性の観点が、もっぱら決め手であったとしたら、わたしたちはこの石は硬い、などとどうしていうことが許されようか。まるで〈硬い〉が石以外の場合にもわたしたちには周知のことで、たんにまったく主観的な刺激として知らされているのではないといわんばかりである！」（*KSA* 1, S. 878）。硬さという概念的真理は、確実に成り立つのかといえば、硬さというのは、各自の主観的触感であるから、普遍性を保証しない。つまり、どこまでが軟らかくて、どこまでが硬いかということについての普遍的基準はない。したがって、この石は硬いという主観的触感を普遍的真理として主張できない。

してみれば、真理の普遍性という価値自体が幻影だということとなる。「真理とはそれが幻影であることが忘却された幻影、使い古されて具体的には無力になったメタファー、肖像が消えてもはや貨幣ではなくて金属と見なされるようになった貨幣である」（*KSA* 1, S. 880f.）。ここでの幻影は、客観的普遍性である。

(Ⅲ)ところで、この普遍性を表現するのが命題である。そして、主語・連辞・述語を要素とする命題を設定するのが、〈我〉である。この設定を、デカルトは、我思うと考えた。しかし、ニーチェによれば、普遍的思想は、自覚した〈我〉が欲するものではなくて、〈それ〉という無自覚的なものが欲するものである。したがって „ich denke“ であるよりは „es denkt“ なのである。しかし、„ich“ であるにせよ „es“ であるにせよ、„denken“ の主語であり、主体を表現していると考えうることに変わりはない。つまり、„denken“ という働きからその働きの主体を求めている。原子論では、力の作用から力の主体として原子を要求している。

ここでは、ニーチェによれば、インド・ヨーロッパ語では、主語がなくては文を構成できないということが、基体としての主語そして実体としての我へと誘惑する。しかし、„ich denke“ の真実は „es denkt“ であり、さらにその真実は denken なのである。つまり基体としての主語は本当は存在しないのである。

三　命題形式の否定

ところで、ニーチェのいう主語のない述語だけの論理は、ニーチェが突発的にいい出したことではない。むしろ、ドイツ近世哲学の展開のなかで醸成されていったのである。まず、カントとフィヒテは、主語・連辞・述語から構成される命題ないし判断が哲学の根本的真理を表現できると素朴に考えていた。しかし、それに対して、ヘーゲルやシェリングは、そもそも基体主語は根本的には存在しないのであるし、絶対者の真理は命題で表現されないと考えた。

(Ⅰ)　命題(判断)は真理を表現する——固定した基体としての主語

(a)　理論的学問体系の原理となる判断

カントは、『純粋理性批判』の仕事を定式化する問いを、「いかにしてア・プリオリな総合判断が可能であるか」

（*KdrV*, B19）というかたちで表した。すなわち、わたしが何かを知るのは、判断においてであり、しかも学問的な知識の模範たる純粋数学と純粋自然科学の判断が、内容を持ち、しかも確実である。したがって、わたしの知る働きを問うためには、このような判断つまりア・プリオリな総合判断を問題にしなければならないというのである。

では、そのア・プリオリな総合判断とは、いかなるものなのか。カントは、まず判断を分析判断と総合判断とに区別する。

①分析判断は、ア・プリオリであり、経験に依存しないがゆえに、必然的である。それは、主語概念を分析して、そこに含まれている内容を述語として取り出して主語と結合することによって成立するのである。たとえば、「全ての物体は、広がりを持つものである」（*KdrV*, A9, B11）という判断は、カントによれば、分析的である。なぜならば、「広がりを持つもの」という述語を、物体という主語の概念のなかに見出すためには、この主語の概念を、矛盾律に従って分析しさえすればよいからである。しかし、この判断は、わたしたちの認識をけっして拡大するものではない。なぜならば、主語の概念は、すでにわたしたちが獲得している認識であり、述語は、そのなかにあらかじめ含まれていたものの一つにすぎないからである。

②これに対して、総合判断は、主語の概念を、そのなかに含まれていない概念と結合するものである。それゆえに、わたしたちの認識を拡張することができるということになる。だが、この総合判断が、経験的であるならば、必然的ではありえない。したがって、判断が必然的であるためには、経験に依存することなく、ア・プリオリでなくてはならない。このようにして、必然的で認識を拡張する判断は、ア・プリオリな総合判断となる。カントは、この判断が、純粋数学、純粋自然科学、そして、形而上学のいずれの学問にも原理として含まれていることを明言している。以上のようにして、カントは、学問体系としての形而上学を、その体系の原理としてのア・プリオリな総合判断が可能であることを明らかにすることを通して基礎づけようとした。

（b）形而上学の基礎としての根本命題

カントは、学問体系としての形而上学の基礎づけを、ア・プリオリな総合判断の可能性に求めたが、さらに進んで、我に関する根本命題を知識学の基礎とすることによって、形而上学の体系を築こうとした[8]。フィヒテは、体系構築の始め方を思索したが、フィヒテは実際にそれを始めてみたわけである。カントは

フィヒテによれば、超越論哲学としての知識学は、学問一般を基礎づける学問であるが、知識学の基礎となるのが根本命題である。『知識学一般の概念について』（一七九四年）によれば、個々の命題は、体系全体におけるそれぞれの位置と体系全体に対する関係とによってはじめて学問を形成する。そして、一つの学問を構成する個々の確実な命題の結合に先立って、かつ、その結合から独立していて確実な命題が根本命題である。したがって、この根本命題が確実であるならばつぎの命題が確実となるという具合にして、一つの学問が構成される[9]。

ところで、知識学も他の学問と同じように形式と内容を持ち、このことは根本命題についてもあてはまる。こうして、内容と形式の両方ともそれ自身で確実であり相互に限定し合う第一根本命題と、内容は無制約的であるが形式は第一根本命題に依存する第二根本命題、反対に形式が無制約的であって内容が第一根本命題に依存する第三根本命題とが成立する。

こうして、フィヒテは、『全知識学の基礎』（一七九四年）のなかで、全知識学の基礎としての我を、三つの根本命題のかたちで表現している[10]。

第一根本命題…我は根源的にして絶対的に自己自身の存在を設定する。

第二根本命題…我に対して絶対的に非我が設定される。

第三根本命題…我は非我によって制限されているものとして自己自身を設定する。

（Ⅱ）命題内容は命題形式に矛盾する——述語に溶ける基体としての主語

（a） 哲学体系の要素となる命題（*Phän. S.* 17ff.）

〈二つの命題観〉 ヘーゲルは、カントやフィヒテが主張した〈論証の第一原理としての前提〉という見地を否定している。その根底には、論証の形式的基礎としての命題形式には絶対者の真理を表現するという点で限界があるという洞察がある。ヘーゲルによれば、哲学は、概念把握することを要求するにもかかわらず、命題の構造はこの概念把握の要求を満たすことはできない。

通常の命題においては、主語とは、根底に横たわっている基体であり、内容ないし述語が主語の偶有性として関係してゆく際の対象なのである。たとえば、「蘭の花は高価である」という命題においては、高価であるという述語は、蘭の花という主語の偶有性である。

それに対して、哲学命題においては述語は主語の本質を表現しており、命題の内容が命題の形式的構造と矛盾する。たとえば、「現実的なものは普遍的なものである」という命題は、現実的なものは普遍的であることを、形式上、意味しているだけではなくて、内容上、普遍的なものが現実的なものの本質であることをも意味している。現実的なものが普遍的なものとして現れることによって、普遍的なものが思考の真の主語となり、そして思考は自分自身に戻るのである。この思考の反省が自己のうちへの反省であるのは、思考が己れ固有の内容つまり主体であるものそれ自体のうちに身を沈めるからである。

〈通常の命題による外面的思考〉 通常の命題による思考作用は、この存在するものとして設定された主語、つまり固定した基盤としての主語をつてに、さまざまな述語の間を行ったり来たりする。主語を、このようなものとしても、あるいはそのようなものとしても規定できるし、一つの視点ではそのようであり、別の視点では別様に規定できる。たとえば、蘭の花は高価であるとも美しいとも規定できる。

その際、主語が命題において設定される際の視点は、主語そのものにとっては外からのものである。それは、主語がそのつど別のさまざまな視点からも設定されうるということを意味する。したがって、思考作用は思考内容にとって外からのものであり、思考を進めるにあたって、その内的必然性を欠いている。

もっともそれは、主語にまた別のさまざまな述語を付加することができるがゆえに、一切の述語的な諸規定の主語となる固定した基盤が、主語に付加される全ての内容を越えて広がっているかぎりでそうなのである。したがって、一切の述語的な規定は、外から受け入れられているのであり、相互に外面的に存在している。

それに対して、哲学的思考は、内的必然性に貫かれた概念把握する思考である。思考作用が、命題の主語を越えて、事柄をあれこれのものとして規定する手段である述語へ内的必然性を欠いたまま進むということはない。〈哲学命題による思弁的思考〉哲学命題においては、基礎であるからにはもはやまったく問い尋ねられもしないような固定した基礎としての主語といったものは存在しない。ここでは思考することによって別の何かを意味する述語へさらに到るのではなくて、述語によって主語そのものに立ち戻るように強いられる。というのは、述語を思考することによって本当は主語である当のものに身を沈めているからである。

したがって、思考が述語において別のものを思考するのではなくて、自分自身を再び見出すことによって固定した基礎としての基体は直ちに失われる。したがって、通常の表象する働きからみれば、哲学命題はつねに同語反復命題のようなものなのである。

哲学命題は、そもそも本来的な意味でもはや命題ではない。哲学命題においては、いまや持続すべき何ものも立てられない。というのは、命題の連辞〈である〉はここではまったく別の機能を持っているからである。連辞は、何かの存在を別のもので陳述するのではない。そうではなくて、連辞は、思考が述語のなかで主語の失った確固たる基礎に代わるものを再び見出すために、主語から述語へ移行するような思考の運動を記述する。

（b）　基体としての主語の消滅

シェリングも、『世界世代論』（一八一四年／一八一五年）で、真の学問的哲学を支える命題についてさらに思索を進めている。まず、シェリングは、前期フィヒテが主張していた学問的哲学の基礎としての確実にして無制約的な根本命題を否定している。真の学問的哲学は、命題の運動を不可欠のものとする。もし、この運動がなければ、重要な諸命題は、あたかも生きた幹からもぎとられた果実のようなものとなってしまうというのである。もし、フィヒテのいうように或る命題が無制約的で確実であるならば、命題の運動は必要がなくなり、真の学問的哲学は形成されない。したがって、最初の命題は、制約されたものであり、命題の運動を通して、別の述語を得ることによって制約からさらに解放されるのである。

つぎに、シェリングは、矛盾は永遠の生の源泉であり、この矛盾を構成することが学問的哲学の至上課題であると明言している。してみれば、矛盾律は、そのままでは哲学命題には適用されない。たとえば、「精神は自然である」および「観念的なものは実在的なものである」（*SW* VIII, S. 213）という命題は、矛盾律に従うかぎり、理解できない。なぜならば、自然は、精神の対立概念であり、実在的なものは観念的なものの対立概念だから、主語は連辞によって述語と一致することはないからである。そこで、シェリングは、命題の連辞「である」を通常のように主語と述語の一致としてではなくて、「二つの統一の統一」として理解しようとしている。「AはBである」という命題における「である」は、Aの本質とBの本質が、同一のxであることを意味していることになる。すなわち、主語Aと述語Bは、同一の本質xにおいて、対立しながらも均衡しているという緊張状態の関係にある（*SW* VIII, S. 216）。ここでは、主語と述語との内容上の区別は消えている。

ここから「論理学者たちとても、例の小っぽけな〈それ〉（これは名だたる古い『我』が揮発した末にできたものだが）なしに済ますようになるであろう」（*KSA* 5, S. 31）というニーチェの主語のない論理まではさほど遠くはない。

四　述語としての仮面

（Ⅰ）仮面は主語とならない述語である

このニーチェの主語解体の論理が、〈素顔＝我〉のない仮面（おもて）を生み出す。坂部恵のいう仮面の哲学は、神の死からさらに実体我の崩壊そして基体主語の崩壊の帰結であることは明瞭である。

「自己同一的な〈素顔〉としての自我、世界は、その原型、いわば〈原素顔〉としての神的な背後世界の死によって、素顔としての最低限ぎりぎりの意味すらも失う。それらは、もはや、いかなる奥行きをもった〈おもて〉でもない。世界は、〈先験的な意味されるもの〉を指示する〈意味するもの〉であることをやめ、神の〈おもて〉、神的世界の現象として、まとまった〈記号〉として、〈書物〉として読み解かれることをやめる」[11]。

ここで自己同一性＝基体としての我と世界も、背後世界＝神の死によって死滅することがいわれている。その上で、〈素顔＝我〉なき仮面の登場を告げる。その際に、仮面は、基体としての我の崩壊によって基体主語のない述語であることが判明する。

「あらかじめさきをこしていってしまえば、〈おもて〉とは、〈主体〉でも〈主語〉でもなく、〈述語〉にほかならないのだ。〈おもて〉のかたどりと統一は、西田哲学の言い方をかりていえば、『主語となって述語とならない』[12]のではなく、反対に『述語となって主語とならない』根源的な〈述語面〉〈おもて！〉のかたどりと統一である」。

（Ⅱ）言語は隠す仮面である

しかし、ニーチェのいう仮面は、坂部のように仮象の生動性を語るだけではなくて、深みを隠すという機能も持っている。まず、哲学者のような隠遁者の著作から沈黙が伝わるといっている。それは、言語を語ることによって隠されたものが境界づけられることによる沈黙なのである。

ニーチェによれば、全ての哲学の著作は前景の仮面であり、その仮面の裏には、もう一つの仮面が隠されている。全ての哲学の言語は認識であり、これは深みに向かうという点で、表面・仮象に向かう深みとは対立する。しかし、認識が本当らしく見えない誤謬であるとすれば、深みは本当らしく見える誤謬である。「全ての哲学は一つの前景の哲学である、――これが隠遁者の下す判断である。すなわち、『哲学者がここで立ち止まり続け、うしろを振り返り、あたりを見まわしたということには、彼がここでさらに深く掘り下げることをせずに鋤を投げ捨てたということには、何やら恣意的なものがある、――それには何やら疑わしいものもある』と。全ての哲学は、なお一つの哲学を隠している。全ての見解はまた一つの隠れ場であり、全ての言語はまた一つの仮面である」（*KSA* 5, *S*. 234）。ニーチェにあっても仮面の裏には「あらゆる根底の奥に・あらゆる〈根拠〉の底に一つの深淵がある」（*ebd.*）といわれるように底なしの深淵があるのであって素顔はない。ただし、ニーチェは仮面によってそれを隠すことを重視した。そこでの仮面とは、深淵とは反対のことを語る言語であり、たえざる変身である。「全て深いものは仮面を愛する。もっとも深いものは、形や比喩に対する憎しみをさえ持っている。反対にするということこそは、神の羞恥心が着こんで歩くに格好の仮装なのではあるまいか？」（*KSA* 5, *S*. 57）[13]。

ここでの仮面は、三段階の誤謬を自覚することを含んでいる。第一に、認識の言語は普遍概念であるが、実は概念は普遍を意味できないという誤謬である。第二に、概念を使って成立する主語・連辞・述語の命題も、本当は主語がないという点でその形式自体が誤謬なのである。そして、第三に主語としての素顔がないところでは、述語は仮面であらざるをえない。

こうして、深みの論理認識という仮面は、表面・仮象・仮面への意志を反対にすることによって隠す。この点についてこういわれている「全て物事を深く根本的につきつめるということがすでに、たえず仮象と表面とへ向かおうとする精神の根元意志に対する暴圧であり、虐待欲である。全ての認識欲のうちにはすでに一滴の残忍が含まれているのだ」(*KSA* 5, S. 167)。あるいはこうもいわれている。「――仮象への、単純化への、仮面への、外套への、要すれば表面への――というのも全ての表面は外套であるから――こうした意志に対し、事物を深く・複雑に・根本的に考究しようと欲しもする認識者のあの崇高な傾向が反抗するのである」(*KSA* 5, S. 168)。

　こうして、述語としての仮面は、認識におけるたんなる述語と、仮象への意志における命令としての述語とに分かれる。そこで、次章では、仮象への意志について詳密に解明する。

註

(1) Vgl. Gerratana, F., Der Wahn jenseits des Menschen. Zur frühen E. v. Hartmann-Rezeption Nietzsches (1869–1874). In: *Nietzsche-Studien. Internationales Jahrbuch für die Nietzsche-Forschung*. Bd. 17, Walter de Gruyter & Co., Berlin/New York, 1988, S. 391ff.

(2) この点については、W・ミュラー＝ラウターが先駆的であるが、ヤコービとフィヒテとの関係を論じるにとどまっている。Vgl. Müller-Lauter, W., Nihilismus als Konsequenz des Idealismus. In: Schwan, A. (Hrsg.), *Denken im Schatten des Nihilismus. Festschrift für Wilhelm Weischedel zum 70. Geburtstag*. Wissenschaftliche Buchgesellschaft, Darmstadt, 1975, S. 113ff.

(3) ニーチェは、『悲劇の誕生』では、キリスト教に対して敵意のこもった深い沈黙を守ったとしている(*KSA* 6, S. 310)。「神は死んだ」という表現の初出は、『悦ばしき知識』第一〇八節や第一二五節であろう。

(4) Cf. Klossowski, P., *Un si funeste désir*. Éditions Gallimard, Paris, 1963, p. 220.

(5) カントに従えば、造化の究極目的は人間であって神ではない。「ところで道徳的存在者としての人間(したがってまた世界におけるあらゆる理性的存在者)については、何のために(quem in finem)彼が存在しているか、と問われることはもはやできない。彼の生存は、最高目的そのものを自らのうちに含み、彼は力及ぶかぎり全自然をその最高目的へ従わせうるのであり、少なくとも、その最高目的に背いて自然のどのような影響にも自己が服していてはいけないのである。――世界のもろもろの事物が、その存在の上から依存する存在者として、目的に従って働く最高の原因を必要とするならば、人間こそは造化の究極目的である。(Kant, I., *Kritik der Urteilskraft*. Hrsg. v. Vorländer, K., Felix Meiner Verlag, Hamburg, 1974, S. 305)。そして、神の存在は、造化の究極目的の条件として証明される。「したがって、わたしたちが道徳的法則にかなって自ら究極目的を掲げるためには、道徳的世界因（世界主宰者）を想定せざるをえない。そして究極目的が必然的であるかぎりにおいてのみ、（言い換えれば、それと同じ程度において、また同じ根拠から）世界因もまた必然的に想定されるべきである。つまり、神が存在することをみとめなければならないのである」（Kant, I., *a. a. O.*, S. 321f.）。

（6） Cf. Townsend, H. G., *Philosophical Ideas in the United States*. American Book Company, New York, 1934, pp. 258–259.

（7） 当該遺稿断片での「歪曲」とは生の遠近法によって生まれ、真理、善、理性的なこと、美という普遍的価値を包括する。そのことはこういわれている。「したがってわたしたちがこれまで〈真理〉〈善〉〈理性的なこと〉〈美〉として評価してきたことは、個別的ケースとしてのかぎりにおいては、反対になった権力であると見なされる――人間という種族が自らを確立するための手助けであるこの〔途方もない〕遠近法主義的歪曲、わたしはそれを指で差し示す。それこそが人間の生の条件なのだ、人間が自らを楽しむということが（人間存在は自らの保有という手段によって悦びを得る。そして、人間存在はだまされるがままにはなりたくないと思うこと、諸個人はいつでも相互に理解し合い助け合おうと思っていること、全体としては成功した人間たちは不運な人間たちの犠牲の上に生きるすべを知っていること、そうしたことの全ては人間の自己保存の諸手段に属しているのである）。こうしたことの全てのなかに、権力への意志は、それが欺瞞の諸手段にたよることを危惧することなく表現されている――そしてわたしたちは、神は人間存在が自らに見惚れている光景を見て、どれほど悪辣な悦びを感じるかを想像してみることができるのである。要するに――権力への意志」（*KSA* 11, *S.* 699）。まず、〈真理〉〈善〉〈理性的なこと〉〈美〉といった事柄は、権力への意志が転倒して生じたものであることが確認されている。そして、それらは生の目標ではなくて、条件であり、転倒しているがゆえに、権力への意志を表現するための「欺瞞の諸手段」なのである。非本来的な哲学者たちは、〈真理〉〈善〉〈理性的なこと〉〈美〉を手段ではなくて目的として追い求める。それに対して、本来的な哲学者は、それら全てを、生きるための手段とする。しかし、それは、また欺瞞でもある。「人間存在は自らの保存という手段によって悦びを得る」。ここで、人間が悦びを得るための手段としている自己保存とは、具体的には「人間存在はだまされるがままにはなりたくないと思うこと、諸個人はいつでも相互に理解し合い助け合おうと思っていること、全体としては成功した人間たちは不運な人間たちの犠牲の上に生きるすべを知っていること」である。これらが欺瞞にすぎないことは一目瞭然である。

（8） Vgl. *Fichtes Werke*. Bd. I, Hrsg. v. Fichte, I. H., Walter de Gruyter & Co., Berlin, 1971, S. 47f.

（9） Vgl. *a. a. O.*, S. 49 ff.

（10） Vgl. *a. a. O.*, S. 91 ff.

（11） 坂部恵『仮面の解釈学』、東京大学出版会、一九七六年、七頁参照。

（12）　坂部恵、前掲書、八頁参照。

（13）　「反対にするということ」の事例としてつぎのようにいわれている。①「優にやさしい事柄でも、それを粗暴で覆い隠して見分けられないようにする方が、かえってよい場合もある」。②「愛の行為や放埒なほど気前のよい行為ですら、済んだ後では棍棒をとって目撃者を叩きのめすに越したことはない、という場合もある」。③「高価なもの、壊れやすいものを秘めていなければならないような人間が、青さびて古くて固くたがをはめた酒樽のように、生涯ごろごろ暮らしてゆくということも、考えられなくはない」（*KSA* 5, S. 57）。当該事例については、本書九三頁以下の引用文も参照されたい。

第二章　仮　象
――深さからして表面的

一　仮象に生きる舞踏者

(Ⅰ)　ヘーゲルからニーチェへ

本書第一編第二章末尾で述べたように、ニーチェにあっては、調和結合としての矛盾は、ツァラトゥストラの舞踏に血肉化されている。そして、舞踏者こそが哲学者らしい哲学者なのである。そのことは、『ツァラトゥストラ』完成後に執筆された『悦ばしき知識』第五書第三八一節でも、こういわれている。「舞踏は哲学者の理想なのであり、それが哲学者の芸術でもある、結局哲学者の唯一の敬虔さ、哲学者の礼拝でもある」(*KSA* 3, *S*. 635) と。ニーチェが到達した哲学の絶頂は、敬虔さでもあり、礼拝でもある舞踏芸術に凝縮されている。

ところが、舞踏としての哲学を唱えた哲学者は、ニーチェが最初なのではない。あろうことか、ヘーゲルも、『法哲学』序説でそのようなことをいっている。この序説には、三つの有名な比喩が書かれている。そのなかでももっとも有名な比喩は、「ミネルヴァの梟は、迫りくる夕闇とともにはじめて飛び始める」(*W* 7, *S*. 28) というものである。この比喩は、哲学を梟に喩えて「世界の思想としての哲学は、現実がその形成過程を完了し、自らを完成しおわった後に、はじめて現れる」(*ebd*.) ということを意味している。したがって、ここでは、「飛び始める」ということは、現実世界を体系的に認識した哲学が世に現れることである。このことは、もう一つの比喩でもこう表現されている。

「ここに薔薇が、ここで踊れ」（*W* 7, S. 26）と。これと同じことが「理性を現在の十字架における薔薇として認識し、そして現在を悦ぶこと、この理性的洞察こそ、現実との和解であり、〔……〕哲学が与えるところのものなのである」（*W* 7, S. 26f.）と。「ここに」とは「現在の十字架」であり、「薔薇」は、「理性」を意味している。「踊れ」とは「現在を悦ぶ」ことを意味している。舞踏という表現は、跳躍の否定として選ばれている。哲学は、「理性的洞察」を与え、これは、現実世界と和解し、現実世界を肯定することなのである。

たしかにヘーゲルのいう舞踏は、現在を悦ぶ「理性的洞察」であり、理性の身体性を表現しようとしたものではない。しかし、ここでは舞踏という比喩は、ヘーゲルの意図を超えて、身体性を表現せざるをえず、ニーチェへ向かっている。ヘーゲルの用いる比喩は、ヘーゲル哲学の隠れた可能性を暗示している。つまり、ヘーゲル哲学には、身体の理性という隠れた可能性がある。そして、ニーチェは、身体の理性をみとめる哲学を、未来の哲学としてはっきりと宣言している。その箇所が、まさしく『悦ばしき知識』第二版序説なのである。「いまやわたしたちは、病気の身体とその欲求が無意識のうちに精神をどこへ押しやり衝きやり誘きよせるのかを承知する、——何らかの意味で太陽の方へ、静寂の方へ、穏和の方へ、忍耐の方へ、医薬の方へ、興奮剤の方へ、だ。平和を戦争よりも高く値踏みするあらゆる哲学、幸福の概念を消極的に解するあらゆる倫理学、フィナーレつまり何らかの種類の終局態をみとめるあらゆる形而上学と自然学、側方・彼岸・外部・上方を求めるところの主として美的か宗教的かである一切の渇望などは、哲学者に霊感を吹き込んだのは病気だったのではないかという疑いをさしはさませるに足るものだ。客観的なもの・観念的なもの・純精神的なものという外套で無意識に身を包む生理的欲求の変装術は、驚くほど広範囲に行き渡っている、——さればわたしは、大体のところ哲学はこれまで一般に身体の誤解にすぎなかったのではないかと幾度も繰り返し自分に問うてみた」（*KSA* 3, S. 348）。

哲学は、身体の健康によって舞踏となる。つまり、ニーチェの哲学は、真理を探究するよりは、生を探究する。ただし、哲学が、病気の身体から健康な身体へ変身させるわけではない。舞踏する健康な身体は、根源的には、力を放出する運動であるがゆえに権力への意志である。哲学は、この意志を前提とする。というのも、この意志が、情動の矛盾を原動力とし、そして、この矛盾が言語的には、舞踏の歌を生み出すからである。

ここから、ニーチェとヘーゲルは違ってくる。ギリシア人たちが、アポロン的仮象を必要としていたことは、『悲劇の誕生』で語られていた。ニーチェは、『ツァラトゥストラ』で姿を現した舞踏の哲学にもとづきながら、『悦ばしき知識』第二版序説では、もう一度、『悲劇の誕生』に立ち返って、ディオニュソス哲学の輪郭を描出しようとしている（本書一八頁以下参照）。

（II）《仮象とは仮面である》

ニーチェは、芸術を「仮象へのよき意志」（*KSA* 3, *S*. 464）とも呼んでいる。芸術的仮象が、人の振る舞いとなるとき仮面ともいわれる。「全て深いものは仮面を愛する。もっとも深いものは、形や比喩に対する憎しみをさえ持っている。反対にするということこそは、神の羞恥心が着こんで歩くに格好の仮装なのではあるまいか？　これは問う価値のある問題であろう。〔……〕このように隠された人、語ることを本能的に沈黙し秘密にするために用い、打ち明けることからたえず身を避けてやまない人は、自分の仮面が自分の身代わりになって友人らの心と頭のなかをさすらい歩くことを願いもし、求めもする。たとえ願わないとしても、いつの日か彼は、やはりそこに自分の仮面があったことを――またそれでよかったのだということを、悟るであろう。全ての深い精神は仮面を必要とする。否、それどころか、全ての深い精神のまわりにはたえず仮面が生長する。彼の発する一語一語、彼の足取りの一歩一歩、彼の生のしるしの一つ一つが、たえず間違った解釈に、すなわち浅薄な解釈にさらされるためなのである。――」（*KSA* 5, *S*. 57f.）ニーチェのいう仮面は、深い真実から眼を背けるためにあるのではない。深い真実だからこそ、それとは対立する表面的な仮面を愛する。それが健康ということであり、快活ということなのである。それは、深い真実を仮面で隠すということからいえば、悲劇であり、その仮面が深い真実を笑うということからいえば、パロディなのである。

そして、そのようなパロディを演じる者は、道化である。

仮面をつけることによって、現実が仮象となる。そして、仮面によって偽装する者は、迷宮となる。なぜならば、もともと素顔がないからである。ツァラトゥストラは、まさにそのような迷宮の舞踏者であった。ツァラトゥストラは、永遠回帰の説教者であるが、夢解きでもあり、道化でもあり、笑う預言者でもあり、ディオニュソスの化身ともなる。いくつもの仮面を持つ謎に満ちた迷宮である。

ところで、仮象の世界は、元来、『悲劇の誕生』では、アポロン的芸術の世界である。なぜ、ディオニュソスの化身ともなるツァラトゥストラが、アポロン的でもあるのか。それは、もともと、悲劇がディオニュソス的でありながらもアポロン的でもあるからである。そのことは、『悲劇の誕生』でも、芸術家は、ギリシア悲劇におけるような「同時に陶酔と夢の芸術家」であるといわれている。「この陶酔と夢の芸術家の姿をわたしたちが思い描くとすれば、たとえば彼がディオニュソス的酩酊と神秘的な自己放棄の状態にありながら、一人、熱狂する合唱隊から離れて倒れ伏し、アポロン的な夢の作用によって、いまや彼自身の状態が、すなわち、彼と世界のもっとも内奥の根底との統一が、一つの比喩的な、夢の形象として彼に示現されるがごとき情景こそ、彼の姿でなければならない」(*KSA* 1, *S*. 30f.)。ツァラトゥストラは、ディオニュソス的芸術家としては、陶酔する舞踏者であり、アポロン的芸術家としては、新たな竪琴の演奏者にして夢見る者にして夢解きなのである。

二　夢の世界と哲学者

そこで、つぎに『悲劇の誕生』第一節に立ち返って、ニーチェが、哲学者を芸術家と重ねる原点を目撃しておくことする。

「わたしたちは全て夢の世界を生み出すことにかけては完全な芸術家といえるが、この夢の世界の美しい仮象が、あらゆる造形芸術の前提であり、それどころか、後に見るように、文学の重要な一半〔である演劇〕の前提でもある。わたしたちは夢に現れる人物とすぐ打ちとけて、その具体的な姿を楽しむ。夢のなかでは形という形が全てわたしたちに語りかけてくる。そこにはどうでもいいような、無駄なものは、何一つないのである。このように夢の現実がこの上もなく生き生きとしているにもかかわらず、それでもやはりわたしたちはなんとなくそれが仮象だというほのかな感じを免れるわけにはゆかない。少なくともこれがわたしの経験であり、しかもそれが一度や二度のことでなく、普通だということについては、わたしはいくらも証拠を持ち出せるし、詩人たちの言葉をこれに添えることだってできるのだ。〔夢が仮象だというばかりでなく、〕わたしたちが現にそのなかで生活し存在しているこの現実界の底に、もう一つまったく別な第二の現実が秘《ひ》められていて、したがってこの現実界もまた一種の仮象なのだという予感を、哲学的人間は抱いてさえいるのである。そしてショーペンハウアーは、人間や全ての事物がときどきただの幻影か、あるいは夢の姿と思われてくるような素質こそ、哲学的能力の目印だといっている。ところで、芸術家のセンスがある人が夢の現実に接する態度は、哲学者が生存の現実界に対してとる態度と変わりはない。哲学者は正確に、また進んで夢の現実に目を注ぐのだ。というのは、夢の影像から哲学者はこの人生を解釈し、夢の出来事によって実生活に対する修練を積むのだからである」（*KSA* 1, S. 26f.）。
ニーチェは、ここでヴァーグナーの楽劇『職人詩人《マイスター・ジンガー》』に出てくるハンス・ザックスの台詞を解説しているのである。まず、芸術家にとっては、夢が仮象であるが、哲学者にとっては、現実が仮象である。そして、芸術家は、夢の仮象にもとづいて実人生の謎を解く。ところが、哲学者は、仮象の現実にもとづいて、もう一つの別の現実の謎を解くのである。そして、この仮象の現実が夢となったとき、芸術家と哲学者は合体する。それが、『悦ばしき知識』第二版序説の哲学者像なのである。

しかし、「人間の一番真実な幻影は夢のなかで現れる」ということについては、充分説明していない。そのためには、身体自己の無意識性ということが解明される必要がある。なぜならば、その無意識的真実が、夢のなかに幻影美となって形象化されるからである。

三　夢に現れる永遠回帰思想

そこで、本節では、無意識の遠近法的真実としての永遠回帰思想が、夢のなかで形象化される問題を考察する。『ツァラトゥストラ』第三部は、永遠回帰思想を主題としているといわれている。そして、とりわけ「幻影と謎」、「快癒に向かう者」、そして「三つの悪」とで、その思想は表現されている。

(Ⅰ)　二つの幻影

「幻影と謎」では、二つの幻影が謎として表現され、それの謎解きが「快癒に向かう者」で表現されている。二つの幻影とは、瞬間の門をめぐる幻影と、黒い蛇に取り憑かれた牧人の幻影とである。前者の幻影は、ニーチェに永遠回帰思想が到来したシルス・マリアを原風景としている。後者は、ツァラトゥストラが未来に体験する変容の予見である。

前者の幻影が、月夜の夢のなかに現れたことについては、つぎのように語られている。「小びとはいまどこへ行ってしまったのか？　そして門は？　そして蜘蛛は？　そしていまのささやき全ては？　このわたしは夢を見ていたのだろうか？　いま目が覚めたのだろうか？」(*KSA* 4, S. 201) あるいは「わたしは登りに登り、夢を見た、考えた」(*KSA* 4, S. 198) ともいわれている。この幻影に現れる原風景の特徴としては、登る必要がある高地であり、そこに門があることである。しかし、また、この夢から覚めると門はなく、そこは「荒涼とした断崖の間」なのであった。

「瞬間の門」とは、ニーチェの散策路の一つであったシルヴァプラーナ湖一周コースの途次の風景にもとづいている。それは、スールレイと呼ばれる村がかつてあった土地である。そこにはシルスのニーチェの下宿からシルヴァプラーナ湖岸沿いに歩くと一時間程で着く。そこに、あの「ピラミッド型をした巨岩」が湖岸に聳え、道を隔てて、その巨岩に相対するかのように岸壁がそこにだけある。したがって、巨岩と岸壁が二つの門柱のようにも見え、断崖のようにも見える。シルスから歩いてきた道が、まるで過去に続く道であるかのようにも見え、シルヴァプラーナへと続く道が、未来へと続く道であるかのようにも見える。こうして、スールレイの原風景が、夢のなかで、回帰する永遠を形象化した「瞬間の門」という幻影となったのだ。

ところで、この夢の後、ツァラトゥストラは、もう一つの幻影つまり牧人と出会う。「突如として、わたしは荒涼とした断崖の間に、ただ一人、寂しく、月影もすさまじく照るなかに立っていた。だが、そこに一人の人間が横たわっていたのだ！」（*KSA* 4, S. 201）これは、けっして夢から覚めたのではなくて、いわば夢幻の状態なのである。

（Ⅱ）世界から遠く離れた岬の夢

「三つの悪」の夢は、「幻影と謎」の夢と相補的である。夢は、永遠回帰の世界を発見する場である。「〔……〕すばらしいクルミ割りがあれば、〔謎を割って、〕謎を解くことができる。そうしたものとして、わたしの夢はけさ、世界を発見したのだ」（*KSA* 4, S. 235）。換言すれば、ツァラトゥストラは、明け方の夢のなかで世界を善悪の彼岸に発見した。そして、その善悪をはかることができるようになった。この夢の原風景は、ジェノヴァ近郊のラパッロ湾とりわけポルトフィーノ岬である。そのことについて、ベルトラムは、つぎのように述べている。

「〔……〕エンガディーンがニーチェの《中心の風景》であって、そこでの冷たく高い象徴性のなかで彼の天性のあらゆる極端な対立が出会って同盟を結ぶ場所であり、彼のなかの対立を結婚させる力の比喩であるのに対して、ラパッロ湾の風景は彼にとって、彼の本質のなかで極端なものに突き進むあらゆる力の自然的象徴である。そしてニーチェが感じ、『ツァラトゥストラ』のなかへ移し入れた、この風景の魔力は、何よりも先ず極端なものの魔力である」[1]。

ここで、ベルトラムは、ポルトフィーノ岬の風景を「極端なものの魔力」と説明している。この夢の風景のなかで、善悪の此岸にあった世界が、彼岸へと極端に逆転する。そして、悪の極端が、善の極端に逆転する。「悪しざまにいわれている世界が、けさわたしにとって人間的に善い或るものであった」（*KSA* 4, S. 236）。白昼の世界が、虚構としての仮象ならば、夢の世界は、幻影としての仮象である。しかし、その仮象は、虚構を逆転させたという点では、真実なのである。世界は、有限で、数によって支配されている。しかも、世界は、わたしを視点として遠近法的に、数によって幾何学的に形象化されている。夢の世界では、遠近法という認識スタイルそのものが、形象化され、そこで、「わたしの趣味」が、世界をはかるというように数量化されるのである。世界は、いまや「一つの豊満な林檎」（*KSA* 4, S. 235）のように回帰的であり、一本の木のように安定しており、一つの開かれた厨子のように数量的に限られていながら開かれている（*KSA* 4, S. 236）。

そこで、本章で解明された幻影としての仮象の内実たるものの形・音声・言語について次章で考察する。

註

（1）E・ベルトラム『ニーチェ』（下）、浅井真男訳、筑摩書房、一九七一年、一六二頁。

第三章　幻影の哲学者ニーチェ

人間は幻影や夢像のなかに深くひたされていて、その眼は事物の上っ面《つら》をすべってゆくばかりで、「ものの形」を眺めているにすぎない（*KSA* 1, S. 876）。

序

ニーチェは、語りの哲学者として『悲劇の誕生』を世に出して以来、『ツァラトゥストラ』を経て「ディオニュソス酒神讃歌」に到って哲学詩人となり、もっぱら詠《うた》った。それは、紛う方なく、ニーチェの言語芸術の極点になった。ニーチェの哲学言語も芸術的であった。その芸術言語は、終始、抒情詩の言語に起源を持ったものだった。言語は、事実を記述するものであるよりは、幻影を創造するのである。幻影は美しいから、この幻影に生きると、悦びが生じる。生きること自体が自己遊戯となる。このことが、ニーチェのいうニヒリズムの自己克服なのだ(1)。

このようにして、幻影ということをニーチェの中核に据えることが、ニーチェを的確にとらえることに資する。ニーチェは幻影の哲学者なのである。これまで幻影の問題は、仮象あるいは虚構の問題との関連を明確にしないまま閑却され続けてきた。仮象あるいは虚構の問題は、真理論であるが、幻影の問題は、審美論なのである。審美論が真理論を基礎づける。仮象は幻影であるがゆえに美しいのである。ただし、ニーチェのいう幻影は、たとえばクロソウスキーのいうファンタスム（幻像）とシミュラークル（複製）とを包括する。ファンタスムは、知性と対峙しているときは、理解不可能であるが、知性的記号によって複製されると理解可能なシミュラークルとなる(2)。

こうしてニーチェにあっては、思想も幻影でありうることが肝要なのであり、しかも「幽霊」（*KSA* 4, S. 30）とまで呼ばれている。思想は言語によって表現されるのであるから、言語によって創造された幽霊が思想である。してみれば、とりわけて永遠回帰思想にあっても最終的に問題なのは、真実か偽りかという真理論ではない。むしろ、美しいか美しくないかという審美論なのである。この点についてつぎの行文が示唆を与えている。「もっとも似かよっている者どうしの間に架かっているとき、仮象は、たとえ偽りにせよ、もっとも美しい。わたしがそういうのは、もっとも小さい溝は、もっとも橋を架けにくいものであるからだ」（*KSA* 4, S. 272）。ここでは偽りの仮象がもっとも美しい場合として、橋がもっとも似かよっている者どうしのあいだの「もっとも小さい溝」に架かっている場合が挙げられている。ここでの橋とは言語表現であるから、言語表現が、二人の違いを偽装しながら美しい虹の橋を架ける。似た言語表現で永遠回帰説を唱えながらも、まったく正反対の解釈を持っている者どうしの間も関連づけることは困難なのである。「同一物が永遠に回帰する」という言語表現は、ニヒリストからすれば「無が永遠に回帰する」と解釈される。それに対して、ニヒリズムを克服した者からすれば、「もっとも悦ばしいことが永遠に回帰する」という運命愛に解釈される。してみれば、この二つの解釈者の立場の関連が問題となるが、それを明らかにすることは容易ではない。詩の言語によっても困難である。そのことを実は立証しているのが、『ツァラトゥストラ』第四部「酔歌」で詠われている有名な詩なのである。

もう一度
① おお、人間よ！　心せよ！
② 深い真夜中は何を語るか？
③ 「わたしは眠りに眠り――、
④ 深い夢から、いま目が覚めた、
⑤ この世は深い、

⑥『昼』が考えたよりもさらに深い
⑦この世の嘆きは深い
⑧悦びは——断腸の悲しみよりも深い。
⑨嘆きの声はいう、『終わってくれ!』と。
⑩しかし、全ての悦びは永遠を欲してやまぬ——、
⑪深い、深い永遠を欲してやまぬ!」(*KSA* 4, *S.* 404)

この詩は、端的にいって、永遠回帰をめぐる二人の解釈者の間にある「もっとも小さい溝」に橋を架けてはいない。つまり、永遠回帰説の暗い面と明るい面との間を関連づけてはいない。なるほど、嘆きの真夜中が、暗い面であるのに対して、昼が明るい面であり、悦びを形象化していることになりそうである。しかし、この詩では、この世の嘆きを形象化した真夜中の方が、明るい昼より深くなっているのにもかかわらず、「⑧悦びは——断腸の悲しみよりも深い」といわれている。ここで、「断腸の悲しみ」が嘆きの真夜中に対応するのであれば、悦びは、この真夜中より深いのであるから、昼という形象に対応しないのである。したがって、嘆きの形象が真夜中であるのと対照的に悦びの形象が明示されていないこととなる。むしろ、明示できない形象構造になっている。というのは、嘆きと悦びとの形象構造上の関係は、深みと表面との関係だからである。したがって、表面には深さがないのであるから、深さを比較できる関係ではないことになる。むろん、真夜中と昼との関係も本来そうあるべきなのである。こうして、この詩は、永遠回帰説の形象化に失敗している。このことは、ニヒリズムの自己克服と価値の価値転換の形象化の失敗にもつながっている。

ニヒリズムとその自己克服との関係を深みと表面との関係で形象化に成功している比喩は、『悲劇の誕生』にある。「むしろ芸術家のあの生々発展の意欲は、芸術家の創造の、いかなる災厄にもめげざるあの明朗性は、悲哀の暗黒の湖の上に映る輝く雲の姿であり空の姿にすぎない」(*KSA* 1, *S.* 68)。ここで、「悲哀の暗黒の湖」と「明朗性」ないし

「輝く雲の姿であり空の姿」とは同時に接しているのである。「悲哀の暗黒の湖」は、ディオニュソス的なものそしてニヒリズムをも形象化しうるのに対して、「明朗性」ないし「輝く雲の姿であり空の姿」は、アポロン的なものそしてニヒリズムの自己克服を形象化しうる。深い湖が暗いからこそ、雲の姿と空の姿は、湖の表面で明るく輝くのである。

　こうして、ニヒリズムの自己克服とは、ニヒリズムを廃棄して悦びに転じることではない。暗黒のニヒリズムに悦びを映すことなのである。そうであるからこそ、悦びなのである。そのためには、ニヒリズムの暗黒の湖を熟視しなければならない。このことが、つぎの完全なるニヒリストの説明を照らし出す。ニーチェの言語は、やはり形象に根差している。「一一［四一一］〔……〕このヨーロッパの最初の完全なニヒリストは、ニヒリズム自身をすでに己れの内部において終末まで生きぬいてしまっており、――それを己れの背後に、己れの足下に、己れの外部に持っているのである……」（*KSA* 13, S. 190）。

　ここで、注意すべきは、「ニヒリズム自身をすでに己れの内部において終末まで生きぬいてしまって」いることは、ニヒリズムを廃棄することではないということである。むしろ、「ニヒリズムを己れの背後に、己れの足下に、己れの外部に持っているのである」。ここでのニヒリズムの形象こそ、先程の「悲哀の暗黒の湖」なのであり、湖の表面が輝いていても、依然として暗い深みなのである。

　ニヒリズムが深みであれば、その克服は深みが明らかに表面にとっての深みとなることである。この深みと表面との関係を、ニーチェはつぎのように明言している。「……おお、このギリシア人！　彼らは、生きるすべをよくわきまえていた。そのためには、思いきって表面に、皺に、皮膚に、踏みとどまること、仮象を崇めること、ものの形や音声や言語を、仮象のオリュンポス全山を信じることが、必要だったのだ！　このギリシア人らは表面的であった。深みからして！　そして、わたしたちはまさにその地点へと立ち返るのではないのか、――わたしたち精神の命知らずの者、わたしたち現在の思想の最高かつ最危険の絶頂に攀《よ》じのぼってそこから四方を展望した者、そこから下方を見下ろした者は？　まさにこの点でわたしたちは――ギリシア人でないのか？　ものの形の、音声の、言語の崇め人でないのか？　まさにこのゆえに――芸術家なのではないか？」（*KSA* 3, S. 352）。このようにして、深みの表面に立ち返るとは、ものの形、音声、言語を崇める芸術家になることなのである。そして、表面とは仮象であるから、ものの形、音声、言語も全て仮象となる。

そこで、これから、仮象を崇めるということと、ものの形、音声、言語が仮象であるということを、『悲劇の誕生』の思索圏に立ち返りながら解明する。

まず、仮象を崇めるということを、『悲劇の誕生』の形而上学的仮説「真に存在する根源一者は、永遠に苦悩し、矛盾に満ちたものとして、自己をたえず救済するために、同時にうっとりする幻影《ヴィジョン》、快感に満ちた仮象を必要とする」（*KSA* 1, S. 38）を着手点にしながら解明する。

一　仮象を崇める

（I）　真に存在する根源一者

「真に存在する根源一者」は、別の箇所で「物自体」あるいは「根源存在」と限定されている。ここからも、根源一者は、一見、なるほど、ショーペンハウアーの「根源意志」と重なるようにも思える。だが、用例を詳しく検討するとそうではないことが判明する。

A　人間の最内奥の本質・根拠

「わたしたちの最内奥の本質、わたしたち全てが共有する地底」（*KSA* 1, S. 27, Z. 21f.）»unser innerstes Wesen, der gemeinsame Untergrund von uns allen«

「わたしたちの本質という秘密に満ちた根拠」（*KSA* 1, S. 38, Z. 23f.）»geheimnisvoller Grund unseres Wesens«

B　世界の最内奥の根拠

「世界の最内奥の根拠」（*KSA* 1, S. 31, Z. 5f.）»innerster Grund der Welt«

「世界の唯一の根拠」（*KSA* 1, S. 39, Z. 19f.）»einzige(r) Grund der Welt«

「世界の心臓」（*KSA* 1, S. 44, Z. 11）»Herz(en) der Welt«

C　自然の本質

「自然の本質」（*KSA* 1, S. 33, Z. 31）»Wesen der Natur«

「自然の最内奥の核」（*KSA* 1, S. 39, Z. 10）»der innerste Kern der Natur«

D　矛盾・苦悩

「真に存在するもの」「永遠に苦悩し矛盾に満ちたもの」（*KSA* 1, S. 38, Z. 29f.）»Wahrhaft-Seiendes«; »das ewig Leidende und Widerspruchsvolle«

「永遠の根源的苦痛」（*KSA* 1, S. 39, Z. 19f.）»ewiger Urschmerz«

「矛盾、苦痛から生まれた歓喜」（*KSA* 1, S. 41, Z. 11f.）»Widerspruch, die aus Schmerzen geborene Wonne«

「根源一者、根源一者の苦痛と矛盾」（*KSA* 1, S. 43, Z. 34f.）»dem Ur-Einen, seinem Schmerz und Widerspruch«

E　根源存在

「存在の深淵」（*KSA* 1, S. 44, Z. 14）»Abgrund(e) des Seins«

「根源存在」（*KSA* 1, S. 62, Z. 16f.）»Ursein«

「根源的母」（*KSA* 1, S. 108, Z. 34）»Urmutter«

「根源実在」（*KSA* 1, S. 109, Z. 10）»Urwesen«

F　真に存在する主体・我性

「そもそも真に存在し、諸事物の根拠に安らう唯一の我性」（*KSA* 1, S. 45, Z. 11f.）»die einzige überhaupt wahrhaft seiende und ewige, im Grunde der Dinge ruhende Ichheit«

「一つの真に存在する主体」（*KSA* 1, S. 47, Z. 17）»das eine wahrhaft seiende Subject«

G　物自体

「諸物の永遠の核」「物自体」（*KSA* 1, S. 59, Z. 1f.）»ewige(r) Kern der Dinge«, »Ding an sich«

以上の用例から、①「根源一者」とは、「人間」と「世界」の「最内奥の根拠、本質」であり、しかも、「物自体」とされている。この「物自体」は、ショーペンハウアーの「物自体」と同様に現象としては客観である。このかぎりでは、ショーペンハウアーの根源意志と重なる。

②しかし、「根源一者」の根源性は、矛盾・苦悩であるとされていることは、ショーペンハウアーとは対立する。つまり、対立し合うものが矛盾によって一体になっているという意味での一者なのである。また、ニーチェは、根源一者は、個人の主観でもあり、それに対立する客観でもあるような主体であると考えている。それが「一つの真に存在する主体」である。このような論脈からニーチェは、ショーペンハウアーとヘラクレイトスを重ねながら、こう理解している。「この世に罪、不正、矛盾、苦悩が存在するのか？　然り、存在する、しかし、――とヘラクレイトスは叫ぶ――個別的に分離して見るが、総合統一して見ない偏狭な人間に対してだけ存在するのであって、全体的に見る神に対しては存在しない」（*KSA* 1, S. 830）。

③さらに、「根源一者」は、「根源存在」であり、「存在の深淵」であり、「自然の本質」であるかぎりでは、エマソンの「大霊（Oversoul）」と重なってくる。おそらく、ニーチェは、「一者」という新プラトン主義の用語を、愛読したエマソンの著書から摂取している。(3)

以上は、哲学史から見た「根源一者」の三つの契機である。構造の上からは、一者が同時に矛盾である。同じ事態が、一方の立場からは、一者であり、他方の立場からは、「永遠に苦悩し、矛盾に満ちた者」なのである。ニーチェは、矛盾を「苦痛から生み出された歓喜」と言い換えている。歓喜とは、それとは矛盾する苦痛から、歓喜が生まれてくるという意味で、歓喜は矛盾なのである。そして、この一者が「自然の本質」であり、それに対立する現象が仮象として見せかけの存在であるかぎり、「自然の本質」としての根源一者は、真に存在する。しかし、肝要なことは、仮象が、根源一者にとって必要であることなのである。ただし、ここでは、まだ、仮象は根源一者との関係では第二次的であり、やがてこの関係は逆転する。

(II) うっとりする幻影《ヴィジョン》、快感に満ちた仮象

①根源一者の唯一の目的は、自己救済である。そのために必要な手段が後述するように、仮象なのである。そして、この仮象がやがてついには、永遠回帰思想という美しい幽霊となる。その意味で、ここでの仮象概念は、ニーチェの永遠回帰思想を理解する際の原点である。仮象が、うっとりする幻影、快感に満ちた幻影であるのは、仮象が遊戯だからである。そのことによって、苦痛が歓喜に転化する。

「七［二九］ 生のうちに凄惨なものを生み出す衝動がここで芸術衝動として、微笑みを浮かべながら遊戯する子供として表に現れるかぎりにおいて、悲劇は美しい。おそるべき衝動がわたしたちの眼に芸術および遊戯衝動として映るという点に、感動を呼び心を動かすものとしての悲劇自体の真骨頂がある。音楽についても同じことがいえる。音楽とは、悲劇よりもさらに普遍的な意味での意志の形象だ。

他の諸芸術ではさまざまな現象がわたしたちに微笑みかけてくるのに対して、ドラマと音楽の場合は意志そのものが微笑みかける。この衝動の不吉さへの確信が深まれば深まるほど、その遊戯が呼び起こす感動も深くなる」（*KSA* 7, S. 145）。

ここで、まず、芸術には、さまざまな現象がわたしたちに微笑みかけてくる場合と、意志そのものが微笑みかけてくる場合とがある。その上で、後者の場合が、ドラマとしての悲劇と、音楽という二方面で論じられている。音楽と

悲劇とは、共に意志の形象なのであるが、音楽の方が、悲劇よりも一層普遍的なのである。さらに、ニーチェは、悲劇が美しくなる次第を説明している。まず、人間の内面に、「おそるべき衝動」つまり「生のうちに凄惨なものを生み出す衝動」が生じる。つぎに、その衝動は、悲劇作品を創造するかぎりで、芸術衝動ないし遊戯衝動としてわたしたちに映る。遊戯衝動は、作品を通して「意志そのものの微笑み」となり、これを、ニーチェは、「微笑みを浮かべつつ遊戯する子供」と表現している。ここから、ニーチェの芸術が、シラーの遊戯衝動の見地から生まれながら、ヘラクレイトスの遊戯する子供の見地に結びついてゆく様子をはっきりと読み取ることができる。

シラーは、『美的教育』ですでに、遊戯衝動と仮象と楽しみの関係をはっきりと述べている。「事物の現実は、事物という作品であり、事物の仮象は、人間による作品である。仮象を楽しむ心情は、自分が感受するものをもはや悦ぶのではなくて、自分が創造するものを悦ぶ」(4)。ここで、仮象を楽しむ心情と呼ばれていることが「遊戯衝動」にほかならない。遊戯衝動は、仮象に楽しみを見出す。

②このシラーの見地は、以下のようにさらにニーチェ独自の現実概念によって変容を受けている。「こうして夢は個々の人間と現実的なものとの間の遊戯であるのに対して、(広義における)造形家の芸術は夢を相手とする遊戯である。大理石としての彫像ははなはだ現実的なものであるが、夢の姿としての彫像の現実は生きた神格である。彫像がなお想像の形象として芸術家の眼前に漂っている間は、芸術家はまだ現実的なものと遊戯しているのである。芸術家がこの形象を大理石に移し入れるときには、彼は夢と遊戯しているのである」(*KSA* 1, S. 554)。遊戯衝動は、仮象を創造することによって楽しむ。この点では、ニーチェはシラーと同じである。しかし、ニーチェにあっては、遊戯する者と遊戯の相手との関係が問題になる。普通の人間は、現実を遊戯の相手にして夢という遊戯をする。つまり、夢は現実との遊戯である。それに対して、「造形家の芸術は夢を相手とする遊戯である」。造形家は、現実の大理石に、想像上の形象(夢)を彫刻することによって、想像という〈夢の遊戯〉と遊戯する。〈夢の遊戯〉をするのは、造形家であるから、造形家は、彫刻によって自分と遊戯することになる。芸術創造はまさしくこの自己遊戯なのである。

ここにニーチェ独自の思索圏が拓かれ、ヴァーグナーの楽劇という具体的遊戯によって『悲劇の誕生』が世に出ることとなる。したがって、『悲劇の誕生』では、「ディオニュソス的世界観」でのように、芸術創造を一般的に遊戯（Spiel）で規定することはしない。むしろ、劇（Schauspiel）という具体的場面で同時に根源一者の自己遊戯は問われ続けているのである。したがって、遊戯は『悲劇の誕生』全体で問われてもいる。

③ところで、この自己遊戯をする根源一者は、すでに「微笑みを浮かべつつ遊戯する子供」と表現されていた。この句に自己遊戯の見地が込められていることは、つぎの行文からも判明する。

「明瞭に知覚されている現実に対してこの上もない快感をおぼえながら、無限なるもののなかへと向かうあの努力、憧憬《しょうけい》の羽搏《はばた》きは、わたしたちがこの二つの状態〔不協和音を聴こうと欲することとこの聴くことを超えて憧れゆくこと〕のなかにディオニュソス的な現象を認識しなければならないことを想起させる。このディオニュソス的な現象が、個体の世界の遊戯的な建設と破壊とを、根源的快楽の溢出《いっしゅつ》として繰り返し新たにわたしたちに顕示する。それは、暗い人ヘラクレイトスによって、世界を形成する力が、戯れにさまざまに石を置き変えながら砂山を積み上げてはまた崩している子供に喩えられているのと、相似ている」（*KSA* 1, *S*. 830）。

ここで「ディオニュソス的な現象」といわれている事態こそ、根源一者が、自分の楽しみを永遠に満ち溢れさせながら、自分自身と遊戯する芸術創造にほかならない。そして、このような個体の世界を芸術的に創造することと、ヘラクレイトスのいう世界形成とが相似ていることが明言されている。先程の「微笑みを浮かべつつ遊戯する子供」といわれる場合に、子供の遊戯とは、より具体的には、戯れにさまざまに石を置き変えながら砂山を積み上げてはまた崩していることなのである。遊戯する子供とは、世界を形成する力つまり根源一者の喩えである。そして、その世界は永遠に回帰し続ける。そして、さらに注目すべきは、それが芸術創造においては、個体の世界の永遠回帰的あり方を、「根源的快楽の溢出」として示している。遊戯する子供は、現実世界を創造するのに対して、芸術は、仮象の世界を創造する。この対比にもとづいて、つぎの行文が成立する。

「いかなる道義的な責任も問われることなく、永遠に変わることなき無垢のまま、生成と消滅、建設と破壊を営むことは、この世においてはただ芸術家や子供の遊戯だけにある。そして子供や芸術家が遊戯するように、永遠に生ける火が、無心に、遊戯し、築き上げ、崩してゆく――そしてこのゲームを自己とするのがアイオーン〔永遠〕である。アイオーンは、水や土に身を変じながら、子供のように海辺に砂山を築き、築き上げるかと思えば崩してゆく〔傍点著者〕」（*KSA* 1, *S*. 830）。

とりわけ「子供や芸術家が遊戯するように、永遠に生ける火が、無心に、遊戯し、築き上げ、崩してゆく――そしてこのゲームを自己とするのがアイオーン〔永遠〕である」という箇所に、「永遠に生ける火」に喩えられているアイオーンの自己遊戯が明言されている。しかし、その内実は詳しくは説明されていない。しかも、自己遊戯という観点を解明している研究もない。フィンクも、ヘラクレイトスの遊戯的世界観を取り上げても、やはり自己遊戯まで到達していない。

「ヘラクレイトスはこのアイオーンという語を取り上げ、異なる仕方においてではあるが再びそれを火と呼び、世界進行と呼ぶ。そしてこの世界進行について〔『ソクラテス以前の哲学者断片集』〕断片B五二でいう、『世界進行は、将棋の駒を並べて遊ぶ子供であり、子供の王国である』と。存在者の全体が、しかも支配する世界として、『遊ぶ子供』、パイス・パイゾーンという象徴的比喩で語られる。もっとも根源的な産出作用は遊戯の性格を持つ。世界は遊戯として支配する」[5]。

ここで、フィンクは、ヘラクレイトスの断片B五二から、自己遊戯を読み取っている様子はない。しかし、創造は、究極において自己遊戯であるがゆえに賭けなのである。創造は、偶然に委ねられている賭けなのである。このような論脈からヘラクレイトスの断片「永遠〔アイオーン〕とは子供の遊戯である。骰子《さい》の賭けである。王権は子供の手中にある」（*DK* II, 22, B52）を理解してよい。また、さらにつぎの行文をニーチェは語る。

「わたしがかつて、大地という神々の卓で神々と骰子《さい》の賭けを競い、そのために地が震え、裂けて、火の河流を噴き出すに到ったとするなら、――

――（つまり、大地は神々の卓であって、創造的で新しい言語と神々の投げかわす骰子《さい》とで震えているのだ。――）」

（*KSA* 4, S. 288f.）

二　幻影――ものの形・音声・言語

（Ⅰ）ニーチェは、悦ばしい知恵を体現する哲人を「ものの形の、音声の、言語の崇め人」（*KSA* 3, S. 352）と呼んでおり、その人はまた「仮象へのよき意志」（*KSA* 3, S. 464）を体現する。ものの形も、音声も、言語も全て仮象を創造する。こうして、『ツァラトゥストラ』で、こういわれることとなる。「言語と音声があるということは、なんとよいことだろう。言語と音声とは、永遠に隔てられている者どうしの間に架け渡された虹、そして仮象の橋ではなかろうか」（*KSA* 4, S. 272）と。言語と音声とは、美しい虹のような仮象ないし幻影を、語り合う二人の間に架けるのである。言語は、けっして真実を伝えてはいないのである。というのは、言語からすると各対話者の内面は、背後世界となるからである。こういわれている。「それぞれの魂は、別々の世界を持っている。それぞれの魂にとって、他の魂はみな一つの背後世界である」（*ebd.*）と。こうして、対話は、断絶した魂の間に架けられた仮象ではあるが、虹のような美しい錯覚である。

（Ⅱ）「道徳外の意味における真理と虚偽について」（一八七三年）[6]に従うと、つぎのような言語論を析出することができる。まず、最初に現実知覚からの神経刺激が視覚形象に置き換えられる。つぎに一方で視覚形象が聴覚に対して音声として模造されると言語が創造される。他方で、視覚に対して、形として模造されると造形作品が創造される。言語の成立については、「一つの神経刺激がまず形象に転移させられる！[7]　これが第一のメタファー。その形象が再び音において模造される。これが第二のメタファー」（*KSA* 1, S. 879）といわれている。造形作品の成立については

「人間は幻影や夢像のなかに深くひたされていて、その眼は事物の上っ面《つら》をすべってゆくばかりで、『ものの形』を眺めているにすぎない。彼らの感覚はどこにも真理への通路を持たず、さまざまな刺激を受けては、事物の背中の上でいわば手探りの遊戯をすることに満足している」(*KSA* 1, *S*. 876)といわれている。こうして、原初体験とは、形象という幻影を体験することなのである。この形象に名を贈ることが、第二のメタファーであり、原初的遊戯であり、舞踏である。

たしかに、一般的に、意味する記号と、意味されるものとの対応は恣意的である。ニーチェは、ここからさらに進んで、意味する語音が表現するものはメタファーであり、事物の本質からすると幻影であるとする。しかも、このことこそが、言語の創造的機能を生み出すのである。ここで問題なのは、事実を記述することでもなければ、約束などの慣習的行為を言語によって遂行することでもない。しかしまた、事物や人物を指示することでもないのである。むしろ、事物や人物に名を贈ること、命名することなのである。「事物に名と音声が贈られるのは、人間がそれらの事物で楽しむためではないか。音声を発して言葉を語るということは、美しい狂乱である。それをしながら人間は一切の事物の上を舞ってゆくのだ」(*KSA* 4, *S*. 272)。『ツァラトゥストラ』で舞踏といわれていることは、実際には、まず命名のことなのである。ここでの命名とは、哲学概念をもう一度生の原初体験へ返すことである。つまり、形象に戻すことなのである。

(Ⅲ)事物に名を贈ることが原初体験における原初創造である。ニーチェはこう明言している。ニーチェによれば、長期の見通しをもって新しい事物を創造するためには、新しい名前と評価と本当らしさとを創造するだけで充分である。なぜならば、最初には仮象であったものが最後にはほとんどいつも実在と化し、実在として作用するからである。つまり、ある事物の声価、名前、外観、効力、その通例の容量と重さは、それに対する信仰および代々にわたるその信仰の増大によって、事物にだんだんといわば癒着させせられ融化させられ、ついにその事物の身体そのものとなる。したがって、事物が何であるかということよりも、事物がどう呼ばれるかということの方がはるかに重要である

(*KSA* 3, S. 422)。ここに命名という問題が姿を現す。言語として幻影・仮象にすぎなかった名が、事物に贈られることによって、事物の実在となる。仮象が生き生きとしてくる。

「まことに仮象は、実在の反対物ではない——何か或る実在についてわたしが述べることができるとしても、それはまったくその仮象の述語としてだけのことではないか！　それはたしかに、不可知のXにかぶせたり、また脱がせたりもできるというような死んだ仮面ではない！　仮象とは、わたしにとって、働き生きているものそのものであり、それはその自己嘲弄《ちょうろう》のあげく、つぎのような感懐をわたしに抱かせるものである、つまり、ここには仮象と鬼火と幽霊踊りのほかには何もないのだ、と、——また、これらの全て夢見る者のなかにあって『認識者』たるわたしも自分の踊りを舞うのだ、認識者は地上の踊りを長引かせる一手段であってそのかぎり生存の祭礼世話人の一人なのだ、一切の認識の崇高な帰結と連合はおそらくこの白昼夢の普遍性とあらゆる夢想者相互の理解の汎通性を維持し、そうすることによってこそ夢の永続性を維持するための最上の手段であり、将来もそうであるだろう、と」(*KSA* 3, S. 417)。

認識者は、「真理への意志」を体現する。しかし、「『真理への意志』は『権力への意志』に仕えるために展開するのであり——厳密に考察してみれば、『真理への意志』の本来の責務とは、或る種の非‐真理に勝利と持続とを与え、もろもろの歪曲の首尾一貫した全体を、或る種の生物を保存するための基盤であると見なすことにある」(*KSA* 11, S. 699)。そして、認識者の認識とは、実在の主語としての仮象つまりシミュラークルなのである。クロソウスキーによれば「偽りの像（Trugbild）——シミュラークル——は、『詐欺師としての』哲学者の手のなかで、衝動の生から生まれた意志されざるファンタスムの、意志された複製となる」[8]。

神経刺激から形象が生み出され、音声としての名詞という幻影が創造される。名詞は、個物を指示する固有名と、普遍表象を意味する普通名詞に大別される。この普通名詞のうちから、思惟規定ともなる純粋概念を中心とする概念が作られてくる。この概念こそが、ニーチェによれば哲学言語なのである。

次章では、創造的言語としての音声形象が、ニーチェのレトリック論から生成する経緯を解明する。

註

（1） B・レジンスターは、ニヒリズムの克服とは価値の価値転換であり、その中心は苦悩を受け入れる悲劇的知恵にあると解釈している。本章の課題は、それを自己創造としてより具体的に解明することにある。Cf. Reginster, B., *The Affirmation of Life. Nietzsche on Overcoming Nihilism*. Harvard U. P., Cambridge/Massachusetts/London, 2008, pp. 1–20.

（2） Klossowski, P., *Nietzsche et le cercle vicieux*. Mercure de France, Paris, 1969, p. 196.

（3） たとえば、エマソンの論文「大霊」のつぎの箇所に、一者と自然との関係が語られている。「過去と現在の誤謬に関する『至高の批評家』で、ぜひとも実らずにはいない結実のたった一人の預言者でもある者は、たとえば大地が大気の柔かい腕のなかにあるように、わたしたちの憩いの場所となってくれるあの偉大な自然だ。万人の個別的な存在をことごとく内部に含み、ほかの全ての存在と一体にしてしまうあの『一者』、あの『大霊』だ」(Emerson, R. W., *Essays*. Series 1, 1st World Library-Literary Society, Fairfield, 2004, pp. 182–183.)。

（4） Schiller, F., *Werke und Briefe*. Hrsg. v. Dann, O., usw., Deutscher Klassiker Verlag, Frankfurt am Main, 1992, S. 661.

（5） Fink, E., *Spiel als Weltsymbol*. W. Kohlhammer, Stuttgart, 1960, S. 28f.

（6） この形象が視覚的であることは、「人間の眼に映じた形象！　これこそ全ての人間的本質を支配するものだ。眼からなのだ！主観なのだ！」(*KSA* 7, S. 440) というような言明からも判明する。

（7） 「道徳外の意味における真理と虚偽について」（一八七三年）という遺稿は、『悲劇の誕生』で未解決に終わった問題を解明しようとしている。その問題とは、造形芸術を典型とするアポロン的なものに言語も含まれるということの説明である。当該遺稿は、アポロン的なものの内側から、この問題に当該引用文の解答を与えている。つまり、音声言語は、視覚形象という造形を模倣することによって生まれるのである。このことは、日本語の場合は、漢字自体がすでに造形である。

（8） Klossowski, P., *Nietzsche et le cercle vicieux*. Mercure de France, Paris, 1969, p. 196.

第四章　創造的言語としての音声形象

一九九五年に批判版ニーチェ全集第二部門の講義草稿として「古代レトリック講義」が公刊されても、ニーチェに関心のある大方の人々にとっては、当該草稿自体が、あまりニーチェらしくない文書に映ったようである。たしかに、著者名が記されていなければニーチェの文書とはおよそ思われないであろう。現に、当該草稿に言及している研究文献も、第一章と第三章からの引用に限定していて、古代レトリックについて論じた他の章は無視している。

しかし、むしろ、これも、本当らしいニーチェだということを知るべきなのである。たしかに、ブルーメンベルクは、「ニーチェ哲学の本質はレトリックである」(1)と喝破したし、デリダ派のラクー＝ラバルトやナンシーは、当該草稿の解読をすでに手掛けていた。しかし、両者とも、当該草稿の第七章までの部分的原典にしか依拠していなかったのであるから、ニーチェのレトリック観を正確にはとらえていなかったのである。

こうして、これまでのニーチェ像は、一方では、哲学史上からも、他方では、ニーチェ原典解釈の上からも変貌しなければならない。歴史には、地表と地下がある。一八世紀末から一九世紀末にかけてのドイツ哲学の歴史にも、ディオニュソスの地下通路が隠れている。いかにも、その道標となるのが、ヘーゲルの詩「エレウシス」(一七九六年)と『精神現象学』(一八〇七年)、シェリングの講義草稿「神話の哲学」(一八四一年～一八四六年)、そしてニーチェの『悲劇の誕生』(一八七二年)と『ディオニュソス酒神讃歌』(一八八九年)である。しかし、ここで取り上げるのは、これらの道標が立てられている地下通路のさらに地下に埋もれていたニーチェの講義草稿「古代レトリック講義」(一八七四年)である。この草稿には、ニーチェ最後の作品『ディオニュソス酒神讃歌』へと谺したディオニュソスの雄叫びが封印されている。著者は、この封印をいまや解こうとするのである。そして、それによって、同時にディオニュソス的科学的弁論家へとニーチェ像が変貌することにもなる。[2]

これまでのニーチェ像は、フランスのクロソウスキー、ドゥルーズやフーコーによる反形而上学的現代思想家であったり、反対にハイデッガーによる形而上学を完成させた哲学者であったりした。しかし、前者についていうと、古代レトリックが持っていた反エピステーメーの見地に由来するがゆえに、現代的である以前に、ディオニュソス的なのである。また、形而上学を完成したかに見えるのは、ディオニュソスの地下通路でヘーゲルやシェリングとつながっているためだったのである。

だが、ラクー＝ラバルトのように、「古代レトリック講義」では、ニーチェは視覚形象優位に立っていると誤解し、「ディオニュソスは悲劇のなかで死んだのではなくて、レトリックのなかで死んだのである」[3]と解釈することもある。これは、「古代レトリック講義」の誤読である。当該草稿でも、音声形象が視覚形象よりも重視されている点で、ディオニュソス的である。そして、そこから、『悦ばしき知識』や『ツァラトゥストラ』で言葉と音声が並置されるのである。ということは、この音声は、音楽の旋律であるよりも文体における律動を指している。ということは、メタファーも含めた言葉の意味とともに音声形象が、ニーチェを理解するために必要なのである。これまでのニーチェ解釈は、音声形象からの解釈を閑却したという点で決定的に一面的であった。そうであるがゆえに、ニーチェは、「ディオニュソス酒神讃歌」をわたしたちに遺したのである。

一　音声形象

なるほど、ニーチェの酒神讃歌といえば、ニーチェ最後の作品「ディオニュソス酒神讃歌」ということになっている。[4]しかし、ここで問題にするのは、もう一つの酒神讃歌つまり『ツァラトゥストラ』の「七つの封印」である。『ディオニュソス酒神讃歌』も『ツァラトゥストラ』に組み込まれていた詩を改作したものであるから、「七つの封印」の解明は、酒神讃歌全体の解明に直結する。ニーチェによれば、「七つの封印」は酒神讃歌であって、総合文（Periode）で表現されている（*KSA* 6, S. 304f.）。注目すべきは、総合文について「崇高で超人的な情熱の、大波のような上下動を表現するための大きな律動の技法、総合文の大型の様式は、わたしによってはじめて発見されたのである」（*ebd.*）と自負していることである。しかるに、ニーチェ哲学の究極の表現様式である総合文の解明は、喫緊事であるが、まったく未解明である。[5] というのも、ニーチェは、自分が発見した総合文や、そのギリシア・ローマ的起源についても、公刊著作でも遺稿断片でも何も説明していないからである。総合文は、もともとレトリック的あやの一つの技法であるが、それがニーチェ思想の表現様式の中核になった。そこで、ここでは、ニーチェのレトリック理解に遡行してから（第一節・第二節）、総合文がニーチェ思想の表現様式の中核になった経緯を解明する（第三節）。

ところで、誤解されることよりも理解されることをおそれ、語ることよりも歌うことを選んだニーチェに接近するとはどのようなことなのか。そもそも、誤解されるにしても、理解されるにしても、語るにしても、歌うにしても、それは、わたしたちにとってニーチェの文を読むことによる以外にない。してみれば、ニーチェの文を読むということはいかなることなのか。この問いに応答する段階に、ニーチェ研究が到達している。[6] そして、この応答いかんに、ニーチェ研究の本道が開けるか否かがかかっている。

無論、この応答は、日本のニーチェ研究においてもまったく未開拓である。典拠となるのは、一九九五年に完結した批判版ニーチェ全集第二部門にはじめて収録されたバーゼル大学時代の講義録である。端的にいって、そこから読み取るべきは、《ディオニュソス的かつ科学的弁論家》としての新しいニーチェ像である。たとえば、当該講義録の一つである「古代レトリック講義」（一八七四年）では「言語はレトリックである」（*KGW* II/4, S. 426）とされている。ニーチェが詩人でもあり、音楽家でもあり、生理学的心理学者でもあり、哲人でもあったことは、ここを源泉とする。

ニーチェは、文章体の技法よりも会話体の技法を重んじたディオニュソス的弁論家でもあった。「ドイツ語の文体が、いかに音響や耳と関わることが少ないかは、ほかならぬわたしたちのよき音楽家が拙い文章を書くという事実で明らかである」（*KSA* 5, *S.* 190）。ここで批判されているドイツ語の対極にあるのは、ギリシア語やラテン語であった。ニーチェは、ゴルギアス、プロタゴラス、アリストテレス、イソクラテス、キケロ、クインティリアヌスというレトリカーの直系なのである。それは、エピステーメーよりは、パトスを伝達しようとする。「パトスを孕んだ一つの状態、一つの内的緊張を、記号によって、ならびにこの記号のテンポによって、伝達すること――これが文体というものの意味である」（*KSA* 6, *S.* 304）。ニーチェにおいては、文によって表現される意味内容とともに、文の身体としての文体の技法が決定的なのである。こうして、「およそどんな文体でも、一つの内的状態を如実に伝達しているのであれば、それはよい文体である」（*ebd.*）といわれる。これに対して、「意識化された思考」を伝達する記号としての言語に対しては、ニーチェは批判的である。「意識にのぼってくる思考は、その知られないでいる思考のきわめて僅少の部分、いうならばそのもっとも表面的な部分、もっとも粗悪な部分にすぎない。――というのも、この意識化された思考だけが、言語をもって、すなわち伝達記号――これで意識の素姓そのものが暴き出されるが――をもって営まれるからである」（*KSA* 3, *S.* 592）。[7]

それでは、「パトスを孕んだ一つの状態、一つの内的緊張を、記号によって、ならびにこの記号のテンポによって、伝達すること」とはいったいどのような事態を意味しているのか。それは、言語記号を音声に返すことなのである。それでは、言語から区別された音声とはいったい何なのであろうか。ニーチェが『この人を見よ』で挙げているのは、音声記号、その音声記号のテンポ、そして音声記号に示される身振りである。その身振りの技法として、総合文（Periode）の全ての法則が挙げられている。『善悪の彼岸』では、声高々に朗読する際の、高調、変調、転調とテンポの変化、そして、総合文における音声の抑揚と一息の区切り（*KSA* 5, *S.* 190）とが挙げられている。こうして、ニーチェ中期から晩期にかけては、言語と音声が区別されて、音声に重点がおかれ、しかも、とりわけて総合文に重点がおかれるようになっている。さらには、この総合文による音声表現の精華が、酒神讃歌としての「七つの封印」とされているのである。

しかし、公刊著作や遺稿断片ではそれ以上の説明は見られず、文体技法としての総合文の解明は不可能である。ニーチェ自身「ツァラトゥストラの言語を聞くだけの値打ちを備えた人間が現れなくてはならないのだ。……その日が来るまでは、当作品のなかで惜しみなく用いられている技法を理解する人は一人もいないだろう」（*KSA* 6, *S.* 304）と吐露しているほどである。こうして、ドイツ語の文体技法が、たしかにニーチェのレトリックだった。しかも、その原型は、古代レトリックにある。文章体の法則と会話体の法則が同じであった古代では、古代人は説話の好事家、玄人であり、批評家であった。それに対して、近代のドイツでは、説話の巧みさは、説教家にかろうじて見られるだけなのである。ドイツ語の文体技法として挙げられているのは、一つの音節、一つの語句の重み、また一つの文の響き、跳ね、飛びかかり、駆けり、走り去り（*KSA* 5, *S.* 191）である。「ところがドイツにおいては（ごく最近に到って、或る種の演壇向き雄弁が、おずおずとぎごちなくその若い翼をはばたかせるようになるまで）、もともと一種の公開的な、どうやら芸術味もある説話があっただけにすぎない。つまりそれは説教壇からなされるものであった。ドイツでは、一つの音節、一つの語句がどれほどの重みを持っているか、また一つの文がどれほどに響き、跳ね、飛びかかり、駆けり、走り去るかを知っているのはひとり説教家だけであった」（*KSA* 5, *S.* 190f.）。

古代レトリックとの関係においては、「道徳外の意味における真理と虚偽について」（一八七三年）がまず目に留まる。そこでは、メタファー（転移）の形成が論じられていた。そこから言語を単語レベルで考察するという限界がまといつくこととなった。しかも、メタファー（転移）とは、レトリックの一部門の比喩表現の一つにすぎない。むしろ、単語レベルそして比喩に限定されることなく、広く言語のレトリック的考察へ向かうときに、文体論が形成されたのであった。こうして、「古代レトリック講義」では言語は、レトリックとしてとらえられる。無論、メタファー（転移）の問題は、単語レベルでの比喩の問題としてとらえられ続けている。「全ての言葉は、もともと、最初から言葉の意味からすると比喩なのである」（*KGW* II/4, *S.* 426）。ただし、この言明は、「全ての語は音声形象であり、語の意味との関連では、それ自体として最初から比喩なのである」(8)というゲルバーの引用でもある。

二　比喩とあや

「古代レトリック講義」の第一章では、レトリックの哲学的規定、そしてレトリックの歴史と参考文献が紹介され、第二章でレトリック・雄弁術の区分が明らかにされた後、第三章で、レトリックの核心が説明されている。第一章の冒頭では、レトリックの問題が会話の法則であり、文体技法とりわけ律動であることが明言されている。その上で第三章冒頭ではこういわれている。「粗野な言語経験家であるわたしたちには古代文学全体、とりわけローマ文学全体がやや人為的であり、レトリック的であるようにおしなべて思われる。そのことのもっと深い理由はこうでもある。古典古代の本来的散文は騒々しい弁論の反響に尽きるのであり、この弁論の法則に従って形成されることである。それに対して、当今の散文は、ますます著述から説明されるべきであり、当今の文体論は、読むことをめぐる文体論として知覚されるのである。しかし、読者や聴衆はまったく別の表現形式を求めている。したがって、古代文学はわたしたちには『レトリック的』に響く。つまり、古代文学は、耳をひきつけるためにさしあたって耳に向けられている。律動的意味が、語られたことを聞くことにあって、途方もなく突き進む修練でギリシア人やローマ人のもとで異常なまでに洗練されている」(*KGW* II/4, S. 425)。

つぎに、ニーチェは、第一章冒頭で、レトリック的ということが、実は、意図的ではなくナチュラルであると示唆したことを詳述しようとする。「弁論の技芸手段を自覚して適用することに注意が払われなければならないとき、一人の著者、本、様式をレトリック的だと呼ぶ。それもいつもやや非難も込めながらである。レトリック的とは、ナ、チ、ユ、ラ、ルではなくて、意図的なものという印象になるとわたしたちは思い誤っている。いまやまったく肝要なことは、判定する者の趣味であり、判定する者にとってまさにナチュラルである当のことなのである」(*ebd.*)。つまり、レトリック的とは、それが意図的であると判定する者の趣味という自然さの問題なのである。

レトリックの自然さということをニーチェは、つぎに説明する。それは、「悟性の明るい光のもとでレトリックは、言語に胚胎する芸術手段のさらなる展開なのである」（*ebd.*）。通常、レトリックは、わざと同情をさそったりする人為的な技法と見なされている。この人為的な技法をニーチェは、「自覚芸術の手段」（*ebd.*）と呼んでいる。それに対して、言語とその生成のうちに無自覚芸術をみとめ、レトリックは、その手段でもある。こうして、「言語そのものが純粋にレトリック的な芸術の結果であり、物事の各々のうちで作用し印象づけるものを発想する力能なのである」（*ebd.*）。わたしたちが受容する神経刺激の信号が脳に伝わって、まず形象化されることをニーチェは無自覚芸術と呼んでいる。その上で、この形象化が、物事の普遍的本質を映し出してはいないことをレトリック的と表現しているのである。それは、レトリックが、物事の普遍的真理を形象化していないのと同様なのである。「レトリックは同時に言語の本質である。言語は、レトリックと同じくらい真なるものに関係しないし、事物の本質に関係しない」（*KGW* II/4, S. 425f.）。

自然とは、ニーチェの哲学を説明する究極であり、ディオニュソスと同義である。たとえば、『悲劇の誕生』でも根源一者としてのディオニュソスは、「自然の最内奥の核（der innerste Kern der Natur）」（*KSA* 1, S. 39, Z. 10）と呼ばれている。レトリックも、この自然の最内奥からの叫びなのである。

さらに、まず、ニーチェは、比喩についてこう説明している。「言語は本質を教えようとしない。むしろ、主観的な刺激や想定を別のものに転移させようとする。言語を形象化する人は、事物や経過を把握するのではなくて、刺激を把握する。その人は、感覚を再度与えるのではなくて、〔最初の感覚に〕加えて感覚の写像だけしか与えない。神経刺激によって励起された感覚は、自ら物を受容するのではない。この感覚は外部へと形象を通して表出される」（*KGW* II/4, S. 426）。

当該引用文の行文を、心理学の説明で置き換えるとこうなる。わたしたち人間は、視覚、聴覚、嗅覚、味覚、皮膚感覚と五つに大別される感覚を持っている。このうちの視覚と聴覚によって、わたしたちから遠く離れたものの性質を知ることができるので、それらは遠感覚といわれ、味覚と皮膚感覚は、舌や皮膚に直接触れたものの性質のみを反映しているので、近感覚と呼ばれる。これらの中間の性質を持つ嗅覚は近傍感覚とも呼ばれる。これらの感覚のほかに、自己の手足などの身体部分の運動や位置に関する運動感覚、内耳内の三半規管によって重力に対する身体の方向や身体に加わる加速度について知る平衡感覚、身体内部の要求や苦痛に関する有機感覚などがある。

これらの感覚には、それぞれ特有の感覚受容器がある（ただし有機感覚には受容器が明瞭でないものもある）。たとえば、視覚に関しては眼球の裏側に広がる網膜、聴覚に関しては内耳にあるコルチ氏器官、嗅覚に関しては鼻腔の奥の上側にある鼻斑、味覚に関しては舌の上面と口蓋にある味蕾、皮膚感覚に関しては皮膚に散在するいろいろの末端器が、それぞれ受容器となっている。それらの受容器には、それぞれ特有の神経細胞があり、刺激されると興奮し、その興奮が、何段階かの神経線維に仲介されて大脳に達し、感覚が生じるものと考えられている。

さて、これらの受容器はそれぞれに適応した刺激によって興奮する。たとえば、網膜内にある視細胞は光によって、またコルチ氏器官にある有毛細胞は音波が引き起こした振動によって興奮する。このような刺激を適刺激と呼ぶ。だが、適刺激でなくても、受容器中の神経細胞を興奮させて、感覚を呼び起こすことがある。たとえば、眼球に圧や弱い電流を加えても視細胞が興奮して、光を感じる。このような刺激を不適刺激と呼ぶ。ここで重要なことは、たとえ不適刺激によってであっても、いったん視細胞が興奮し、視覚神経にその興奮が伝われば、光の感覚が生じることである。すなわち、わたしたちが体験する感覚の質は、いかなる物理的性質を持つ刺激が到来したかではなく、いかなる感覚神経が興奮したかによって決定されるのである。この考えは、一九世紀前半に生理学者J・ミューラーによって提出されたもので、特殊神経エネルギー説と呼ばれる。すなわち、視覚神経が興奮すれば明るさや色を感じ、聴覚神経が興奮すれば音を感じる。したがって明るさや色を感じたからといって必ずしも外界に光が存在し、音を感じたから音波が存在するとはかぎらない。ここで注意すべきことは、感覚は感覚神経の興奮が反映したものであっても、その感覚が、その際の受容器、神経、中枢などに局在するようには感じられないことである。たとえば、光が眼に到達して赤い感覚が生まれたからといって、眼のなかや大脳に赤を感ぜず、外界に赤いものが存在すると感じる。これを感覚の投射という。[9] ニーチェは、この感覚の投射を先程の引用文で、ゲルバーをほぼ踏襲しながら「感覚の写像」と呼んでいる。

しかし、注意すべきは、言語に関して「言語は、主観的な刺激や想定を別のものに転移させようとする」（*KGW* II/4, *S.* 426）と当該引用文で述べていることである。転移とは、一方で当時の神経生理学の用語でありながら、他方でアリストテレスのメタファー（転義）の定義に由来する。まず、当時の神経生理学の用語としては、転移とは、神経刺激と心的状態との間の跳躍的関係を説明している。ニーチェが「言語は、臆見（δόξα）だけを転移させようとするのであって、認識（ἐπιστήμη）を転移させようとはしない」（*ebd.*）というときの転移は、神経生理学的意味である。そして、当該の「言語は、主観的な刺激や想定を別のものに転移させようとする」という規定も「言語は、臆見（δόξα）だけを転移させようとする」という規程の言い換えにほかならない。そして、そこには、そもそも「道徳外の意味における真理と虚偽について」における転移の用法が前提されている。「言葉を作る人間は、事物の人間に対する関係を表示しているだけであって、関係を表現するのにきわめて大胆なメタファー（転移）を援用しているのである。一つの神経刺激がまず形象に転移させられる！　これが第一のメタファー（転移）。その形象が再び音において模造される。これが第二のメタファー（転移）。そしてそのたびごとにまったく別種の、新しい領域の真っ只中への、各領域の完全な跳び越しが行われる」[10]（*KSA* 1, *S.* 879）。ここでは、物の表面→神経刺激→視覚形象（第一のメタファー）→語音（第二のメタファー）→概念という神経生理学的プロセスのうちの神経刺激→視覚形象（第一のメタファー）の部分が転移という用語だけで説明されている。ただし、第一にその転移をメタファー（転移）と言い換えていて、メタファーが神経生理学用語に変換されている点では、「古代レトリック講義」とは異なる。第二に、このようなニーチェのメタファー（転移）のプロセスに対して、ゲルバーは、物の表面→神経刺激→感覚→音声→表象→語根→語という音声中心のプロセスを提示している点でニーチェとはやや異なる。[11]

他方で、転義（転移）は、アリストテレス、キケロ、クインティリアヌスのレトリックにおける比喩の古典的規定なのである。この点についてニーチェは、こう説明している。「その際、とくに転義〔転移〕語と、比較的慣用で使われる表現とを比べてみることができる場合に、転義は自由な技巧的創造に見えて、慣用的な表示が『本来の』言葉に見えるのである。／転義（転移）を指すためには、ギリシア人たちにはまず μεταφορά（転義）という言葉があった（たとえばイソクラテス、またアリストテレスにも）。ヘルマゴラスによると、文法家たちの間では、弁論家たちが τρόπος（比喩）と名づけたものもまた μεταφορά と呼ばれていたという。ローマ人たちには tropus という言い方が受け入れられていたが、キケロはいまだ translatio もしくは immutatio と呼んでいる。後代になると motus、mores あるいは modi とも呼ばれている。[12] 比喩の数や下位区分については激しい論争があって、三八種あるいはそれ以上を数えた場合もあったのである。わたしたちが論じるのは、隠喩、提喩、換喩、換称、擬声語、濫喩、転喩、形容辞、寓喩、反言法、迂言法、転置、倒置、挿入法、誇張である」[13]（*KGW* II/4, S. 443）。とりわけ、アリストテレスのメタファー（転義）についてこう説明している。「アリストテレスは、『詩学』第二一章でつぎのように区別している。メタファー（転義）とは、言葉の転用であり、その言葉は通常は、別のことを意味する。類から種への転用か、種から類への転用か、種から種への転用か、類比に従った転用かなのである（ἀπὸ τοῦ γένους ἐπὶ εἶδος, ἀπὸ τοῦ εἴδους ἐπὶ εἶδος, κατὰ τὸ ἀνάλογον）」（*KGW* II/4, S. 444）。ここでのメタファーとはレトリックの転義だけを説明する。ただし、ニーチェは、「古代レトリック講義」では、レトリック的転義を、アリストテレスや道徳外論文のようにメタファーの規定としてだけではなくて、比喩（Trope）の規定として用いている。「比喩（Trope）で問題となるのは転義（転移）である。もろもろの言葉が別のもろもろの言葉で置き換えられる。本来的なことが非本来的なことで置き換えられる。あやの場合には転義は一切ない」（*KGW* II/4, S. 449）。

　してみれば、比喩という言葉は、もともとは、レトリックの用語であることがわかる。しかし、ゲルバー流の神経生理学用語でもある転移が、比喩の規定となると、比喩も神経生理学用語となる。「もっとも重要な技巧手段とされるのは、比喩つまり本来のものではない記号である。しかし、全ての言葉は、もともと、はじめから言葉の意味からすると比喩なのである。全ての言葉は、本当の進行のかわりに時間のなかで響く音の形象を置く。つまり、言語は何かを完全に表現することはない。むしろ、言語は、言語にとって目立つように見える徴表だけを際立たせる」（*KGW* II/4, S. 426）。ここでは、技巧手段としての比喩から言語の原義としての比喩が区別されている。こうなると、レトリックという言葉も、ここでの神経生理学用語としての比喩という意味に変換させられる。「言語はレトリックである。というのは、言語は、臆見（δόξα）だけを転移させようとするのであって、認識（ἐπιστήμη）を転移させようとはしないからである」（*KGW* II/4, S. 426）。転移は、比喩を規定し、言語の意味の視点から比喩と同義となるレトリックを規定する。これは、アリストテレスのレトリックの定義をニーチェ流に解釈したものである。ニーチェは、アリストテレスの定義についてこう述べている。「後世の一切の概念諸規定にとってまったく哲学的でこの上なく影響があったのはアリストテレスのレトリックである。『レトリックとは、個々のことについて可能なかぎりの本当らしく説得力ある手段全てを観察する能力である（ῥητορικὴ δύναμις περὶ ἕκαστον τοῦ θεωρῆσαι τὸ ἐνδεχόμενον πιθανόν）』。『可能なかぎりの本当らしく説得力のあること全て』。したがって、レトリックは、学問（ἐπιστήμη）でも技術（τέχνη）でもないが、技術（τέχνη）へと高めることができる能力（δύναμις）なのである。説得すること（πείθειν）ではなくて、或る件のために持ち出すことができることなのである。治癒不可能なことを治療する医者と同じく、弁論家もまた困った案件を擁護する場合がある。一切の後世の定義は、〔アリストテレスの〕『利用できる全ての手段に従って説得すること（κατα τὸ ἐνδεχόμενον πείθειν）』に固執している。（シチリア流定義に反対して）一般的なことを個々のことのために（περὶ ἕκαστον）一切の学問分野に適用できるというのはたいへん重要である。まったく形式的な技芸なのである。最後に重要なのは観察すること（θεωρῆσαι）である。〔形式技芸だという非難〕に続いて、つぎのような非難がなされた。弁論家は、発想だけを受け入れて、修辞表現、構成、記憶、発表を受け入れていないと。アリストテレスは、講演を本質的なこととしてではなくて、偶然事として考察されたものとおそらく心得ようとしている。なぜならば、アリストテレスは、もろもろの著作においてレトリック的なことを念頭に置いているからである（アリストテレスは、またドラマの結果は上演からは独立していると考えている。それゆえ、場面での感性的現象を定義に取り入れている）。可能なかぎりの本当らしく説得力ある手段全て（τὸ ἐνδεχόμενον πιθανόν）を認識し、見つめることで満足している。この認識されていることがともかくも叙述されなければならないことは、すでに本当らしく説得力のあること（πιθανόν）のうちにある。いまや全ての発表の技芸手段さえもがこの本当らしく説得力のあること（πιθανόν）に依存させられなければならない。まさに語ること（λέγειν）さえ必要ではない」（*KGW* II/4, S. 419f.）。ここで「本当らしく説得力のあること（πιθανόν）」を、ニーチェは真理よりも重視し、遠近法的仮象へと仕上げてゆく。つまり、ニーチェのいう仮象は、レトリック論文を通して言語的仮象に転換する。

　さらに、ここで看過してはならないのは、道徳外論文から、「古代レトリック講義」への展開過程で、隠喩を比喩に包括してゆくことが、同時に視覚よりも聴覚により重点が移りつつあることを含んでいることである。視覚形象から音声形象へという二段階説が崩れ、視覚形象と音声形象とは並行することになる。道徳外論文における「第一のメタファー（転移）」が視覚形象の形成であることは、当該論文執筆前後に書かれた遺稿断片を二つ参照すると、判明する。「一九［六六］〔……〕概念に対応するのはまず形象だ。形象が根源的思索である、つまり事物の表面が眼の鏡に映って総合されるのだ。／形象と計算の例題とは別物だ。／人間の眼に映じた形象！　これこそ全ての人間的本質を支配するものだ。眼からなのだ！　主観なのだ！　耳が音を聞く。すると同じ世界がまったく異なったすばらしいものとして構想される。／視覚の不正確さに芸術の基礎がある。聴覚の場合もリズムや温度やの点で不正確だ。この場合もまたその不正確さに芸術の基礎があるのである」（*KSA* 7, S. 440）。さらにこう明言されている。「一九［二一七］わたしたちの感覚器官による知覚の基礎になっているものは比喩であって無意識の推論などではない。類似のものを類似のものと同一視すること――一方のものと他方のものとにおける何らかの類似性を見つけ出すこと、これが根源過程である。記憶とはこの活動によって生きているものであり、たえずこの活動を行っているものだ。混同するということが根源現象である。——これの前提となっているものは形態を見るという働きである。眼に映る形象がわたしたちの認識行為にとって規準となるものであり、それに次いでは耳に聴こえる律動である。眼からはわたしたちはけっして時間表象に到達することはないだろうし、耳からはけっして空間表象に到達することもないだろう。触覚の感情に対応するのが因果感覚である」（*KSA* 7, S. 487）。

しかし、「古代レトリック講義」では、ゲルバーに一層接近して、聴覚により重点が移り、音声形象が際立ってくる。「物が意識化されるのではない。わたしたちが物に対面する様式、『本当らしく説得力のあること（πιθανόν）』が意識化される。物の十全な本質はつかまれることはない。わたしたちに知覚や経験や力を貸して、わたしたちが物を多面的に尊敬すべきまでに認識するまでわたしたちの音声表現は待つすべはない。つまり、刺激を感覚するとすぐに音声表現が進行する。感覚は、物のかかわりに徴表だけを受容する。これが第一の観点である」[14]（*KGW* II/4, S. 426）。ここで、視覚形象から音声形象へという二段階説は崩れている。こうして、情動が音声形象を通して表出されるレトリック的様式、つまりレトリック的あやについての問いが提出されている。「だが、そもそも問題なのは、魂の活動はいかにして音声形象を通して表出されるかということである。完全に正確に再度与えられるというのであれば、そこにおいて再度与えられるはずの素材がとりわけ魂がそこにおいて働くものと同じようであってはいけないのか。ところが、その同じようなもの、音声が疎遠なものなので、その場合に形象よりももっと正確なものがいかにして現れることができるのか」（*KGW* II/4, S. 426）。このレトリック的あやにおいては、狭義の比喩で働いている転移は働かないのである。音声形象が重要となってくる。ここでの形象とは、「時間のなかで響く音の形象」（*ebd.*）であり、音節の長短、抑揚、強弱によって作られてゆく。レトリック的あやについては、さらにこう概説されている。

「『本来の言葉』と比喩との間に違いがないように、規則通りの話といわゆるレトリック的あやとの間にも違いはない。言語は一人一人の言語技芸家によって想像されるが、言語が固定されるのは、多数者の趣味が選び出すことによってなのである。一人一人の少数者はあや（σχήματα）を語る。多数者の面前であやの長所を語る。そのあやが浸透しないと、各人は、そのあやに対抗して、慣用（usus）を引き合いに出す。そして、誤用と語法違反について語る。誰一人として顧客のいない文体上のあやは誤りとなる。何らかの慣用（usus）が受け入れる誤謬はあやとなる。音が類似しているという歓びは、弁論（ῥήτορες）にあっても妥当する」（*KGW* II/4, S. 427）。

「あやの場合には転義は一切ない。表現の型を人為的に改変したり、慣用から逸脱したりすることはあるが、転義はない。とはいえ、〔転義と転義でないものとの〕境目を全体的に決めるのは非常に難しい。『それからわたしたちは、あや（σχῆμα）を、技巧によって新しい面がそれに与えられる当の表現形式を意味すると見なそうとする』（クインティリアヌス『弁論家の教育』第九巻第一章第一四節）。『ギリシア人たちが型（σχήματα）と呼ぶあややや装飾は、あたかも話の身振りであるかのようである』（キケロ『弁論家』第一八一章）。文構成の変形――すなわちその変形は、それ以外の点では規則に従っている慣用的な表現手段について、意味を本質的には違うものにすることなく、かたちの上で増幅として、あるいは縮小として、ないしは改変したものとして現れる。複数の音声形象や音声構成に同じ意味が属する。そして、魂は、同じ表象を形づくる。意味は同じ表象しか語ろうとはしない。いかなる表現も魂の動きを、その表現が意味の本来的描写と見なされうるというほどに完全にしっかりと決定したり輪郭づけたりしはしない。各々の表現は象徴でしかない。事物と象徴とは相互に代理し合うことができるわけではない。依然として〔象徴の〕選択が可能である。表現手段の集積（剰語）は表象をいわば滞留するように誘う。言葉の削除（省略）は加速しようとする努力を暗示し、気分を盛りあげる。語型の変換（変換法）と位置の変換（転置）は、注意を高めることにつながる」（*KGW* II/4, S. 449f.）。

こうして、音声形象ないし構成を、身体的身振りに重ねていることに注目すべきである。

三　文体技法

レトリック的あやは、音声に形象化された身振りとしての文体技法である。ニーチェは、比喩からレトリック的あやへとさらに重点を移し、文体技法へと収斂してゆく。酒神讃歌は、その完成であり、その中核に総合文がある。「パトスを孕んだ一つの状態、一つの内面的緊張を、記号によって、ならびにこの記号のテンポによって伝達すること——これが文体というものの一つの意味であるといってよい」(*KSA* 6, *S*. 304) とあるように、レトリックは、パトスないし情動を伝達する文体技法へと収斂してゆくことになった。そして、「よい文体は、記号、記号のテンポ、身振り——総合文の全ての法則は身振りの技法である——に関して誤ったとらえ方をしない」(*ebd.*) とあるように、文体技法は、記号の構成としての構文法と、記号のテンポとしての律動法とから成立する。この文体技法の中心にある総合文のギリシア・ローマ的起源について、ニーチェはこう述べている。「古代人の考えでは、構文上の総合文というのは、何よりもまず一息にまとめられるかぎりでの生理的全体のことであった。こうした総合文というものは、たとえば、デモステネスやキケロに見られるように、二度の揚調と二度の抑調とを含みながらも、全てが一息におさまっていた」(*KSA* 5, *S*. 190)。キケロもこう述べている。「わたしたちの耳に快く響き、満足感を与えるのは、人間の肺が耐えうるものであるのはもちろんのこと、人間の肺にとって容易なものでなければならないからである。したがって、一連の言葉の一まとまりとして最大限のものは、一息で発声しきれるものということになる」(Cicero, *De oratore*, III, 46, 47)。ところが、総合文については、それ以上の詳しい説明は、ニーチェの公刊著作や遺稿断片にもない。そのギリシア・ローマ起源についての説明が「古代レトリック講義」に見られるだけなのである。その説明は、「第八章　レトリック的あや」と「第九章　弁論の律動」の二箇所で主としてなされている。ここに、ニーチェのレトリック論が比喩だけではなくて文体論をも包括してゆくことによってゲルバーとは異なることになる。そして、その先に、つぎの『ツァラトゥストラ』第三部掉尾を飾る「七つの封印」の酒神讃歌が登場する。

「Aかつてわたしの憤怒が、かずかずの墓を暴き、かずかずの境界石を移し、かずかずの古い板を破砕して険しい谷底へころがしたからには、／Bかつてわたしの嘲弄が、かびくさくなった言葉を吹き散らし、かくてわたしが、十字グモどもにとっては箒のように、もろもろの古いじめじめした墓穴にとっては吹き清める風として、やってきたからには、／Cかつてわたしが、古い神々の埋葬されているところに、悦びに心を躍らせながら座り、古い世界中傷者たちのもろもろの記念碑のかたわらにあって、世界を祝福し、世界を愛したからには、――／D――というのは、教会ですら、神の墓ですら、わたしは愛するからだ、その壊れた天井の間から、天空が清純な目で覗いてさえいれば。わたしは、草や赤いケシと同じように、好んで壊れた教会に座るのだ――／Eおお、どうしてわたしが、永遠を求めて、また、もろもろの円環のなかの円環たる結婚の指輪、――回帰の円環を求めて、欲情に燃えぬはずがあろうか？／Fわたしはいまだかつて、その子供を得たいと思うような女を見出したためしがない、わたしの愛するこの女をほかにしては。というのは、わたしはそなたを愛するからだ、おお、永遠よ！／Gというのは、わたしはそなたを愛するからだ、おお、永遠よ！」(*KSA* 4, S. 288)。

「Hその内部で一切の諸事物がよく混ぜ合わされている、薬味調合用の、あの泡立つ混ぜ壺から、口移しに、かつてわたしが、たっぷりと飲んだからには、／Iかつてわたしの手が、もっとも近いものにもっとも遠いものを、また精神に火を、苦悩に快楽を、もっとも善良なものにもっとも性悪なものを、注いだからには、／Jわたし自身が、あの救済する塩の一粒、すなわち、一切の諸事物が混ぜ壺の内部でよく混じり合うようにする、あの塩の一粒であるからには、――／K――というのは、善いものと悪いものとを結びつけるような塩があるからだ。そして、最悪のものでも、薬味を添えるだけの、また満ち溢れる最後の泡立ちを誘発するだけの、価値はあるのだ、――／Lおお、どうしてわたしが、永遠を求めて、また、もろもろの円環のなかの円環たる結婚の指輪、――回帰の円環を求めて、欲情に燃えぬはずがあろうか？／Mわたしはいまだかつて、その子供を得たいと思うような女を見出したためしがない、わたしの愛するこの女をほかにしては。というのは、わたしはそなたを愛するからだ、おお、永遠よ！／Nというのは、わたしはそなたを愛するからだ、おお、永遠よ！」（*KSA* 4, S. 289）。

ニーチェは、総合文のギリシア・ローマ的起源を正確に理解しつつ、ドイツ語文に応用した。文成分の構成上は、等文肢並置を中心に、総合文様式そのものを反復させた。思想内容との関連では、総合文によって思想内容としての回帰性と完結性を音声形象へと戻して、永遠回帰説を歌ったわけである。

上記の事例でいえば、A↓B↓Cと同型の副文を三回反復させて、Dを挿入し、Eの主文にかけるという総合文の様式をとっている。この様式の総合文を七回反復している。そして、永遠回帰を意味するFとGの文をあやとして七回同型同語で反復している。そのことによって、永遠回帰説を音声形象で表現してもいる。これが、「崇高で超人的な情熱の、大波のような上下動を表現するための大きな律動の技法、総合文の大型の様式」（*KSA* 6, S. 304）にほかならない。ここには、総合文というレトリック的あやの音声形象において、思想と情動・感情の融合のうちに永遠回帰を表現しようとする弁論家ニーチェが隠れている。

こうして、ニーチェの仮象は、レトリックを介して言語論的次元を獲得した。そこで、次章では、仮象論としての現象学という見地が、ヘーゲルの『精神現象学』からハルトマンを介してニーチェに流入していることを解明する。

註

（1） Vgl. Blumenberg, H., *Arbeit am Mytos.* Suhrkamp Verlag, Frankfurt am Main, 1986^{4}, S. 272.

（2） ニーチェが『悦ばしき知識』第三七〇節で、自分の立場を「古典的ペシミズム」と表現した後、「ディオニュソス的ペシミズム」と表現し直している箇所を念頭に置いている（*KSA* 3, S. 622）。

（3） Cf. Lacoue-Labarthe, P., Der Umweg. In: Hamacher, W.（Hrsg.）, *Nietzsche aus Frankreich.* Ullstein, Frankfurt/München/Berlin, 1986, S. 101.

（4） 『ツァラトゥストラ』所載の「夜の歌」も『ディオニュソス酒神讃歌』に入っていないが、ニーチェは酒神讃歌に数えている

（*KSA* 6, S. 345）。

（5）この点では、清水紀子「レトリックの視点から見たニーチェ『この人を見よ』」（上智大学一般外国語教育センター『Lingua』、第一三号、二〇〇二年、一六三頁以降）は、総合文についての開拓的研究ではあるが、当該論文における総合文の規定がニーチェに即しているかどうか自体が確定されていない。

（6）まず、第一にバーゼル大学での講義録を収録している批判版ニーチェ全集第二部門が一九八二年から刊行され、一九九五年に完結したことが挙げられる。第二に、当該講義録についての研究が国外で続々と公表されていることが挙げられる。

（7）テンポの詳細については、*KSA* 6, S. 352 を参照されたい。

（8）Gerber, G., *Die Sprache als Kunst*. Bd. 1, Mittler'sche Buchhandlung, Bromberg, 1871, S. 333.

（9）大山正・詫摩武俊・中島力『心理学』、有斐閣双書、一九九六年、一三八頁〜一三九頁。

（10）Vgl. Meijers, A. und Stingelin, M., Konkordanz zu den wörtlichen Abschriften und Übernahmen von Beispielen und Zitaten aus Gustav Gerber: Die Sprache als Kunst（Bromberg 1871）in Nietzsches Rhetorik-Vorlesung und in Über Wahrheit und Lüge im aussermoralischen Sinne. In: *Nietzsche-Studien*. Internationales Jahrbuch für die Nietzsche-Forschung. Bd. 17, Walter de Gruyter & Co., Berlin/New York, 1988, S. 368. ここでは、ニーチェの当該引用文の出典として Gerber, G., *Die Sprache als Kunst*. Bd. 1, Mittler'sche Buchhandlung, Bromberg, 1871, S. 159 の行文が挙げられているが、一致しない。

（11）Vgl. Meijers, A., Gustav Gerber und Nietzsche. In: *Nietzsche-Studien*. Internationales Jahrbuch für die Nietzsche-Forschung. Bd. 17, Walter de Gruyter & Co., Berlin/New York, 1988, S. 386.

（12）ここまでの引用文は、Gerber, G., *Die Sprache als Kunst*. Bd. 1, Mittler'sche Buchhandlung, Bromberg, 1871, S. 361 からの引き写しである。Vgl., Most, G. und Fries, Th., Die Quellen von Nietzsches Rhetorik-Vorlesung. Auszüge aus Nietzsches Rhetorik-Vorlesung. In: Kopperschmidt, J. und Schanze, H.（Hrsg.）, *Nietzsche oder Die Sprache ist Rhetorik*. Wilhelm Fink Verlag, München, 1994, S. 255.

（13）ここまでの引用文は、Volkmann, R., *Die Rhetorik der Griechen und Römer in systematischer Übersicht*. Ebeling & Plahn, Berlin, 1872, S. 354f., S. 373 からの引き写しである。

（14）Vgl. Meijers, A. und Stingelin, M., *a. a. O.*, S. 353. ここでは、ニーチェの当該引用文の出典として Gerber, G., *a. a. O.*, 1871, S. 159 の行文が挙げられている。アリストテレス『弁論術』で定義に用いられた「本当らしいこと（πιθανόν）」が、当該引用文では神経生理学用語になっている。

第五章　仮象論としての現象学

一　ヘーゲルの現象学

（I）ヘーゲルの『精神現象学』ということを真正面から問うことは、『精神現象学』の発端そのものを問うことである。

『精神現象学』の発端ということで、さしあたって思い浮かぶのは、三つである。第一に、「感性的確信」の章の発端である。第二に、ヘーゲルが最初に書いた前書きつまり緒論（Einleitung）の発端である。第三に、絶対知の章までを書いた後に書いた前書きつまり序説（Vorrede）の発端である。しかし、つぎに多少熟考して発端とされてよいのは、緒論の前に最初に置かれていた書名『I　精神現象論の学』であり、序説の前に置かれていた書名『学の体系第一部　精神現象学』である。しかし、これらは、五種類の異なる発端を顕わにするのではない。むしろ、共通の同一の発端を顕わにしている。

（II）まず序説の発端ではこういわれている。「著作のはじめに序説を付す場合、そこでは、その著作で著者が目指した目的、〔著作するに到った〕動機、同じ問題を取り扱かった古今の著述に対する関係をどう考えるのかなどについて説明されることに普通はなっている。〔しかし〕こうした説明は、哲学上の著作においてはよけいであるばかりでなく、事象の本性上、不適当であり、害にさえなると思われる（scheint）」（*Phän. S. 3*）。

ここで注目すべきは、以上の内容全てが、「思われる（scheinen）」という動詞からもわかるように仮象（Schein）だということである。つまり、当該の発端は、仮象の論なのである。そのことは、最初の前書きつまり緒論の発端でも同様である。緒論の発端ではこういわれている。「哲学において、主題そのものに、すなわち真実に存在する当のものを現実に認識することに取りかからないうちにあらかじめ認識について通暁しておく必要があると表象するのは自然なことである。この際、認識は道具であって世人はこれを通じて絶対者をわがものとすると考えているか、それとも認識は手段であってこれを通じて世人は絶対者を見ると考えているかのいずれかである」(*Phän. S.* 57)。

ここでは、認識を、現実に認識をするための道具ないし手段と考える見解が、「自然な表象(natürliche Vorstellung)」とされている。「自然な」という形容詞は、当時のカントの超越論哲学やラインホルトの根元哲学からすれば熟知の哲学的常識であることを意味している。してみれば、この論も、ヘーゲルによって否定されることになる仮象であると解釈できる。

(Ⅲ)さらに本文叙述の発端である「感性的確信」の章の発端では、最初にわたしたちに問題となる知が「直接知」であると宣言されてから、その宣言をつぎのように説明している。「感性的確信の内容は具体的であるので、一見すると、この確信はもっとも豊かな認識であるかのように、それどころか限りなく豊富な内容を持つ認識であるかのように現象する。また、この内容が広がる空間と時間とにおいてわたしたちが当面の内容の外に出てゆくときにも、またわたしたちがこの満ち満ちた富からその一片をとって分割して一片のうちに入ってゆくときにも、いずれの場合にも、この富にはいかなる限界も見出されないかのようである。その上、感性的確信はもっとも真実な確信であるかのように現象する」(*Phän. S.* 69)。

ここでの「現象する(erscheinen)」は、『論理学』における「本質は現象しなければならない」(W 6, *S.* 124)という見地と重なるよりは、仮象を意味する。むろん、この仮象は、本質の現象の契機をも形成する。また、その仮象は『美学講義』における「理念の感性的仮現」(W 13, *S.* 151)の輝きといったことでもなくて、輝きのない誤謬を意味する。そのことは、感性的確信が、「もっとも真実な確信」つまり絶対知の現象であるとされていることからも判明する。

(Ⅳ)こうして、仮象論としての現象学ということが、以上の三つの発端の共通点であることがわかる。そして、この発端を、二つの書名のなかの「精神現象学」という語句の「現象学」という語が含んでいる。さらに、このことは、緒論のつぎの言明によって決定的である。「学は、それが登場するという点で、学そのものが一つの現象である。つまり、学の登場は、その真実状態において実現され展開された学ではまだない。この際、学が別の知と並んで登場するので学が現象であると思い描くか、かの別の真実でない知を学が現象することと呼ぶかはどちらでもよい。ただし、学はこの仮象から自己を解放しなければならない」(*Phän. S. 60*)。

ここで、ヘーゲルは、学が登場するときには、学自身が現象であるとした上で、現象としての学や、一つ一つの「真実でない知」といった現象を、仮象と呼んでいるのである。そして、ヘーゲルにとって、仮象とは、学知が自力でそこから自己を解放しなければならない否定的なものなのである。(1)

(Ⅴ)こうして『精神現象学』を書いていたヘーゲルには、意識は仮象に囚われているという強い認識があった。しかし、この認識の根拠が脆弱であったところに、『精神現象学』を学の体系第一部とする体系構想が崩壊した理由があった。端的にいうならば、意識が仮象に囚われることの根拠を、『精神現象学』の発端において提示できなかった。提示するためには、身体から意識が成立することを解明するなかで、意識が全てを内面世界に還元してしまう過程を解明する必要があった。仮象論という発端の先に身体論という発端が見えてくる。しかし、ヘーゲルは身体論を発端には置かなかった。『精神現象学』でヘーゲルが身体を表立って論じたのは、「自己意識」の章冒頭で欲望としての自己意識を導出する箇所である。

そこでの自立的形態をめぐる身体論を参照すると、自己を吟味する認識論的自己意識が、欲望としての自己意識に由来するかぎりで、対象の自体存在をも対自化して仮象として意識のうちに取り込もうとする働きは、対象の自立性を否定して己れの自立性を実現しようとする欲望に由来する。仮象は、欲望から生じる。このことが、『精神現象学』の本文叙述の発端で語られるべきだった。(2)

二　ニーチェの現象学

さて、ニーチェの遺稿断片のなかにも、現象学（Phänomenologie）や現象体制（Phänomenalismus）について記した断片が含まれていることはなるほど比較的知られている。これは、哲学の根本問題への道程としての「本来的生理－心理学」（*KSA* 5, S. 38）を補足する部門として登場したのであろう。しかし、その由来についての解明は充分になされていない。なぜならば、その由来は、一九世紀哲学史観の死角に隠れているからである。そして、その死角になっているのが、E・v・ハルトマンの『道徳意識の現象学』（一八七九年）である。なぜならば、ニーチェが、『道徳意識の現象学』を熟読したことが所蔵本から判明しており[3]、関連断片も遺されているにもかかわらず、そもそもハルトマンは、哲学史の上ではいまや忘却されているからである。

たとえば、G・J・スタックは、『ランゲとニーチェ』（一九八三年）で、ニーチェが根本的に影響を受けたランゲの立場を現象主義と規定しつつ、ニーチェのいう現象学は、ヘーゲル的なものではなくて、ランゲの現象主義を踏まえているとする。「ランゲの大作は、ニーチェ哲学の背景と意味の一つの手がかりを含んでいるだけではなくて、たくさんの手がかりを含んでいるというのがわたしの確信である。これはこれまでのところ明らかである。ランゲにより述べられている理論的、社会的な諸問題は、二〇世紀初頭の哲学者と呼ばれるに値する一人の哲学者によって創造された迷宮にくまなく響き渡っている。／その問題が、遠近法主義の考えの兆候であろうと、悟性概念の感覚起源の論証であろうと、内的『現象学』と外的『現象学』上の観念の原型であろうと、ランゲの研究分野にくまなく輝いているこの全てのものを、わたしたちは見つけるであろう[4]」。スタックは、このようにニーチェの現象学に注目しながらも、ニーチェのいう現象学と、ブレンターノ、フッサールそしてメルロ＝ポンティとの関係には言及するが、E・v・ハルトマンの『道徳意識の現象学』との関係については、一切言及していない。

また、日本では、木田元氏が、内的現象学は、ヘーゲル出自であり、外的現象学は、マッハ出自ではないかと推測されている。「ニーチェの言うこの〈遠近法的展望〉としての世界は、これから生成してゆく可能性の次元をふくんでいるという違いはあっても、マッハの言う〈現象界〉とほとんど重なり合うものであろう。ニーチェ自身も、時折これを〈現象界〉と呼び、それについての記述を〈現象学〉と呼ぶことがある。一八八六年末から八七年春までのあいだに書かれた断章の一つに、『方法的に見た、内的および外的現象学の価値』という見出しのついたものがあり（『全集』第II期第九巻、三七一ページ）、そこでニーチェは、『遅発性で、発達の遅れた』、そして『基本的に贋造的な意識についての『内的現象学』に比べて、『感覚的世界の現象は何百倍も多様に、微細に、精密に観察することができ』、『外的現象学は遥かに豊かな素材をわれわれに提供してくれるし、ずっと精密な観察を可能にしてくれる』と書いている。根拠のない臆測ではあるが、私にはニーチェが『内的現象学』ということでヘーゲルの『精神現象学』を、『外的現象学』ということでマッハの現象学を考えているのではないかとさえ思われる。ニーチェは、この少し前、一八八五年から、一八八六年秋までに書かれた覚え書きで幾度か〈現象学《フェノメノロギー》〉という言葉をもち出しており、その一つには引用符さえ付しているので、案外彼が出版されたばかりのマッハの『感覚の分析』を目にするか、あるいはその噂を耳にしていたのではないかと疑ってみたくさえなる[5]」。外的現象学については、マッハが現象学という用語を用い始めたのが二〇世紀に入ってからであることなどからいって無理があるが、内的現象学をヘーゲル出自と推測したあたりは、捨てがたいものがある。

ところで、一九世紀後半にドイツに留学した森鷗外は、「妄想」でハルトマンについてこう書いている。「或るこういう夜の事であった。哲学の本を読んでみようと思い立って、夜の明けるのを待ち兼ねて、Hartmann の無意識哲学を買いに行った。これが哲学というものを覗いて見た初で、なぜハルトマンにしたかというと、その頃十九世紀は鉄道とハルトマンの哲学とをもたらしたと云った位、最初の大系統として賛否の声がかまびすしかったからである[6]」。ここからも当時のドイツでハルトマンが流行哲学として君臨していた様子がうかがえる。ニーチェの蔵書にも、『無的考察』にもハルトマン論が見られるし、ハルトマンの著書に言及した断片も遺されている。なるほどそれらでは、世界過程論などへの批判見解が目立つが、その枠組みの点では共通点が多いのである。ショーペンハウアーの影響を受けていることや当時の心理学と生理学とを摂取しながら本能に着目していることで共通している。そして、何よりもニーチェは、ハルトマンの『道徳意識の現象学』（一八七九年）から、現象学という見地を批判的に摂取しながら、ランベルトの仮象論としての現象学という見地へ無自覚的に立ち返りながら、本体を述語とする仮象という現代哲学の地平を切り開いたのであった。

さらに、ここでもっとも注目すべきは、ハルトマンの『道徳意識の現象学』における現象学概念は、ヘーゲルの『精神現象学』緒論（Einleitung）における意識経験の方法の批判的摂取に由来することである。そもそも一九世紀後半における『精神現象学』の現象学という見地の影響は、従来、哲学史にはほとんど現れない。なぜならば、ヘーゲルの思索史においてもその見地は放棄されている以上、論じる必要がないとされたからである。しかし、その影響をハルトマンに確認することができるし、そのことによって、意識の仮象を批判する学としての現象学という見地がヘーゲルからニーチェに伝わったことを確認することができるようになった。

たしかに、これまでもヘーゲルからニーチェへの影響は、しばしば指摘されてきた。もっとも古典的には、B・バウアーの無神論的ヘーゲル解釈を介して、神の死へと到る道が挙げられる。また、ニーチェ自身が、自分も逃れることのできないドイツ精神としての弁証法に言及する場合である。さらには、エマソンを経由して還流してきた全一論的ドイツ観念論理解である。しかし、これらは、ニーチェの現象学と『精神現象学』との関係を説明しない。

かといって、ハルトマンを経由して、『精神現象学』がニーチェに影響を与えるということは、もっとも見込みのなさそうな道なのである。というのも、ハルトマンの世界過程論や本能論は、目的論を前提しているので、ニーチェによって批判されなければならなかったのである。ちなみに、目的論的本能論は、『無意識の哲学』（一八八二年）第一部「無意識の現象学」で扱われるようになった。

三　ハルトマンの哲学史的位置

(Ⅰ)ハルトマンの哲学史的位置に関する標準的見解は、ヴィンデルバントの『一般哲学史』の「第四四節　心に関する論争」の第九項に見られるので、以下にその梗概を記す。ヴィンデルバントによれば、主意主義が、一九世紀後半に次第に勢力を得て、一般の思想文学界でも現れて、ドイツ新人文主義の盛時の特徴である主知主義と論争するようになった。それは、中世のスコラ哲学における主意主義と主知主義との論争の再来にほかならなかった。ハルトマンは、この論争を観念論内の論争と見なし、『無意識の哲学』(一八六九年)においてヘーゲルとショーペンハウアーおよびシェリングとを総合し、観念論内の非理性的側面と理性的側面とを総合しようとした。つまり、無意識とは、世界精神と意志と理念の鼎立にほかならない。この無意識の活動は、経験的意識には与えられない意志と表象の作用である。それは、一切の意識体に共通する根拠である。このようにして、ハルトマンは、心身作用のなかに無意識を求めて、合目的性の根拠とした。[7]このような見解は、なるほど今日に到るまで哲学史において基本的に維持されているが、ハルトマンの『無意識の哲学』初版(一八六九年)の記述とは異なっている。

(Ⅱ)ハルトマンは、『無意識の哲学』初版の導入部分の「一般的前口上」「c無意識概念関連先行者」では、ライプニッツ、カント、シェリング、ヘーゲル、ショーペンハウアーと辿りながら、さらに精神物理学の観点からヘルバルトの閾値とフェヒナーの法則にも詳しく言及しているのである。[8]してみれば、ヴィンデルバントのハルトマン理解にあっては、精神物理学をハルトマンが摂取していることが背景に退いている。

ヘルバルトによれば、表象は、いわば心理学としての精神物理学がその上に立脚する原子にも比すべきものである。つまり、表象が一度形成されれば、表象は自己自身の動力によってその存在性を持続し、不断に自己保存の努力を続ける。言い換えれば、たえず自己の存在を保持して、意識の面を占有しようとする努力を継続する。ところが表象は実在と同様に、その数が夥しく、その種類もまた雑多であるから、互いに自己保存をなす表象と表象の間には、抑制し合ったり、結合し統一し合ったり、さまざまな交互作用が行われることとなる。まず白と黒、軽と重というように、互いに「相対立した」表象と表象とは、その力を強め合わないで交互にその強度を「抑制」し合う。そしてこの抑制作用は、表象と表象との間において、まったく交互的相対的であって、甲が乙から抑制され「排除」されることによって、甲もまた乙を抑制し排除する。すなわち抑制は「対立の直接の結果」であるから、この対立の強さの度合いに応じて、甲と乙とは抑制し合い、抑制し合った結果、その表象の質は変じないがその量を減殺し合って、互いに相手を「不明瞭ならしめ」、あるいは進んでこれを「消滅せしめる」。このように甲の表象が乙の表象に完全に抑制しつくされて、まったくその量的な「強度」を失えば、それはたんに「表象せんとする努力」にすぎないものとなる。そしてこれがすなわち無意識にほかならない。その際、表象がなお意識されているところの最小限の強度を意識の閾と呼ぶ(9)。

ヘルバルトが明らかにした意識の閾を、フェヒナーが感覚刺激についてさらに厳密に分析した。フェヒナーは、或る刺激の変化自体がわかるために必要な刺激強度を弁別閾と呼んで、或る刺激の存在自体が感知される最小の刺激強度である絶対閾と区別した。一般に弁別閾は、刺激強度の水準が上昇するとともに増大する。前世紀に生理学者ウェーバーは、弁別閾（DR）が刺激強度（R）に比例し、それぞれの感覚属性に関しては、DR/R が一定となると考えた。これをウェーバーの法則という。

今日では、この法則は厳密には成り立たないことが知られているが、限られた刺激強度範囲では、近似的に適用できるので、DR/R の値をウェーバー比と呼んで用いている。たとえば、食塩、サッカリン、蔗糖などに対する味覚で、ウェーバー比が約 1/6〜1/8、音の大きさのウェーバー比が約 1/10、光の明るさで約 1/50 などの数値が得られているが、刺激強度水準だけでなく、種々の条件によって影響されるものであるから、これらの数値はたんに目安となるにすぎない。もし、ウェーバーの法則が厳密に成立すると仮定し、或る感覚に対するウェーバー比が1/10だとすると、強度10の刺激と11の刺激、20と22、……50と55、100と110の刺激がそれぞれやっと弁別できることになる。その際、各対の強度差、1、2、……5、10が弁別閾となる。もし、これらの弁別閾値に相当する刺激の増分が感覚の最小単位に対応すると考え、それらの感覚の最小単位の積み重ねによって感覚の大きさがはかれるとすれば、「感覚の大きさ（E）は刺激の強度（R）の対数に比例する」ことになる。

$$E = K \log R \quad (K \text{は常数})$$

これが、フェヒナーがウェーバーの法則から理論的に導出した仮説であり、一般にフェヒナーの法則と呼ばれている。[10]

このようにして、ハルトマンにおいてすでに、精神物理学としての心理学がドイツ観念論やショーペンハウアーの哲学と一体化されようとしていたのである。こうして、ハルトマンを蘇らせると、ニーチェが、意外にもハルトマンを無意識論として批判的に摂取していたことが照らし出されてくる。

四　ハルトマンの現象学

ハルトマンは、『道徳意識の現象学』序文で、まず、当該著書が、一八六九年に初版が刊行された『無意識の哲学』に続く、第二の主著であることを明確にしている。たしかに、「道徳意識」は「無意識」と比較しても、より限定的な考察対象である。しかし、第一に、道徳意識を、そのかわり無意識よりももっと根本的にして最終的な形式で論じているという。そして、第二に、道徳意識の考察は、形而上学的考察や自然哲学的考察や心理学的考察が立ち入るよりもはるかに直接に、実践的生活と焦眉の時事問題に立ち入っているという。こうして、道徳的意識に関する現象学的考察とは、「無意識」に関する形而上学的考察や自然哲学的考察や心理学的考察よりもはるかに実践的で時事的でありながら、その考察形式の点では、それらよりももっと根本的で終極的なのである。

ハルトマンは、つぎに、当該の現象学的考察形式の根本性と終極性について述べている。まず、『道徳意識の現象学』が「倫理学体系への第一の導入部門」であると述べている。この規定は、『精神現象学』緒論で、「意識の経験の学」が「学への道」(*Phän. S.* 68) であると規定されていることと一致する。その上で、「倫理学体系への第一の導入部門」は、「倫理学体系」そして「存在当為の学」とは区別されるという点で『精神現象学』とは異なる。なぜならば、『精神現象学』は「学への道」であると同時に、その内容からは、「意識の経験の学」であって「学の体系の第一部門」だからである。この違いをもたらしたものは、『道徳意識の現象学』の方法が、後述するように思弁的弁証法を否定する「発展進行」であるのに対して、『精神現象学』の方法は、懐疑的方法としての弁証法であり、思弁的弁証法につながっていることである。したがって、『道徳意識の現象学』は、「道徳意識の内面データを総括する諸原理の思弁的発展」と並ぶことになる。また、「道徳意識の内面データとそれらのデータの相互関係の批判的照明」とも並ぶ。こうして、『道徳意識の現象学』とは、「道徳意識の経験的に与えられている領域についての可能なかぎり完全な記録」なのであり、「倫理的根本諸問題を関連づけながら帰納的に論述すること」なのである。ここで、注意すべきは、ハルトマンのいう現象とは、「道徳意識の経験的に与えられている領域」のことであり、「内面データ」にほかならないことである。

つぎにハルトマンは、現象学が「道徳意識の経験的に与えられている領域」を心理学と共有しながらも、心理学に先立つことを説明している。当該領域に関する心理学とは、「道徳衝動、道徳感情、道徳表象の心理学的発生に関する叙述」であり、これよりも、「領域の完全で入念な通覧研究と事実問題の確定」が先行する。これまで、この課題への多かれ少なかれ一面的な予行研究しか行われなかったのである。道徳意識の現象学を先行させなかったがゆえに、「倫理学体系」が成立しないで、「さまざまな側面からなされた助走に関する関連を欠いた研究報告式枚挙」や「抜粋された道徳家たちへの列挙されて偏った批判」しか手にすることができなかったのである。このようにして、『道徳意識の現象学』が「倫理学体系への第一の導入部門」であることの意味は、つぎのことにある。第一に、「最近出現した発生的説明の試み」に「包括的目標」を設定し、当該の説明の試みの本来的意味を明らかにすることである。第二に、「これまでの道徳哲学の批判的歴史のために哲学史家に導きとなる視点を提供し、そのことによって第一点の企てを勇気づけ元気づけることである」。

「道徳意識の経験的に与えられている領域についての可能なかぎり完全な記録」の説明を、「道徳意識の経験的に与えられている領域」とそれについての「可能なかぎり完全な記録」とに分けてさらに立ち入って説明する。前者は、「道徳意識の原理的に可能な諸形態」であり、後者は、この諸形態の完全性である。その際に、ハルトマンは、「歴史的に与えられた諸形態の枚挙」は、明瞭にすることによって解説するという補助的価値しかないとする。逆にいえば、「道徳的意識の歴史記述的に現実的に生成した諸形態が充分に純粋に混じりけなく登場することはまれなだけに、したがって、道徳意識の原理的に可能な諸形態を熱心すぎるほど引き合いに出すことによる現象学的発展の清浄が容易に傷つけられうるであろうだけに、道徳的意識の歴史記述的に現実的に生成した諸形態についての完全な報告は肝要ではないのである」(*PSB, S. VI*)。たとえば、多少重要な道徳哲学者は、道徳意識の原理的に可能な諸形態を熱心すぎるほど引き合いに出すことによる現象学的発展のいくつかの段階に関わっている場合があるので、その一つの段階でだけ引き合いに出せば、発展を不純にすることになる。この問題は、『精神現象学』における意識の諸形態が、『論理学』の規定された概念の一つ一つに対応するという問題を練り直している。つまり、規定された概念のかわりに道徳の原理を設定している。そのことによって、概念の自己運動としての弁証法的発展という見地を否定しているわけである。こうして、ここでの現象とは、一方で原理的に可能な諸形態のことであり、経験の所与ではない。しかし、ハルトマンは、他方で、事実問題とか、内面データともいっているのである。したがって、現象とは、原理の現象でありながら、可能的事実であり、内面データなのである。問題は、道徳意識の現象が、原理的に可能的諸形式であって経験の所与ではないにもかかわらず、帰納法で探究される事実であるということである。

道徳意識の現象が、原理的に可能な諸形式であるがゆえに、「道徳の領域は、何らかの仕方で種別化されている道徳意識の尺度を人間の行為や差し控え、熟慮・考察にあてがうことによってやっと始まる」(*PSB, S.* VII)。ここでの尺度とは、それぞれの道徳意識が、自分の経験的所与としての行為を道徳的という述語か非道徳的という述語かで規定するための基準である。たしかに、道徳の無意識的前提があり、そこで倫理的問いの対象が無意識的に決まっている。しかし、狭義の倫理的問いの対象は、道徳意識の覚醒とともに始まる。道徳意識の覚醒とは、まず、自分の行為を、道徳的と非道徳的とのいずれかの述語で規定することなのである。それを前提にして、さまざまな倫理的問いの自己吟味が遂行されるのである。ハルトマンによれば、このことは、カントが認識能力そのものを探究の対象にするという超越論的認識を主張したことと同様だという。なぜならば、倫理的問いを可能とする道徳的意識の原理的に可能な諸形式を認識能力そのものを探究するように探究するからである。

こうして、つぎに問題となることは、道徳的意識が、自分の行為が、道徳的か非道徳的かという判断を下す際の基準を自覚する過程である。そして、その基準の自覚が意識を当の道徳意識たらしめる。これは、一定の対象によって意識の形態が規定されるという『精神現象学』の見地と重なる。さらに、ハルトマンは、「道徳意識の可能的諸形式の探究は、同時に道徳原理が人間意識においてとることができる可能的形態の探究となる。そして、道徳意識の現象学は同時に倫理的原理論として顕示される」(*PSB, S.* VIII) と述べている。すでに、現象学は倫理学体系ではないとハルトマンは述べているから、倫理的原理論は、体系的ではないことになる。倫理的原理論とは、道徳意識が、現象学的探究によって自分の形式を規定する原理を把握し自覚した結果にほかならない。ヘーゲルの場合も、学的体系の思惟規定は、経験する意識の背後で進行し、意識に対象として直接現れることも自覚されることもない。思惟規定は、『精神現象学』では自己 (Selbst) として現れるのであり、ハルトマンの場合には、それが原理といわれている。さらに問題となるのは、このような現象学的探究が経験的発展基盤を持っていることであり、そこに帰納法が働く根拠があることである。それは、現象学的に探究されるべき道徳の領域が、道徳原理という尺度を経験的行為に判断を通してあてがわないと始まらないことに示されている。つまり、道徳意識の現象学的探究は、道徳意識が道徳領域で行為を規定している作動状態の解明にほかならないのである。

ハルトマンのいう現象学を最終的に規定するのは、「それとともに現象学が現象学的探究につぎのような吟味を全面的に委ねる先入見のない状態」にほかならない。これは、まさに、ヘーゲルのいう自然表象に対する絶望という徹底的懐疑であり、フッサールのいう現象学的還元にほかならない。ハルトマンのいう現象もこの先入見からの解放を前提している。ヘーゲルによれば、完遂されるべき原初の「自己」とは、当の懐疑主義それ自身であり、しかも、その原初的姿態である。そのような懐疑主義については、「現象的意識の全領野に向けられている懐疑主義は、真理が何であるかを吟味する資格を、精神につぎのようにしてはじめて与える」(*Phän. S.* 61) と説かれている。そして、それは、いかにしてかというと、一つの自然的意識の持っている「もろもろのいわゆる自然的表象、思想的想念、ならびに臆見に対する絶望(Verzweiflung) を成立させる〔傍点著者〕」(*ebd.*) ことによって、それらが実在的であるようにという望みを、あらかじめ絶つというようにしてである。ここでの懐疑主義は、「現象的意識」が根差している「全領野」つまり自然的意識のもろもろの先入見に眼差しを向けて、それらの空しさを確信せしめる「絶望」にほかならない。したがって、懐疑主義の「絶望」の成立によって、自然的意識自身が、「現象的意識」つまり「現象知」へと純化されて、吟味の場へと置き据えられることになる。

ハルトマンは、「大いなる歴史的対立――その対立が現代の文化生活を引き裂き、その存立を脅威にさらしている――は、道徳意識のさまざまな諸形式の歴史記述的実現であり、道徳原理のさまざまな諸形態の間の観念的争いの実在的解決にほかならない」(*PSB, S.* X) とする。そして、道徳意識のさまざまな諸形式の歴史記述的実現の事例として、公共的出来事の進展に配慮しない者の引きこもった私生活、極端な熱狂的終末論、社会民主主義、国家への帰依を挙げている。そして、これらのそれぞれの道徳原理の諸形態として、利己的偽道徳原理、他律的偽道徳原理、社会的幸福主義の偽道徳原理、進化論的道徳原理を挙げている。つまり、道徳意識の諸形式の歴史記述的実現は、道徳原理の諸形態を代表するのである。これは、『精神現象学』のつぎのような構造とも照応する。つまり、自覚的世界史の諸段階が、意識の諸形態に対応し、意識の諸形態が、規定された諸概念に対応する。結局、ヘーゲルのいう概念とハルトマンのいう原理の違いが問題となる。

この違いは、弁証法的発展の全面否定にはつながらない。なぜならば、ハルトマンは、道徳意識の諸形式の弁証法的発展を一部みとめているからである。つまり、限定的否定の見地を改訂している。道徳意識がとることができる可能的諸形式は、一方で全て肯定的価値を持っている。しかし、他方で、その肯定的価値は、相対的なのである。なぜならば、その価値は、批判的考察によって、その不充分さが告知され、さらにその不充分性を補足する必要が告知されるからである。しかも、その補足は、原理に従う補足の探究の結果、より高次の道徳意識へ到達する。ハルトマンは、この弁証法的過程を、①肯定的価値の承認、②その価値の不充分さの批判的解明、③続く原理的補足の把握の三段階に定式化している。そして、この三段階が道徳意識の各段階で反復されるのである。ハルトマンにとって限定的否定とは、肯定的価値の不充分さを批判的に解明することなのである。これは、存在の矛盾を原動力とする弁証法ではなくて、一面的あり方を是正し、全体的あり方へと高めてゆく弁証法である。こうして、最終段階は、全ての一面性と不充分さから解放された包括的段階となる。したがって、高次の段階とは、一面性の度合いがより小さい段階ということになる。このような見方は、存在の矛盾を否定したアリストテレスにも潜在的にある。アリストテレスによれば、AはBであるという命題とAはBではないという命題が矛盾するのは、それぞれの命題が一面的だからである。したがって、Aは、一方の視点から見るとBであるが、他方の視点から見るとBではないという命題がより高次であることとなる。ヘーゲルにおいても「全体が真なるものである」という見地があり、全体という類の種として意識の諸形態をとらえている。しかも、その種は、個別経験と全体の類を媒介する中項として弁証法的推理の一部を形成している。ところが、ハルトマンの場合は、類の種は、帰納的枚挙によってつぎつぎに補足されてゆくわけである。そして、ハルトマンによれば、道徳意識の諸形態の現実化と道徳原理の諸形態の関係についての個別事例が、道徳の真の基礎についての探究の実践的意味を新しいかたちで解明することに役立つ。

この点については、ヘーゲルにあっても、同様である。『精神現象学』序説において、存在構造に関しては、「イデアが表現しているのは、種（Art）より以上のものでも以下のものでもない」（*Phän. S.* 42）といわれている。また、理性の章で類・種・個の存在構造が推理に対応することも示されている。さらには、『論理学』の選言推理の箇所で、当該の存在構造と事象の関係について明言されている。それを要約すれば、事象とは、概念が推理によって客観化した存在である。推理の成果たる「存在」が事象であることについて、『論理学』では「この存在はそれ自体で自立している事象（Sache）であり、すなわち客観性なのである」（*W* 6, *S.* 401）と述べられている。そして、「この存在」が推理の成果であることについては、「推理の成果は、媒介を揚棄することによってもたらされた直接性であり、まさに媒介と同一的であり、かつまた概念であるところの存在である」（*ebd.*）と述べられている。また、事象が、選言推理の中項としては、「自分のもろもろの種へと分肢されている類」（*W* 6, *S.* 398）ともいわれている。

ところで、ハルトマンは、当該序文掉尾で、以上の現象学の見地の核心を、「発展進行」ととらえ、ヘーゲルの弁証法的発展との関係を簡潔に説明している。まず、当該の「発展進行」は、実在学問の客観問題に適用できるわけでもないし、心理学的事実についての現象学的探究の全領域で推奨できるわけでもないし、厳密に実現できるわけでもない。道徳意識という主観対象でありながら、心理学的事実とも区別される対象の本性から自ずと発展進行は明らかになるというのである。おそらく、この本性には、道徳意識の現象学的探究は、同時に道徳意識自身が、自己の原理を自覚する探究でもあるということが含まれているであろう。ここでの発展進行とは、このような道徳意識自身の自覚の全体化なのである。そして、この発展進行によって、探究全体が形態化されて唯一の前進発展になるという長所がある。

しかし、この発展進行は、すでにいわれた三段階の発展にはない問題を伴っている。ハルトマンによれば、弁証法的過程を、①肯定的価値の承認、②その価値の不充分さの批判的解明、③続く原理的補足の把握の三段階に定式化できる。そして、この三段階が道徳意識の各段階で反復されるのである。ここでは、道徳意識の一つの段階からつぎの段階への発展については説明されていないのである。明らかに説明の飛躍がある。つまり、価値を原理的に補足し把握することが、つぎの段階の道徳意識を同時に生み出すことを説明する必要がある。そうすると、当該の価値は、同時に道徳意識の形態をとる原理であることが推察され、したがって、道徳意識という対象の本性とは、探究主体が、自己の原理そのものを価値として探究することにある。それに対して、『精神現象学』「精神」の第三段階で考察される道徳意識の対象は、「道徳的世界観」「置き換え」「良心」とされているのであって、価値と規定されてはいない。あえていえば、いずれも自己と規定される。この自己は、意識が自己を思惟するカテゴリーという普遍体になったときに現象する。この自己をさらに価値とより具体的に規定する必要は、直接には『論理学』への導入である『精神現象学』にはなかったのである。

この「発展進行」について、ハルトマンは、ヘーゲル弁証法との違いを三点にわたった指摘している。第一に外見上の違いとして、強制的なヘーゲルの三分法への軽蔑を指摘している。第二に、内面的な違いとして、ハルトマンの「発展進行」には、経験的に帰納的であるという性格があることを指摘している。第三に、やはり内面的な違いとして、矛盾と矛盾に含まれているとされるより高次の理性真理を忌避することを指摘している。

第一の違いについていうと、強制的なヘーゲルの三分法とは、正・反・合という図式のことを意味しているのであろう。この図式では、正が自己否定の結果、反になることも、反の自己否定によって合になることも示されていない。いわゆる否定性が欠落している点でもともとヘーゲル弁証法とはいえない。いずれにしても、これに対して、ハルトマンの三分法は、一面的あり方を可能的に補足してより全体的になる三分法である。第二の違いについていうと、ヘーゲルの方法が概念の自己運動という内在的必然性に貫かれていることを意味しているのであろう。この点からいうと、経験的に帰納的方法とは、内在的必然性が欠落した「並べ立てる（historisch）」だけの手続きにすぎないことになる。

この点についてはヘーゲルはこういっている。「たとえば解剖学の本性は、生命のない現存の相において観察された身体諸部分の知見であるとかといった普遍的な観念を持っていても、それだけではまだ事象そのものを、すなわち解剖学という学問の内容を得たことにならない。むしろ、解剖学の普遍的観念に加えて特殊的なものを知るように努めなければならない、ということである。――しかも、その際、つぎのような事情がある。この解剖学におけるような知見の集積は本当は学問の名に値しないのだが、そこでは、内容そのものについて、すなわちこれこれの神経や筋肉などについて語られるときと同様、目的その他の普遍的なことについての話が、並べ立てるだけの没概念的な仕方でなされるのがつねである」(*Phän. S. 3*)。この文で、ヘーゲルは、「生命のない現存の相において観察された身体諸部分の知見」といわれた解剖学の知見を「知見の集積」と性格づけている。それをさらに「並べ立てるだけの(historisch)」そして「没概念的(begrifflos)」と性格づけている。「知見」とは、観察によって得られた事実ないしデータを一般化してできあがるのであり、それが並べ立てられて集積してゆくことが記述するということなのである。

第三の違いについていうと、矛盾と、矛盾に内在しているとされる高次の理性真理に対する忌避は、ハルトマンの三分法から当然にも帰結することである。これは、一方でヘーゲルの思弁弁証法の核心を否定することになる。しかし、他方で『精神現象学』の意識経験の方法は、意識の対象と、その対象についての己れの知とを比較して、不一致を明らかにする手続きなのである。そこだけに関していえば、弁証法的矛盾の見地は直接には必要とされない。したがって、第三点目は、『精神現象学』の現象学としての方法を否定するものではない。

このように考えると、ハルトマンの発展の見地は、ヘーゲルの弁証法の積極的核心を含んでいて、しかも、ヘーゲルにまとわりついている歪みから解放されているというのは、概念の自己運動から解放されつつ、意識経験の方法による段階的発展の見地を生かしていることになる。この方法に従って、『道徳意識の現象学』は、「一注ぎから流れ出る一つの発展」ではあるが、倫理学の体系ではなくて、その体系への最初の導入なのである。

五　ニーチェの心理学

（Ⅰ）ニーチェが、自らを芸術的仮象の崇め人と自称している（*KSA* 3, *S*. 417）ことはよく知られている。しかも狭義の芸術ばかりではなくて、真理や目的という仮構を作り出す認識をも含めて白昼夢とも呼んでいる（*KSA* 3, *S*. 352）。ここで問題となるのは、このような仮象を創造するメカニズムである。ニーチェがいうところの心理学や生理学、動物史そして現象学とは、まさしくそれを説明しているのである。心理学が、無意識的な身体領域さらには本能を、生理学、動物史と一体となって説明する。そして、つぎに意識の内側と外側の経験世界を現象学が説明する。

周知のように、ニーチェが、『道徳の系譜』では、心理学者を自称しており、『善悪の彼岸』では、「心理学を再び諸科学の女主人として承認すること」（*KSA* 5, *S*. 39）を要望したいといい、「他の諸科学は心理学に奉仕し心理学を準備するためにある。なぜなら、心理学はいまやあらためて根本的諸問題への道だからである」（*ebd.*）と述べている。しかも、その心理学は、「本来の生理－心理学」[11]（*KSA* 5, *S*. 38）とも呼ばれ、生理学と一体となっている。この心理学こそが、たとえば、哲学の意識的思考を導く無意識的本能を説明する。「――一人の哲学者の意識的な思考の大部分は、彼の本能によってひそかに導かれ、一定の軌道に乗るように強いられている。一切の論理とその運動の見かけの自主独立性の背後にも、もろもろの価値評価が、もっとはっきりいうならば、或る種の生の保持のための生理的要求が、隠れている。それはたとえば、確定したものは不確定なものよりも価値があるとか、仮象は『真理』よりも価値がないとかいったような評価をする場合である」（*KSA* 5, *S*. 17）。

（Ⅱ）なるほど、ここに、ニーチェのいう独自の心理学の目指すところは明らかである。しかし、その心理学の内容を具体的に解明しようとすると一挙に不分明になる。そこで、つぎの行文を手がかりにしながら、解明する。「心理学全体はこれまで、もろもろの道徳的な偏見や危惧にかかずらってきた。心理学はあえて深層に踏み込まなかったのである。わたしは心理学を権力への意志の形態学および進化論としてとらえるのだが、このようなことはまだ何びとも想像さえしなかったことなのである」(*KSA* 5, S. 38)。ここでは、心理学は、第一に「権力への意志の形態学」であり、第二に「進化論」である。第一の規定について、ハイデッガーは、こう述べている。「人間において、すなわち超人の形態において、権力への意志がその純粋な権力の本質を無制限に発揮するのであるから、それゆえにニーチェのいう意味での《心理学》は、権力への意志の教説として、同時にかつそれに先立って、どこまでも形而上学的な根本問題の境域でもある」[12]。さらにこう述べている。「形而上学の根本的諸問題への道は、subiectum としての人間についての《省察》である。心理学とは、人間を――すなわち個別的な《自我》だけでなく、人間類型そのものを――subiectum として把握し、これを全ての存在者の尺度と中枢、根拠と目標として設定するあの形而上学を表す名称なのである」[13]。ここで、当該引用文の前後から明らかなように、ハイデッガーは、ニヒリズムの心理的状態を解釈する準備のために、ニーチェの心理学について考察している。しかも、その形而上学としての心理学を道とする「根本的諸問題」をも形而上学の根本問題と解釈している。また、進化論の進化ということを人間から超人への進化と解釈した上で、「超人の形態において、権力への意志がその純粋な権力の本質を無制限に発揮する」とする。したがって、「権力への意志の諸形態学」とは、超人としての人間類型という subiectum を中心に存在者を理解する形而上学だということになる。以上の解釈においてまず問題とされるべきは、「権力への意志の諸形態」を「人間類型」と解釈していることである。というのは、ニーチェの遺稿断片に従えば、「権力への意志の諸形態」とは、情動の諸形態として、通常の心理学の境域で規定されているからである。たとえば、一八八八年初頭の遺稿一三[二]には「権力への意志の形態学《モルフォロギー》としての心理学(情動論《アフェクテン・レーレ》)。(「幸福」が動因なのではない)」(*KSA* 13, S. 214)とあり、一三[三]には、「情動《アフェクト》の心理学」(*KSA* 13, S. 215)とある。心理学を進化論として規定する場合にも、情動における発展を、後述するように種の保存からではなくて、権力への意志から説明することを意味している。その上で、超人を人間類型における最高の種とするような見地が考えられるであろう。

(Ⅲ) このような解釈からすると、ハイデッガーとは対照的に逐条的研究を行っている最近のバーンハムの見解も不充分である。まず、バーンハムは、「権力への意志の諸形態学」における「諸形態」をゲーテの自然哲学つまり形態学と重ねており[14]、権力への意志の諸形態としての情動というニーチェ遺稿の言明を無視している。また、「権力への意志の進化論」を、発展論と誤解している[15]。しかし、当該諸形態学を「諸衝動ないし諸本能の体系と、価値評価におけるその表明によって達成される特殊な形状[16]」に関する学としている点には注目してよいであろう。バーンハムは、ここから、「発展的形態学的心理学」は、ニーチェが系譜学と呼んでいるものであるとしている[17]。この解釈の当否についていえば、一方でこの心理学が、文化的産物、信仰、哲学を潜在的な衝動という権力への意志の総体的に固定された諸形態へ還元するとしていることは重要である。

しかし、他方でニーチェは先述したように遺稿で「権力への意志の形態学《モルフォロギー》としての心理学（情動論《アフェクテン・レーレ》）」と説明しているが、系譜学であることはほのめかしてもいない。それは、ニーチェの心理学摂取の源泉を検討してもそうである。これまで、ニーチェのいう心理学は暴露心理学とも呼ばれ、その源泉は、一方で、ラ・ロシュフコーやモンテーニュなどのフランスモラリストを中心とする文学作品にあり、他方で、やはりラ・ロシュフコーともつながるパウル・レーの心理学研究にあるとされてきた。しかし、近年の研究によって、一九世紀中葉以降に興隆してきた精神医学そして実験心理学にも源泉があることが明らかになった。モッズレー、リボー、ブルジェ、フェーレ、シュトリカー、クラウス、ガルトンを挙げることができる[18]。

しかし、これらの科学的心理学摂取を通して、ニーチェの心理学が「権力への意志の諸形態学」であると同時に「権力への意志の進化論」となったことは依然としてわからない。

(Ⅳ) その点については、進化論心理学に属するシュナイダーの著書『動物意志』（一八八〇年）についてのニーチェの遺稿が明らかにする。シュナイダーは、ハルトマンの目的論的本能理論を批判的に摂取して、まず、目的表象が、目的への衝動を生み出すという見地をとっている[19]。この点ではハルトマンと軌を一にしている。しかし、たとえば、羞恥心という防衛本能が、文化に依存するか先天的かについては、ハルトマンと見解を異にする。ところが、ニーチェは、シュナイダーと同じく、心理学を本能理論と考えるものの、その本能ないし衝動が目的表象に先立つと考えている点ではシュナイダーそしてハルトマンと違うのである。むしろ、衝動が原因となって目的表象が結果として生じるのである。「人間は本能に導かれている。目的は、ただ、本能に奉仕するために選ばれる。だが本能は、行動の古い習慣であり、彼の現在の力を使うための様式である」(*KSA* 10, *S*. 315)。『どんな表象が、行動へ通じているか？最強の衝動を目覚めさせるもの、それはどんなものか？　最大の快適さ、もっとも快いものを約束するものである。例外をみとめるのは、通例ではなくて、法則である。人間の意志の非独立性は、この点にある』［シュナイダー　七五頁］／しかし衝動自体が、まずこの表象を呼び出した！——とわたしはいう。／それゆえ、衝動は、蓄積された力の使用について決定する。**行動一般**について決定するのではない。『いかに？』ということが、衝動の問題である」(*KSA* 10, *S*. 316)。羞恥心や遊戯も本能としてシュナイダーから継承している。ここに心理学が、衝動という「権力への意志の諸形態」に関する理論であり、「権力への意志の進化論」であることが鮮やかに証しされている。

さらに、実は、仮象理論の着始点も暗示されている。それは「本能が達成するもの〔目的表象〕は、結果と呼ぶべきであって、『目的』〔原因〕と呼ぶべきではない！」(*ebd.*) という言明に隠されている。ハルトマンやシュナイダーの進化論心理学的考察では、本能ないし衝動という作用原因の結果として選ばれた目的表象が、目的原因と取り違えられている。言い換えれば、目的表象が原因となって、衝動が呼び起こされるという現象は仮象なのである。そして、通常、わたしたちは意識の場面ではこのような仮象の立場に身を置いている。

六　内的世界の現象学

ニーチェは、このような仮象の仕組みを「『内的世界』の現象体制」と呼び「『内的世界』の現象体制においては、わたしたちは原因と結果の時間経過を反転させる」（*KSA* 13, *S.* 459）と述べている。これが、虚構の基本メカニズムなのである。「原因と結果の時間経過を逆転させる」ということは、「結果が生じたのちに、原因を想像するということ」（*ebd.*）であって、「原因が結果よりも後になって意識される」（*KSA* 13, *S.* 458）ことになる。このことを生理学的にもっと詳しく説明するとこうなる。「感官的感覚を外界によって制約されたものとして素朴に発端に据えるというよりも、むしろ内界によって制約されているということをわたしたちは知り、外界のあらゆる本来的な作用はつねに無意識裡に過ぎさるということを知った……。わたしたちの意識にのぼる外界の部分は、外からわたしたちに及んだ結果の後に産出されたものであって、後発的にその結果の『原因』として投影されたものである……」（*KSA* 13, *S.* 458f.）。その例として挙がっているのが、「苦痛は肉体の或る局部に投射されるが、そこに座を占めてしまうのではない」（*KSA* 13, *S.* 458）ことである。つまり、悲鳴をあげるという出来事の原因を苦痛だと想像することが、苦痛を肉体の或る局部に投射することなのである。しかし、これは、原因ではなくて、原因は癌細胞かもしれないのである。ここで問われるべきは、原因を想像するということである。それは、「神経中枢の興奮に対して、一つの原因が求められ、表象されるということ」（*KSA* 13, *S.* 459）である。「それは過去の『内的経験』すなわち記憶にもとづいた手さぐりである。しかし記憶は古い解〈釈〉の習慣すなわち『内的経験』の誤った原因設定を保持しているのであって、……そのため『内的経験』はそれ自身のなかに、全ての過去の誤った因果論的虚構の帰結を依然担《にな》い続けなければならない」（*ebd.*）。ここでの「因果的虚構の帰結」については、苦痛の事例に従ってこう説明されている。「苦痛は、それが単独な一つの場合、そのたんなる単独な場合を表現することはほとんどなく、むしろ或る程度のかずかずの引き起こした結果（こうした結果の評価における誤謬を含めて）についての長い経験を表現する」（*KSA* 13, *S.* 459）。そして、「内的経験」についてはこういわれている。「『内的経験』は、個人が理解する一つの言葉を見出した後に、はじめてわたしたちの意識のなかに入ってくる、……すなわち或る状態が個体にとってよりよく知られた状態へと翻訳された後においてである――」（*KSA* 13, *S.* 460）。ここでの「理解」については、「『理解する』とはたんにつぎのことを意味するにすぎない。何か新しいものを何か古い、周知のものの言葉で表すこと／たとえば『わたしは気分が悪い』というような判断は、――観察者の後期の、大いなる中立性を前提とする――。幼稚な人間は、これこれがわたしの気分を悪くする、という。彼は気分が悪い理由をみとめるとき、はじめて自分の気分の悪さが判然とするのである……」(*ebd.*)。こうして、結果から原因を手さぐりするように想像するということは、個人が記憶のなかから連想によって周知の言葉を呼び出し、意識のなかで、その言葉で新しい結果を説明することなのである。仮構とは、結果から原因を、記憶そして言葉によって意識のなかで理解することに端を発し、つぎに、この結果のなかに含まれる個別的出来事を、一般的な因果連鎖に歪めることである。この仮構＝誤謬について、ニーチェは、『偶像の黄昏』でもっと整理して説明している。「原因と結果の取り違えの誤謬。――結果を原因と取り違えることにもまして危険な誤謬はない。わたしはこの誤謬を理性固有の頽廃と呼ぶ。それにもかかわらずこの誤謬は人類のもっとも古くしてもっとも新しい習慣に属する。その誤謬はわたしたちの間でさえ神聖化されており、『宗教』、『道徳』という名称を持っているのである。宗教と道徳とが定式化するあらゆる命題はこの誤謬を含んでおり、僧侶と、道徳の立法者とは理性のあの頽廃の張本人である。――一例を挙げよう。誰でも有名なコルナーロの書物を知っているが、この書物のなかで彼は自分のダイエット食を、長命で幸福な生活――有徳的でもある生活のための処方として勧めている。これほど多く読まれた書物はまれであり、現今でもなおイギリスにおいては毎年何千部と刷られている。一冊の書物（当然のことながら、聖書を除いて）が、このきわめて善意に満ちた珍品ほど、多くの禍いを引き起こし、多くの寿命を縮めたことはほとんどないということを、わたしは疑わない。その理由こそ、結果と原因との取り違えにほかならない。このばか正直なイタリア人は自分のダイエット食のうちに己れの長寿の原因をみとめたが、実は、新陳代謝の異常な緩慢さ、僅少の消費という長寿のための前提条件が、彼のダイエット食の原因であったのである。小食するかそれとも大食するかということは彼の自由にはならなかったことであり、彼の質素は『自由意志』ではなかった。彼がそれ以上に食事をとったなら、彼は病気になったのである。しかし鯉でないかぎり、普通に食事をとることは、よいことであるのみならず、必要なことである。神経の力を急速に消費するわたしたちの時代の学者は、コルナーロのダイエット食（régime）では破滅してしまうであろう。わたしは経験者を信じる（Credo experto）」（*KSA* 6, *S*. 88f.）。ここでは、コルナーロというイタリア人の書物から事例が引かれている。長寿という結果を引き起こした原因としてダイエット食を主張しているが、ダイエット食は、新陳代謝の異常な緩慢さ、僅少の消費という無意識の原因の結果だったのである。長寿の原因があたかもダイエット食であるかのように理解することが現象体制であり、仮象ないし仮構なのである。これをニーチェは、「理性の頽廃」（*KSA* 6, *S*. 88）と呼び、本能を「再興された理性」（*KSA* 6, *S*. 89）と呼んでいる。ニーチェにとって、内的世界の現象学とは、仮象を暴露し、理性の頽廃から脱却して理性を再興することだった。

この内的現象学[20]について外的現象学と対比しながら、ニーチェはこう述べている。「**方法的に**。内的現象学および外的現象学の価値。／A　意識は後から。ひどく未熟。外的目的のために発生。雑なことこの上ない誤謬にさらされている。基本的に偽造、粗雑化、要約をもたらすものでさえある／B　それに比べるなら感性的世界の現象は何百倍も多様に、微細に、精密に観察することができる。外的現象学は、はるかに豊かな素材をわたしたちに提供してくれるし、ずっと精密な観察を可能にしてくれる。それに対して内的現象は把握しにくく、誤謬と縁が深い（内的過程は本質的に誤謬を生産する。というのも、生は、こうした視野狭窄的で、遠近法を創造する諸力に導かれてのみ可能であるからだ）」（*KSA* 12, *S*. 294）。内的現象は、遠近法にもとづいて、誤謬を生産するのである。無意識の身体的作用原因までも、意識内における目的原因にしてしまうからである。「銘記せよ。一切の**運動**はそのまま、何らかの**内的**出来事の**兆候**である——要するに一切の**内的**出来事のとてつもなく大きな部分は、わたしたちに対してただ兆候としてのみ与えられているのだ」（*ebd.*）。生を意識の側からではなくて、身体そして生命の側から考察することが求められている。「これまでの生物学者たちの基本的誤謬。種族が問題なのではなく、問題は他より強くまわりへの作用を及ぼすべき個体なのである（その他大勢は手段にすぎない）／生とは外的諸条件に対する内的諸条件の適応なのではなく、権力への意志であって、これは、内部から発して、つねにより多くの『外部』を自己に服属せしめ、同化吸収するのである。／こうした生物学者たちは、道徳的価値評価を存続させている（利他主義の持つそれ自体としてより高い価値。支配欲、戦争、無用性、階層序列、身分秩序への敵意）／一つ一つの個体は自己自身の利益を犠牲にしてまで種族の、つまり自己の子孫の利益をはかるという理論に反対。この理論は仮象にすぎない。／個体にとって生殖本能の行使が持つとてつもない重要性は、この本能が種族にとって重要であることの帰結ではなく、生殖こそ個体の本来的な活動成果なのであり、したがって個体の最高の関心事、個体の力の最高の表現だからなのである（もちろん意識の側からの判断としてではなく、個体化された存在全体の中心から見てのことであるが）」（*KSA* 12, S. 294f.）。ニーチェは、ここで、生の中心を生物学的個体に見ながら、意識の出発点をその中心からもっとも遠く離れた生の外面に置く。「生の原理／意識なるものは、もろもろの『印象』の調整、意識化として、出発点はまったく外面的である――はじめのうちは、個体の生物学的中心からはもっとも遠いところにいるが、これは一個の過程であって、深まり、内面化し、あの中心に向かってたえず近づいて行くのである」（*KSA* 12, S. 295）。さらに論理の発生も、原形質という生の原初から説明される。「論理の発生。同一化し、同一視しようとする基本的性向が、利益や害毒の区別によって、成功によって変形され、抑制される。こうして適応状態が形成される。つまり、こうした性向が生を否定したり、危険に陥れたりしないでも充分に満足しうるような穏やかな段階ができあがるのだ。この過程は、原形質が自己のなかに取り込んだものを同化し、自己の形式と秩序のなかにはめ込んでゆくあの外的な機械的過程（これは前者の象徴であるが）と完全に対応するものである」（*KSA* 12, S. 295f.）。

　生の表面に位置を占める意識そして自己意識における「平均的なもの」をニーチェは、「種属の守護霊」と呼び、生理学と動物史から、伝達能力として規定する。

①「生の全体は、それがいわば鏡に自分を映してみなくても、可能であろう」（*KSA* 3, S. 590）。

②「意識とは、本来人と人との間の連絡網にすぎない」（*KSA* 3, S. 591）。

③「わたしたちの一人一人は、自分自身をできるかぎり個人として理解しよう、『自己自身を知ろう』と、どん

なに望んでも、意識にのぼってくるのはいつもただほかならぬ自分における非個人的なもの、すなわち自分における『平均的なもの』だけであるだろう、――わたしたちの想念そのものが、たえず、意識の性格によって――意識のうちに君臨する『種属の守護霊』によって――いわば多数決にかけられ、群畜的遠近法に訳し戻される」(*KSA* 3, *S*. 592)。

④「わたしたちの行為は、根本において一つ一つみな比類ない仕方で個人的であり、唯一的であり、あくまでも個性的である、それには疑いの余地がない。それなのに、わたしたちがそれらを意識に翻訳するやいなや、それらはもはやそう見えなくなる……これこそがわたしの解する本来の現象体制であり遠近法体制である」(*KSA* 3, *S*. 592f.)。

ここに、意識における原因と結果の取り違えが、言語を通して個人的なものを平均的なものに見えるようにすることを本来の現象体制そして遠近法と呼んでいる。神経刺激が形象化され、メタファーとして言語化されるかぎり、平均化はまだ生じない。しかし、そこから概念言語が記憶における類比を介して生まれるかぎりで平均化が生じる。概念言語の普遍は、記憶の結果であるが、その普遍が意識のなかで言語の原因と取り違えられる。「動物的意識の本性の然らしめるところ、当然つぎのような事態が現れる。すなわち、わたしたちに意識されうる世界は表面世界にして記号世界であるにすぎない、一般化された世界であり凡常化された世界にすぎない、――意識されるものの一切は、意識されるそのことによって深みを失い、薄っぺらになり、比較的に愚劣となり、普遍化され、記号に堕し、群畜的標識に化する。全て意識化というものには、大きくてしたたかな頽廃が、偽造が、皮相化と普遍化が、結びついている」(*KSA* 3, *S*. 593)。

七　宗教的なものの仮象論

このような現象学的考察が、心理学的、生理学的考察を前提することが明示されているのが、『善悪の彼岸』「第三章　宗教的なもの」である。ここに到って、仮象理論が、たんに現象学的次元にとどまるのではなくて、宗教的なものであることが、明らかにされるのである。というのは、ニーチェは無神論の仮面の下に仮象を崇める宗教者の仮面をつけていたからである。これが、ニーチェの現象学の帰結なのである。

『善悪の彼岸』「第三章　宗教的なもの」冒頭でニーチェは、当該章における考察方法が心理学的であることをこうことわっている。「人間の魂とその限界、およそこれまでに究められた人間の内的経験の領域、これらの経験の高さや深さや遥けさ、魂のこれまでの歴史の全体となおまだ汲みつくされないその諸可能性。これは、生まれながらの心理学者と『大いなる狩猟』の愛好者にとっての、運命的に予定されていた猟場である」(*KSA* 5, S. 65)。ここで、ニーチェは、自分が大学の心理学研究者とは違うこと[21]を「生まれながらの心理学者」と表現し、その考察領域が、「内的経験の領域」であるとしている。この内的経験の領域は、すでに示したように、内的現象学の対象でもある。つまり、内的経験の無意識領域は、心理学・生理学の考察領域であり、内的経験の意識領域が内的現象学の考察領域なのである。

宗教的なものについての無意識的で内的な経験を考察するにあたって、ニーチェは、本能が病気になっている場合と本能が健康的である場合とを区別する。その上で、前者から後者へと考察を進めてゆく。「これまで地上で宗教的神経症《ノイローゼ》が生じたところでは、それにはきまって三つの危険な養生法がくっついているのが見られる。それはすなわち、孤独と断食と性的禁欲との三つである」(*KSA* 5, S. 67f.)。ここで、ニーチェは、宗教的なものを、宗教的神経症という病的状態でとらえる。ここに残忍という本能が姿を現す。「宗教的残忍という巨大な梯子があり、それには多くの段階がある。しかし、そのうちでも三つの段階がもっとも重大なものである。①かつて人は、その神に、人間を犠牲にささげた。それもおそらく彼らのもっとも深く愛した人間を犠牲に供したのである。——太古の諸宗教に見られる初子犠牲もこの部類であるし、ティベリウス帝がカプリ島のミトラの洞窟にささげた犠牲、あらゆるローマの時代錯誤の事件のなかでももっとも物すごいあの犠牲もそれである。②ついで、人類の道徳的な時代になると、人はその神に自らの持っている最強の本能を、つまり彼らの〈自然本性〉を犠牲に供した。この祝祭の悦びで、禁欲者の、熱狂した〈反自然主義者〉の、残忍な眼差しは輝いた。③さて最後に、犠牲にささげるものとしては何が残ったか？ついに人は隠された調和のため、未来の幸福と正義のために、一切の慰籍を与えるもの・聖なるもの・癒やすもの、全ての希望、全ての信仰を、犠牲にしなければならなくなったのではないか？　神そのものを犠牲に供し、かくて自己自身に対する残虐さから、石、痴愚、重圧、運命、虚無に祈りをささげねばならなくなったのではないか？　虚無のために神を犠牲にささげる——この最後の残忍の逆説的な密儀こそは、いままさに現れようとしている世代のために取っておかれたものなのだ。わたしたちはみなそれについて、すでに何ほどか知っている。——」(*KSA* 5, S. 74) これらのうちで②キリスト教信仰における残忍さについては、こういわれている。「キリスト教信仰は最初からして、犠牲をささげるということである。あらゆる自由、あらゆる衿持、あらゆる精神の自己信頼を犠牲に供するということである」(*KSA* 5, S. 66)。

このような残忍から生じた宗教的神経症の最後の帰結が③「虚無のために神を犠牲にささげる」ことである。それは、まさに宗教的神経症にかかったキリスト教徒が神を殺害することであり、その主犯者こそは、全てを目撃することに堪えられなかった「もっとも醜い人間」(*KSA* 4, S. 327ff.) であった。

しかし、同時にそこから、「神ディオニュソスの最後の使徒」(*KSA* 5, S. 238) が登場する。「もちろん宗教的本能は大いに生長してはいる、——だが、ほかならぬその本能こそが深刻な不信をもって有神論的満足を拒否しているように思われる」(*KSA* 5, S. 72f.)。こうして、生け贄を欲する残虐さという本能から無神論が帰結し、さらに敬虔という宗教的本能が生長する。啓示宗教の先に芸術宗教がある。「――宗教的人間をも、芸術家のうちに、それもその最高の位階のものとして数え入れて差し支えないであろう」(*KSA* 5, S. 78)。ここでの宗教は、芸術の最高位にある芸術宗教であり、そのモデルは、ギリシアの民族宗教なのである。「古代ギリシア人たちの宗教的敬虔における驚嘆すべき点は、そこに抑えがたいまでに豊かな感謝の念が流露しているということである。――そのようにして自然と生との前に立つことができる者は、ひじょうに高貴な種類の人間なのだ! ――後に、賤民がギリシアを制するようになったとき、宗教のなかにも恐怖がはびこるようになった。かくしてキリスト教の出現が準備されたのである。――」(*KSA* 5, S. 70)。

ニーチェによれば、宗教は、哲学者にとっての陶冶と教育の手段となる。「もちろん、最後に、このような宗教に対してこっぴどい差し引き勘定をやらかして、その無気味な危険性を明るみに出さなければならない。――もしも宗教が、哲学者の手中にある陶冶と教育の手段たることなしに、それ自身だけで絶対的な主権性をもって支配し、諸他の手段と並ぶ一手段たろうとせずにそれ自ら究極目的たろうとするならば、そのときの犠牲たるやつねにおそるべき高価なものとなる」(*KSA* 5, S. 81)。

「また、本当に一度はアジア的、超アジア的な眼をもって、ありとありゆる思考法のなかでももっとも世界否定的なものをその奥底まで見ぬき、見下ろしたことのある者、――それももはや、仏陀とかショーペンハウアーのように、道徳の束縛や妄念に囚われてではなく、善悪の彼岸に立ってそれを見下ろしたことのある者。――こうした者は、おそらく、まさにそのことによって、もともと彼がそれを欲したわけでなくても反対の理想に対する眼を開いたことであろう。すなわち、剛胆きわまる、生命力に溢れたぎる世界肯定的な人間の理想に対する眼を。こういう人間は、かつて存在しいまも存在するものと和解し睦み合うことができるようになるだけでなく、なおそれを、なおかつてそうあったしいまもそうある通りのままで、繰り返し持ちたいと欲する。自分自身に対してだけでなく、なお〔世界の〕あらゆる劇と芝居の全体に対し、永遠にわたって、飽くことなく〈もう一度〉と叫びながら。しかも芝居に対してばかりでなく、究極のところこの芝居をこそ必要としており――必要ならしめる者に対し、そう叫びながら。というのも、この者は繰り返し自己を必要とし――必要ならしめるからだ――どうだろう？　これこそは――悪循環なる神ではないか？」（*KSA* 5, S. 74f.）ここで、「剛胆きわまる、生命力に溢れたぎる世界肯定的な人間」が永遠に回帰する様子を「悪循環なる神」としている。そして、そのような悪循環の人生を「人生のあらゆる劇と芝居の全体」としている。仮象は、永遠回帰の仮構に極まる。

そこで、つぎに問われるべきは、「人生のあらゆる劇と芝居の全体」を織りなす演技としての人間の行為にほかならない。

註

（1）ちなみに、この点については、石川文康「理性の現象学と精神の現象学」（『理想』、第六七九号、理想社、二〇〇七年、五一頁以下）が、ランベルトからカントそしてヘーゲルへ到る現象学の展開を考察していることに注目すべきである。氏は、「『精神現象学』はやはり、何らかの仕方で、一種の仮象論の性格を帯びていると言わざるをえないのである」（前掲書、五四頁）としている。なるほど、残念なことに、氏は、『精神現象学』における仮象に関する言及箇所にまで考察を及ぼしていない。しかし、ヘーゲルの「現象学」が、ランベルト以来の仮象論としての現象学という見地に由来することについては、すでに、J・ホフマイスターが述べており、現象学を仮象からの解放と解釈する見地も、M・トイニッセンが三〇年前に『存在と仮象』でなるほど提唱している。Vgl. Theunissen, M., *Sein und Schein. Die kritische Funktion der Hegelschen Logik.* Suhrkamp Verlag, Frankfurt am Main, 1980, S. 80f. しかし、トイニッセンも、『論理学』の「客観的論理学」でも仮象への批判が行われている点では依然として『論理学』が『精神現象学』であることを主張することに専心しており、『精神現象学』における仮象の問題については論じてはいない。その点では、フィーベーク氏が、懐疑主義を考察するなかでこう述べているのは、いかにも貴重である。「絶対的に否定的なものを確固として維持することによって存在の内容は変化し、存在はいまや――ヘーゲルの『論理学』に従えば――主観性という規定性において、また主観性への関係においてのみ現れてくる。存在の内容は『存在の言語』から『仮象の言語』へと、つまり現象の言語へと変化している。『それは～である』という断言を懐疑主義は許さない。懐疑主義が許すのはせいぜい『わたしにはこのように思われる』という表現にとどまることである」（「意識自身の転回――『精神現象学』の意識の道程について」、満井裕子訳、日本ヘーゲル哲学会編『ヘーゲル哲学研究』、第一三号、二〇〇七年、五一頁）。しかし、私見によれば、懐疑主義が、「存在の言語」を「仮象の言語」へ変えるのではなくて、『精神現象学』はその発端においてすでに仮象論であるがゆえに懐疑主義が意識経験の方法として要請されてくるのである。

（2）　たしかに、『エンツュクロペディー』「精神哲学」では、「人間学」が「精神現象学」に先行し、魂が身体から分離し、自立化することによって意識となる。しかし、仮象としての感性的確信という見地はそこにはもはや見あたらない。懐疑で問われた「ここ」と「いま」は、それぞれ空間と時間に姿を変えている。『精神現象学』の身体の問題は、結局、一八〇七年の『精神現象学』のなかで問うしかない。

（3）　ニーチェが『道徳意識の現象学』を熟読した形跡については、Campioni, G., D'Iorio, P., Fornarin, M. C., Fronterotta, F., und Orsucci, A., *Nietzsches persönliche Bibliothek*. Walter de Gruyter & Co., Berlin/New York, 2003, S. 275f. に詳細に報告されている。また、書簡には、一回だけ『道徳意識の現象学』に関する言及（*KSB* 5, S. 466）があり、三つの関連断片（*KSA* 14, S. 684, S. 687, S. 726）が遺されている。

（4）　Cf. Stack, G. J., *Lange and Nietzsche*. Walter de Gryuter & Co., Berlin, 1983, p. 7.

（5）　木田元『マッハとニーチェ――世紀転換期思想史』、新書館、二〇〇二年、二六六頁～二六七頁。

（6）　森鷗外『妄想他三篇』、岩波文庫、一九四八年、一五頁。

（7）　Vgl. Hartmann, E. v., *Philosophie des Unbewußten. Versuch einer Weltanschuung*. Carl Duncker's Verlag, Berlin, 1869, S. 12ff.

（8）　Vgl. ders., *a. a. O.*, S. 19ff.

（9）　稲富栄次郎『ヘルバルトの哲学と教育学』、玉川教育新書、一九七二年、五八頁～六二頁。

（10）　大山正・詫摩武俊・中島力『心理学』、有斐閣双書、一九九六年、一四一頁～一四二頁。

（11）　「生理－心理学」という名称は、すでに実験心理学を確立したヴントが使用していた。Vgl. Wundt, M., *Grundzüge der Physiologischen Psychologie*. Verlag von Wilhelm Engelmann, Leipzig, 1874. また、ニーチェの全テキストでは、生理学は、六四箇所で使用され、心理学は一三一箇所で使用されているが、「生理－心理学」という名称や両者を接続させて論究している箇所はない。

（12）　Vgl. Heidegger, M., *Nietzsche*. Bd. 2, Verlag Günther Neske, Stuttgart, 1989^5, S. 51.

（13）　Vgl. ders., *a. a. O.*, S. 52（*KSA* 5, S. 222).

（14）（15）（16）（17）　Cf. Burnham, D., *Reading Nietzsche. Analysis of Beyond Good and Evil*. Acumen, Socksfield, 2007, p. 43.

（18）　Vgl. Stingelin, M., Psychologie. In: Ottmann, H.(Hrsg.), *Nietzsche-Handbuch. Leben-Werk-Wirkung*. Verlag G. B. Metzler, Stuttgart/

Weimar, 2000, S. 243f.

（19） Vgl. Schneider, G. H., *Der tierische Wille. Systematische Darstellung und Erklärung der tierischen Triebe und deren Entstehung, Entwicklung und Verbreitung im Tierreiche als Grundlage zu einer vergleichenden Willenslehre*. Verlag von Ambr Abel, Leipzig, 1880. S. 71.

（20） E・シュリムゲンは、ニーチェの遺稿を精細に分析して内的現象学を、①神経刺激、因果性推理、メタファー化過程、②記憶、③時間意識の三点から再構築している。Vgl. Schlimgen, E., *Nietzsches Theorie des Bewußtseins*（*Monographien und Texte zur Nietzsche-Forschung*. Bd. 41）. Walter de Gruyter & Co., Berlin/New York, 1999, S. 70ff.

（21） この点については、ニーチェの学者批判を参照されたい。Vgl. *KSA* 5, S. 76f. また、「生まれながらの運命的な心理学者にして魂の判読者たる者」（*KSA* 5, S. 222）という表現もある。この点から、いわゆる暴露心理学も解釈されるべきである。

第三編　ニーチェの行為論の再構築

第一章　身体自己と目的意識との関係

一　動機なき殺人

なるほど、一般的には、行為を理解しようとするとき、行為の動機・意図を解明することがもっとも重要となる。しかし、動機や意図を超えた無意識が行為の深層にあることも、たとえば精神分析によっても唱えられてきた。不条理の作家にして思想家アルベール・カミュが、不条理（l'absurdité）と名づけた事柄も、まさしく動機や意図を超えた行為の深層に向かっている。その不条理を、代表作『異邦人』で、動機なき殺人と表現している。主人公ムルソーが、アルジェリアの砂浜でトラブルに巻き込まれ、相手のアラビア人を、ピストルで殺害したのであった。法廷で、ムルソーは、殺意は否定したものの殺害動機を、太陽だと陳述したのであった。

「検事が腰をおろすと、かなり長い沈黙が続いた。わたしは暑さと驚きとにぼんやりしていた。裁判長が少し咳《せき》をした。ごく低い声で、何かいい足すことはないか、とわたしに尋ねた。わたしは立ち上がった。わたしは話したいと思っていたので、多少出まかせに、あらかじめアラビア人を殺そうと意図していたわけではない、といった。裁判長は、それは一つの主張だ、と答え、これまで、被告側の防御方法がうまくつかめないでいるから、弁護士の陳述を聞く前に、あなたの加罪行為を呼び起こした動機をはっきりしてもらえれば幸いだ、といった。わたしは、早口に少し言葉をもつれさせながら、そして、自分の滑稽さを承知しつつ、それは太陽のせいだ、といった。廷内に笑い声があがった。弁護士は肩をすくめた。すぐ後に彼は発言を許されたが、もう遅すぎる、自分の陳述は数時間を要するから、午後に延ばしてもらいたい、と述べた。法廷はそれに同意した(1)」。

ここで、なるほど主人公ムルソーは、ピストルの引き金を引くという行為を呼び起こした動機は、太陽であるといっている。しかし、廷内で笑い声があがったことからもわかるように、殺害行為の動機が太陽であるということは、常識では到底理解できない。したがって、ムルソーの犯した殺人には、動機がみとめられないこととなる。

それでは、カミュは、アラビア人殺害の情況をどのように描写していたのか。

「自分が回れ右をしさえすれば、それで事は終わる、とわたしは考えたが、太陽の光に打ち震えている砂浜が、わたしのうしろに、迫っていた。泉の方へ五、六歩歩いたが、アラビア人は動かなかった。それでも、まだかなり離れていた。おそらく、その顔を覆う影のせいだったろうが、彼は笑っているふうに見えた。わたしは待った。陽の光で、頬が焼けるようだった。眉毛に汗の滴がたまるのを感じた。それはママンを埋葬した日と同じ太陽だった。そのときのように、特に額に痛みを感じ、ありとある血管が、皮膚の下で、いちどきに脈打っていた。焼けつくような光に堪えかねて、わたしは一歩前に踏み出した。わたしはそれがばかげたことだと知っていたし、一歩体を移したところで、太陽から逃れられないことも、わかっていた。それでも、一歩、ただひと足、わたしは前に踏み出した。すると今度は、アラビア人は、身を起こさずに、匕首《あいくち》を抜き、光を浴びつつわたしに向かって構えた。光は刃《やいば》にはね返り、きらめく長い刀のように、わたしの額に迫った。その瞬間、眉毛《まゆげ》にたまった汗が一度に瞼を流れ、なまぬるく厚いヴェールで瞼を包んだ。涙と塩のとばりで、わたしの眼は見えなくなった。額に鳴る太陽のシンバルと、それから匕首からほとばしる光の刃の、相変わらず眼の前にちらつくほかは、何一つ感じられなかった。焼けつくような剣はわたしの睫毛《まつげ》をかみ、痛む眼をえぐった。そのとき、全てがゆらゆらした。海は重苦しく、激しい息吹きを運んで来た。空は端から端まで裂けて、火を降らすかと思われた。わたしの全体がこわばり、ピストルの上で手がひきつった。引き金はしなやかだった。わたしは銃尾のすべっこい腹にさわった。乾いた、それでいて、耳を聾《ろう》する轟音《ごうおん》とともに、全てが始まったのは、このときだった。わたしは汗と太陽とをふり払った。昼間の均衡と、わたしがそこに幸福を感じていた、その浜辺の特殊な沈黙を、打ち壊したことを悟った。そこで、わたしはこの身動きしない体に、なお四たび撃ち込んだ。弾丸は深く食い入ったが、そうとも見えなかった。それはわたしが不幸の扉をたたいた、四つの短い音にも似ていた」(2)。

ここには、太陽の光から、ピストルの引き金を引くまでの間の必然的な経過がみごとに描写されている。

「太陽の光に打ち震えている砂浜が、わたしのうしろに、迫っていた」

←

「泉の方へ五、六歩歩いた」

←

「焼けつくような光に堪えかねて、わたしは一歩前に踏み出した」

←

「今度は、アラビア人は、身を起こさずに、匕首《あいくち》を抜き、光を浴びつつわたしに向かって構えた」

←

「光は刃《やいば》にはね返り、きらめく長い刀のように、わたしの額に迫った」

←

「焼けつくような剣はわたしの睫毛《まつげ》をかみ、痛む眼をえぐった」

←

「そのとき、全てがゆらゆらした。海は重苦しく、激しい息吹きを運んで来た。空は端から端まで裂けて、火を降らすかと思われた」

←

「わたしの全体がこわばり、ピストルの上で手がひきつった。引き金はしなやかだった。わたしは銃尾のすべっこい腹にさわった」

←「乾いた、それでいて、耳を聾《ろう》する轟音《ごうおん》とともに、全てが始まったのは、このときだった」

ムルソーは、太陽の光のために、至近距離までアラビア人に接近させられた。そして、そのために、アラビア人は、身を守ろうとする本能を作動させられて、匕首《あいくち》を抜いた。そして、ムルソーも同じ防御本能を作動させられ、しかも、匕首《あいくち》の刃に反射した太陽光線のために何も見えなくなって、防衛本能からピストルの引き金を引いてしまった。しかも、さらに四発銃弾を撃ち込んだ。ここには、ムルソーの殺人行為を合理化するためのいかなる通常の動機も見あたらない。そして、ムルソーは、そのことを明晰に認識したので、法廷で太陽を殺人行為の動機だと陳述したのである。太陽が動機であることは、明晰な認識ではあるが、そこには、同時に太陽が殺人行為を合理化できないという点で、殺人行為の謎を示してもいる。ムルソーは不条理の人なのである。カミュの『シーシュポスの神話』によれば「不条理という言葉のあてはまるのは、この世界が理性では割り切ることができず、しかも、人間の奥底には明晰を求めようとする死にものぐるいの願望が激しく鳴り響いていて、この両者が共に相対峙したままである状態についてなのだ」(3)。しかし、現代の市民社会とりわけて裁判では、殺人行為の辻褄合わせをむりやりしようとすることがある。しかも、殺人者が殺人の辻褄合わせをする。殺人者は、血に飢えて、凶器が与える悦びに飢えて殺害することがある。しかし、理性は、その殺人行為は、金品強奪のためになされるのだとか、日頃の嫌がらせに対する復讐のためになされるのだとか辻褄を合わせようとする。ムルソーは、そのような理性の辻褄合わせに耳を貸さなかった。ニーチェもこう述べている。

「聞くがよい、裁判官たちよ！　さらに一つの錯乱がある。それは行為の前の錯乱である。ああ、あなたがたはこうした『魂』の深みにまで潜り込んでいなかった！

緋色の服の裁判官はいう、『だが、何ゆえにこの犯罪者は殺人を行ったのか？　彼は強奪する目的だったのに』。しかし、わたしはあなたがたにいう。彼の『魂』は血を欲していたのだ。強奪を欲していたのではない。この人間は刃物が与える悦びに渇えていたのだ！

だが、彼のあわれな理性は、この錯乱を理解できなかった。そして彼を説得したのであった。理性はいった。『血を流してしまったが、それが何になる！　おまえはこの機会に少なくとも金を奪うぐらいのことをしたらどうだ？　日頃の復讐をしたらどうだ？』と。

この人間は彼のあわれな理性の声に耳を貸した。その言葉は、鉛のように重く、彼を抑えつけてしまった。――そこで彼は殺人をしたとき盗んだのである」（*KSA* 4, S. 46）。


ニーチェによれば、殺人犯は、殺人行為が、血への欲望という本能的動因に駆り立てられてなされたことを認識自覚しない。むしろ、強奪という目的動機のゆえになされたと、殺人行為の後に辻褄を合わせて合理化することがある。

二　《意図は行為の表面にすぎない》

ニーチェは、後に道徳の系譜学的考察から、目的動機や意図が、行為の深層なのではないことを明言している。『善悪の彼岸』第二章第三二節によれば、行為の価値をめぐる系譜を、三つの時期に大別できる。

①人類の道徳以前の時期

「人類史のもっとも長い時代を通じて――それは先史時代と呼ばれている――或る行為に価値があるかないかはその結果から推論された。その際、行為そのものはその由来と同様に問題にされず、むしろ、中国においては今日でもなお、子供の栄誉あるいは恥辱を両親に遡及するのとほぼ同じように、人間を導いて、ある行為を善いあるいは悪いと考えさせるようにしたのは、結果の成功あるいは不成功が持つ過去に遡及する力であった。わたしたちはこの時期を人類の道徳以前の時期と名づけよう。『なんじ自らを知れ！』という命法は、当時はまだ知られていなかった」（*KSA* 5, S. 50）。

②意図の道徳の時期

「一万年前に、地上のいくつかの大きな平面において歩一歩と歩みが進められ、もはや行為の結果ではなくてその由来が、行為の価値を決定するようになった。それは全体として一つの大きな出来事であり、視線と尺度を著しく洗練することであった。貴族的価値と『由来』への信仰が支配していたことの名残りであり、より狭い意味で道徳的と呼ぶことのできる或る時期の目印であった。自己認識への最初の試みはこれによって行われたのである。結果のかわりに由来を。これは何という遠近法の逆転であろう！　しかもたしかに、これは長い戦いと動揺の後にはじめて達成された逆転なのだ！　もちろん、或る宿命的で新しい迷信、或る独特な解釈の狭さが、まさにこれとともに支配するようになったし、或る行為の由来は、もっとも明確な意味において、或る意図からの由来である、と解釈された。或る行為の価値はその意図が持つ価値のなかに存在しているという信仰において、一致が見られた。或る行為の由来と前史の全体としての意図。このような先入見のもとに、ほとんど最近の時代に到るまで、この地上において、道徳的に褒められたり、けなされたり、裁かれたり、さらに哲学されたりもしてきたのだ」（*KSA* 5, S. 50f.）。

③意図の道徳外の時期

「わたしたちは、否定的に、さしあたっては道徳外とでも呼ばれるべき、或る時期の敷居に立っているのではないだろうか。

ⓐ今日、すなわち少なくともわたしたち不道徳者たちの間でつぎのように疑念が生じている今日。或る行為における非意図的なもののなかにこそまさに、その決定的な価値が存在しているのではないか、また、行為が持つ一切の意図的なところ、意図という点から見られたり、知られたり、『意識され』たりしうる一切のものは、まだ行為の表面や皮膚の一部であって、——全ての皮膚と同じく、何ごとかを洩らしてはいるが、しかしさらに多くのものを隠しているのではないか。

ⓑ要するに、わたしたちの信じるところによれば、意図というのは、まず解釈を必要とする記号や兆候にすぎないものである。しかも、あまりに多様な意味を持ち、したがってそれ自身だけではほとんど何も意味しない、一つの記号である。

ⓒまた、これまでの意味における道徳、すなわち意図の道徳は一つの先入見であり、おそらくは早計であり、先走りであって、いわば占星術や錬金術の段階にあるものだが、しかしいずれにしろ克服されなければならない或るものである。道徳の克服、或る種の意味においては実に道徳の自己克服。これこそは、今日のもっとも繊細でもっとも正直な、しかし意地悪でもある良心ある者たちのために、魂の生きた試金石としてあらかじめ取っておかれた、あの長い秘密の仕事に与えられた名前なのであろう。──」(*KSA 5, S. 51*)。

ニーチェは、②から③へと転換すべきことを主張している。行為の意図は、行為の表面ないし皮膚であり、行為の深層ないし肉があるというのだ。行為の深層とは、①意識されないが、②解釈を必要とする記号ではなく、③多様な意味を持つというわけでもないのである。したがって、たとえば、強奪しようとする意図は、殺人行為の表面でしかないことになる。行為の深層からは、血に飢えるとか、自己防衛といった事柄が湧き出てくるのである。ニーチェはその根源的深層を、身体自己と呼んでいる。

三 《身体自己は目的意識を超えている》

(I) 前節によれば、行為の動機・意図といった目的意識は、行為の表面にすぎないのであって、行為の深層には、身体自己という無意識領域がある。そこで、身体自己と目的意識との関係を解明する。

さて、第一節に挙げた『異邦人』の主人公ムルソーの殺人行為に自覚的動機はなかった。ピストルを撃ったのは、太陽の光に照りつけられた身体、足、眼、指のせいだともいえる。あるいは、煙草が有害であることを自覚しながら、喫煙行為をするのは、ポケットの煙草をつかむ手のせいだともいえよう。

あるいは、自動車を上手に運転するには、自動車の操作や交通規則を覚えるだけでは不充分である。実際に運転して、熟達する必要がある。熟達するということは、自動車の操作や交通規則をいちいち意識しないでも、無意識に手がハンドルを適切に回し、足がアクセルやブレーキを適切に踏むということなのである。このようにして、身体が、意識を支配してしまうことが、意図的行為より大切であるといってもよい。

ニーチェは、行為の深層を、身体自己に求めている。しかも、身体自己は、意図や動機といった目的意識ではなくて、無意識なのである。すなわち、第一に、身体運動は、本当は目的意識によらない。それどころか、第二に、無意識の身体知性が、目的意識を支配しているのである。

これは、個人の自由意志を、行為の根源とする近代西欧思考体制に対する根本的批判となった。それと連動して、フロイトの精神分析が台頭し、現代思想の一翼を形成するようになっているし、今日の心理学も潜在意識を重視することによって自由意志の存在を疑う方向に動いている(4)。さらには、近代的我の否定という点では、東洋の伝統的宗教、とりわけ禅との関連も見えてくる。

(II) ニーチェが生きた時代は、近代的自然科学興隆の時代でもある。アリストテレス的な目的原因中心の自然観から、作用原因中心の自然観へ転換した時代である。それが、行為の意図という目的意識の奥に、無意識の身体作用を据える思考体制になったのである。

「わたしたちの価値評価の由来について」

わたしたちがわたしたちの身体を空間的に分解することができれば、そのときには、天体の体系とまったく同じにそれをイメージすることができ、有機的と無機的の区別を、もはやみとめることはできなくなる。〔……〕以前には天体運動は目的意識を持ったものの結果であると説明されたが、もはやこのものは必要でなくなり、身体の運動や自己変化に関しても、目的を設定する意識と折り合いがつくとはもはや久しく信じられてはいない。

大多数の〔身体〕運動は意識とは全然関わり合いなく、感覚とすらも関わり合いない。感覚とか思想とかは、瞬間ごとに起こる無数の生起に比べれば、何かこの上なく些細で稀有なことである」（*KSA* 10, *S.* 653）。

（Ⅲ）ニーチェは、この無意識の身体作用を、知性と呼んでいる。そして、意識は、この知性に支配される道具だということになる。その場合、意識自身は、自分が、身体知性の道具であることを自覚してはいない。したがって、意識内容は、身体知性の内容とは異なってくる。

その事例として、快楽主義を挙げて、批判している。なるほど、快楽主義によれば、人間は、快いことを善い目的として追求し、不快なことを避ける。しかし、快いことは、本当は、目的なのではなくて、身体知性の目指す無意識の目的を実現するための手段にすぎない。

①無意識の身体作用としての身体知性

「逆にわたしたちは、わたしたちの最上の知識ですら及びえないところの合目的性、つまり深慮、選択、合成、修理などという合目的性が、もっとも小さな生起のうちでも支配していることをみとめる。要するに、わたしたちは、わたしたちに意識されているものよりも、途方もなくはるかに高次で見渡しのきく知性に帰せられるべきいっぱしの活動を見出すのである。わたしたちは、全ての意識されたものを取るに足らないものと考えることを学んでいる」（*KSA* 10, *S.* 653f.）。

②身体知性の道具としての意識

「結局のところ、わたしたちは意識我そのものを、あの高次の、見渡しのきく知性に奉仕する道具にすぎないと解する。だからここでわたしたちはこう問うことができる。全ての意識的意欲、全ての意識的目的、全ての価値評価は、ことによると、それが意識内で思われているのとは何か本質的に異なったものを達成すべき**手段**にすぎないのではなかろうかと。わたしたちは思い込んでいる、問題はわたしたちの快と不快であると——しかし快と不快は、わたしたちの意識外にある何ものかをわたしたちがそのおかげで遂行することのできる手段であるかもしれない――」(*KSA* 10, S. 654)。

③《行為の表面（意識内容）と深層（身体知性）とは違う》

「いかに全ての意識されたものは表面的なものにとどまっているかが、すなわち、いかに行為と行為の心象とは異なっているかが、いかに人は行為に先行するものについて知ること少ないかが、いかに『意志の自由』とか『原因と結果』とかというわたしたちの感情は空想的なものであるかが、思想や心象は言語と同じく思想の記号にすぎないということが、あらゆる行為の底は究めがたいということが明らかにされるべきである」(*ebd.*)。

③で述べられているように、意識内容と身体知性とが異なっているとすれば、行為について意識されているイメージと、行為の底にある無意識的知性も異なっていることになる。わたしたちは、行為を、原因と結果とか、意志の自由というイメージで理解したがる。しかし、ニーチェによれば、それは全てフィクションにすぎないこととなる。そこで、次章でこのようなフィクションを生み出す身体を解明する。

註

（1） Camus, A., *L'étranger*. Éditions Gallimard, Paris, 1953, pp. 145–146.

（2） Camus, A., *op. cit.*, pp. 86–88.

（3） Camus, A., *Le mythe de Sisyphe*. Éditions Gallimard, Paris, 1942, p. 37.

（4） この点については、小坂井敏晶『責任という虚構』(東京大学出版会、二〇〇八年) 二四頁〜二五頁を参照されたい。

第二章　ニーチェの身体論

一　「大きな理性」としての身体自己

（Ⅰ）未来の哲学のための概略に、まだとどまったとはいえ、ニーチェは、無意識の領野から、身体を問い、その身体から意識ないしわたしをとらえた。なぜならば、ニーチェによれば、意識ないしわたしは、身体が自己創造をなしてゆくための道具となるからである。それに対して、身体は、支配する霊魂とそれに服従する霊魂から構成される「社会構造」である。より精確には身体自己こそが、意識ないしわたしを支配し、意識ないしわたしも、身体の服従要素となる。ただし、身体自己は、身体の支配要素であるがゆえに、身体全体をも意味しうるので、意識ないしわたしが身体の道具であるともいいうる。しかも、意識ないしわたしも身体の一部である。

社会構造としての身体[1]は、生成としての権力への意志に規定されているが、この生成は、目的原因よりは、運動原因に規定されている。したがって、目的原因は、運動原因に従属する。この点は、ヘーゲルとの関係でも精細に検討しておく必要がある。ヘーゲルによれば、「理性は合目的活動である」（*Phän. S.* 16）。その際の「目的というものは、直接的で静止していて動かされないでいながら、それ自身は動かすものである。すなわち、それは主体なのである」（*Phän. S.* 16f.）。そして、その「目的が実現されること、あるいは現実的なものが現に存在することが、運動であり、生成の展開である。それに、まさにこの不安定こそ自己なのである」（*Phän. S.* 17）。こうして、目的原因と運動原因との相即的関連が、自己に集約されている。「自己とは自分自身に関係するところの同一性と単一性である」（*ebd.*）。理性は、自己であり、自己は、自己関係活動をなす実体なのである。つまり、目的原因と運動原因が、単一に同一な実体の自己関係性ないし自己還帰から統一的に把握されている[2]。

それに対して、ニーチェにあっては、第一に発生原因ないし運動原因に目的・効用が従属する。第二に、有機界の一切の生起は、制圧そして支配の過程である。第三に、その過程の発展とは、目標ないし目的に向かっての進歩ではない。しかし、第四に、目的は、このような制圧過程のしるしであり、爆発点であり、無意識界が意識界に出現したものである（*KSA* 5, *S*. 313ff.）。

(Ⅱ) このようにして、ニーチェにあっては、身体は根本では無意識領域であるので、目的を副次的に包括する「大きな理性」なのである。生理学の法則に従う本能的活動体が身体である。身体は、意識より、もっと広大な領域を包括している。そのことは、つぎの箇所に集約されている。

「身体は一つの大きな理性だ。一つの意味を持った複合体である。戦争であり平和である。畜群であり牧者である。

そなたが『精神』と呼んでいるそなたの小さな理性も、そなたの身体の道具なのだ。わが兄弟よ。そなたの大きな理性の小さな道具であり玩具なのだ。

『わたし』とそなたはいい、この言葉を誇りとしている。しかし、もっと大きなものは、――それをそなたは信じようとしないが――そなたの身体であり、その大きな理性である。大きな理性は『わたし』といわないで、『わたし』を行為させる」（*KSA* 4, *S*. 39）。

身体が大きな理性であることは、むろん、他の箇所からもうかがえる。しかし、当該箇所で、そのもっとも包括的な規定が示されている。その規定とは、身体が①畜群であり牧者であり、②戦争であり平和であり、③一つの意味を持った多数体だということである。

第一点目は、社会構造としての身体が、支配と被支配という関係構造を持っていることを意味している。この関係構造は、権力への意志そのものにほかならない。したがって、「大きな理性」とは、関係構造としての権力への意志を意味している。しかも、「大きな理性」は、真理を求めるよりは、健康を求める。その原型は、栄養摂取の運動にある。「一つの共通な栄養摂取＝過程によって結ばれた諸力の複合体、これをわたしたちは『生』と呼ぶ。生を可能ならしめる手段としての栄養摂取＝過程には、いわゆる感覚、表象、思考の全てが、すなわち（一）全ての他の諸力に対する抵抗、（二）全ての他の諸力の、形態とリズムに従っての調整、（三）同化または排除に関わる評価が属する」（*KSA* 10, *S*. 650f.）。従来、理性とされていた思考も、身体の栄養摂取過程に包摂される。「〔……〕神学者たちのどんな骨董的《こっとうてき》問題よりも、この問題の方に、『人類の救済』ははるかに多くかかっている。すなわちそれは栄養摂取の問題である」（*KSA* 6, *S*. 279）。

こうして、身体における権力への意志の関係構造は、原形質の栄養摂取に見られるとニーチェは考えていた。「九［一五一］権力への意志は抵抗に触れてしか発現することができない。それは、己れに抵抗するものを求める、——これは、偽足を送り出して己れの周囲に触れようとする場合の、原形質の原初的傾向(3)〈栄養摂取〉と等しい。同化させ合体させることは、何にもまして、圧倒しようと欲すること、形づくること、作り加えたり作り変えたりすることであって、しまいにはその圧倒されたものは、侵略者の権力の圏内へと移動し、侵略者を増強してしまう」（*KSA* 12, *S*. 424）。

第二点目は、支配と服従の関係構造としての身体が、矛盾の争いと調和からなる生成であることを意味している。「逆にわたしたちは、わたしたちの最上の知識ですら及びえないところの合目的性、つまり深慮、選択、合成、修理などという合目的性が、もっとも小さな生起のうちでも支配していることをみとめる」（*KSA* 10, *S*. 653f.）。このうちの選択の合目的性についてはこういわれている。「通常唯一のものと考えられている『意識』つまり知性に関して特筆すべきことは、それがこれらの多数の意識による無数の多様な体験から保護され、それらから遮断されていること、さらにそれによってもっと高位の意識として、あるいは支配的な複合体および上流階級として、いくつかの選択された体験、まったく単純化され、一目瞭然に把握可能なものとされた、歪曲された体験が、前面に出されることであり、その結果知性自身がこの単純化と明瞭化、つまり歪曲をさらにおし進め、それによってわたしたちが通常『意志』と名づけているものが準備されることである、――つまりこういう意志による行為は、全ていわば執権者の任命を前提としているのだが、ただわたしたちの知性にこれらの選択されたものを提示し、かつ体験をあらかじめ単純化し、近似的にし、解釈するのは、いずれにせよこの知性そのものではないし、また同じように、意志を遂行し、青ざめ、うすっぺらで、極度にあいまいな価値および力のイメージを取り上げて、それを生き生きとした力や正確な価値の尺度に翻案するのも、この知性そのものではない。一方、ここで行われるのと同じ操作、つまり、この同じ体験の選択と提示、抽象化と綜合、つねにきわめて不確定な意志の確定的な活動への翻案は、もっと下の層のいたるところで、さらにはこれらの高級な生命体と低級な生命体の相互の行動のなかでも、たえず行われているに違いない。すでに述べたように、身体を手がかりとしてわたしたちは、わたしたちの生命が多くのきわめて不等価な知性の共同作業、したがってただもう多種多様な、絶え間ない聴従と命令によって――道徳的にいえば多くの徳の絶え間ない訓練によって――はじめて可能になることを学んだわけである。しかもどうしたら道徳的に語ることをやめられようか！」(*KSA* 11, S. 578)。

「大きな理性」の第三の特質が、「一つの意味を持った多数体」ということである。ここで、「一つの意味」とは、身体的行為そのものとしての、超人の自己創造行為である。その行為は、古い自己を超克しながら、新しい自己を創造する。この「一つの意味」が、多数体を一つの身体にまとめる。言い換えれば、多数体を基盤とした相対的まとまりである。その点については、つぎの箇所が参照されるべきである。「全てのまとまりは、ただ組織体としてのみ、そして配合としてのみまとまりであるにすぎない。人間の共同体が一個のまとまりであるのと変わりはない。要するに原子の無政府状態の反対であり、それゆえ支配＝形態であって、それは、一体を意味しているが、一体ではないのだ」(*KSA* 12, S. 104)。ここから、身体を、原子論や実体論から理解するのではない立場が見て取れる。身体も、人間の共同社会も、「支配＝形態」として、権力への意志の働きによってまとまっている。ただし、身体の場合、多数体を構成するのは、個々の人間ではなくて、霊魂なのである。それゆえに、身体は、「多数の霊魂の社会構造」といわれる。ニーチェによれば、霊魂とは、身体から独立した実体ではなくて、身体と一体になっている。霊魂の特質として、三つ挙げられている。第一に、死すべきであり、第二に、主観複合体であり、第三に、衝動と情動の社会構造なのである（*KSA* 5, S. 27)。ニーチェは、『善悪の彼岸』第一九節で、以上の特質を、自由意志という霊魂に即して詳細に説明している。「〔……〕第三に、意志は、たんに〔第一の〕感情と〔第二の〕思考との複合体であるにとどまらず、なおなかんずくそれは一個の情動である、しかもあの命令を発する情動である。『意志の自由』といわれるものは、本質において、服従せねばならないものに対する優越の情動なのである。すなわち、『わたしは自由である、〈彼〉は服従しなければならぬ』──こうした意識が、全ての意志のうちに潜んでいる。また同様に、あの注意の緊張、一途に一つのものへと注がれるあの凝視、『いまはこれこそが肝要で、他は必要でない』というあの無条件の価値評価、服従されるのは間違いないとするあの内的な確信、さらには命令する者の状態に属する一切のもの、こうしたものが意志のうちにある。およそ意志する人間は──、自己内にある服従するもの、あるいは服従すると信じられるものに対し命令を下す。ところが、意志における──民衆がそれを表現するのにただの一語しか持ち合わせないこのはなはだしく多様なものにおける、つぎの奇妙至極な点に注意せられたい。すなわち、わたしたちは、どういう場合にも命令者であると同時に服従者であり、そして服従者としては、意志の働きとともにすぐさま起こるのがつねである強制・逼迫・圧迫・抵抗・運動などの感情を知っている。他面においてわたしたちが、この二重性を〈わたし〉という綜合概念によって取り片づけ、ごまかし去るという習慣を持っているかぎり、意志作用というものにはなお誤謬推理の全連鎖と、したがってまた意志そのものの誤った評価がまつわりついているわけだ」（*KSA* 5, S. 32f.)。

ここから、自由意志という霊魂は、感情と思考と情動という三つの主観の複合体であり、情動は、感情と思考に命令を発する。したがって、情動が、感情と思考という下属霊魂を支配する。このような意味で、自由意志は、情動による社会構造を持っている。(4) そして、情動は身体と一体であるので、自由意志の諸霊魂も死すべきものとなる。一つの自由意志とは、仮構となる。

二　仮象（仮構）を生み出す身体

（Ⅰ）そもそも、ニーチェによれば、哲学者にとって、この現実世界が夢ないし仮象となる。しかも、この仮象の背後に真の唯一世界があるわけでもない。世界が主観化ないし相対化するのも、生理学的であり、身体理解の問題である。では、それは、一体どういうことなのか。問題箇所を再度引用しておく。「客観的なもの・観念的なもの・純精神的なものという外套で無意識に身を包む生理的欲求の変装術は、広範囲に行き渡っている、――さればわたしは、大体のところ哲学はこれまで一般に身体の解釈そして身体の誤解にすぎなかったのではないかと幾度も繰り返し自分に問うてみた」（*KSA* 3, *S*. 348）。

自己を無意識的身体に求めずに、意識我に求め、身体を、我の道具と解釈することが、身体の誤解である。身体を誤解することから、意識が主観となり、客観が成立する。意識我は、真理を追究する小さい理性であるのに対して、身体の自己は、健康を求める大いなる理性である。

そもそも、ニーチェによれば、身体の最小生命は原形質である。ただし、原形質は、原子のような実体ではなくて、たえず発生し消滅する。原形質の生命は、栄養摂取であり、自分のなかに他のものを取り込んで、自己の生命を養う。細胞が多数集まり、身体そして意識が成立する。しかも、細胞の栄養摂取とそれにもとづく選択や合成にすでに理性を見届けることができる。

（Ⅱ）このような身体によって行為が成立する。そして、わたしたちの人生は、行為の連鎖である。そのような論脈で、つぎの引用文を読み直してみよう。「自分自身に対してだけでなく、なお〔世界の〕あらゆる劇と芝居の全体に対し、永遠にわたって、飽くことなく〈もう一度〉と叫びながら。しかも芝居に対してばかりでなく、究極のところこの芝居をこそ必要としており――必要ならしめる者に対し、そう叫びながら」（*KSA* 5, *S.* 75）。ここで、ニーチェは、世界が演劇つまり仮構であると明言している。ということは、行為も仮構だということになる。事実、その点についても、つぎのように明言されている。「一一［一二］意識のうちにあって、或る目的意識的な行為に先行するもの、たとえば咀嚼《そしゃく》に先行する咀嚼の心像は、まったく不明確である。そしてわたしがそれを科学的に一層正確に規定しても、このことは行為そのものには何ら影響を与えない。わたしたちがそれについてあらかじめまったく何一つとして知ってはいない無数の個々の運動が、遂行されるのであり、そして、たとえば舌の賢明さは、総じてわたしたちの意識が持つ賢明さよりも、はるかに大きいのである。わたしは、これらの諸運動がわたしたちの意志によって引き起こされるということを、否認する。これらの諸運動は起こるのだが、わたしたちには知られないままなのだ。これらの諸運動の過程をもわたしたちは、（触覚の、聴覚の、色彩についての視覚の）象徴というかたちで、また個々の部分や契機においてとらえうるだけである――この過程の本質は、持続する経過と同様に、わたしたちには未知のままなのだ。**おそらくは空想が**、現実的な経過や本質に、何かを、わたしたちが本質と見なすのをつねとする何らかの**仮構を、対置するであろう**」（*KSA* 9, *S.* 445）。ここでの仮構とは、たとえば、咀嚼を、満腹を目指す目的意識的行為と解釈し、咀嚼に、満腹になりたいという目的意識ないし意志が先行すると空想することである。ニーチェはこの点について、つぎのようにも述べている。「一一［一六］［……］『わたしは満腹になりたいために食べる』、――しかしわたしが、満腹とは何かについて何を知っていようか！　実は、満腹は達成されるが、意志されるのではない、――あらゆる一口一口の食物での刹那的な快感が、現に空腹をおぼえているかぎり、動機なのだ、何々せんが『ため』という意図ではなくて、それがうまいかどうかという、あらゆる一口一口の食物での一つの試みが、そうなのだ。わたしたちの諸行為は、あれこれの衝動が当の行為で悦びをおぼえるかどうかという試みなのであり、そのもっとも錯綜したものに到るまで、活動への衝迫の遊戯的表出なのであって、そうした表出をわたしたちは、諸目的の理論によって誤解し、誤って理解するのである。わたしたちがわたしたちの触手を動かす――するとあれこれの衝動が、わたしたちのとらえるもののうちに、己れの獲物を見出して、わたしたちはその衝動を満足させることを意図したのだと、わたしたちに信じさせる」（*KSA* 9, S. 447）。しかし、わたしたちは、日常の現実世界では、そのような目的意識的行為を行っていると信じている。たしかに、ニーチェは、権力への意志から、目的論を批判している。行為の根源の真相は、権力への意志なのである。してみれば、目的論的行為の世界は、実は仮象であることになる。しかし、哲学者は、この仮象へのよき意志をもって、この仮象を仮象として芸術家的に生きるのである。そのような哲学者を、ニーチェは、舞踏者とも表現している。

（Ⅲ）この行為は、自己創造芸術となり、そのような意味での舞踏である。舞踏者こそが哲学者らしい哲学者なのである。そのことは、『ツァラトゥストラ』完成後に執筆された『悦ばしき知識』第五書第三八一節で、こういわれている。「舞踏は哲学者の理想なのであり、それが哲学者の芸術でもある」（*KSA* 3, S. 635）と。ニーチェが到達した哲学の絶頂は、舞踏という身体芸術に凝縮されている。

ところで、この舞踏が表現するものは、健康な快活である。ニーチェは、これこそが、哲学が芸術である所以と考える。それは、なぜであろうか。それは、舞踏としての哲学が求めるものが、深い真理ではなくて、表面の仮象だからである。ニーチェによれば、哲学とは「変容の芸術」（*KSA* 3, S. 349）なのである。それは、「雲もない天高く燃えたつ白光の炎のように、嘲弄的で、軽快で、翻転する、神的に天衣無縫な、神技のように精妙な芸術なのだ！」（*KSA* 3, S. 351）ともいわれている。深みだけに生きることから、深みをくぐり抜け表面の仮象に生きることへと変容することそのものが、「悦ばしき知識」としての哲学なのである。

註

（1）社会構造としての身体については、こうもいわれている。「むしろ、もっと驚くべきものは身体である。人間の身体がどのようにしてできたかということ、生命体のこれほどおそるべき統合物が、しかもそれぞれが依存し、臣従しながらも或る意味では逆に命令し、自らの意志で行動しつつ、全体として生き、成長し、そしてしばらくの間存在し続けるということは、いかにしてなのか。——しかもこのことは明らかに意識によるわけではないのだ！　意識はこの『奇蹟中の奇蹟』のためのまさに一つの『道具』にすぎず、それ以上のものではないのだ——胃袋がそのための道具であるのと同じ意味なのだ」（*KSA* 11, S. 576f.）。

（2）拙著『ヘーゲルのギリシア哲学論』（創文社、一九九八年）五二頁以下を参照されたい。

（3）Vgl. Hermann, E., *Cultur und Natur. Studien im Gebiete der Wirtschaft.* Allgemeiner Verein für Deutsche Literatur, Belin, 1887, S. 80ff.

（4）以上の論点については、関塚正嗣「ニーチェにおける身体と霊魂の論」（『飯塚信雄教授古稀記念論集』、飯塚信雄教授古稀記念論集刊行会、一九九一年）も参照されたい。

第三章　自己創造としての行為

一　ニーチェの行為論の根本性

（Ⅰ）本章では、ニーチェ哲学を、現代の行為論として再生させる。ニーチェ哲学は、永遠回帰説や権力への意志を中心に、ニヒリズムの克服という観点から理解される場合が多い。また、実存哲学の思想圏で理解される場合もある。しかし、こういった問題にニーチェが取り組むにあたって、行為を中心にしていたことが肝心である。また、そのことが、現代哲学への創造的功績である。

しかも、ニーチェの行為論はこれまで説明したように、現代の合理的行為論に鋭く対立する。そこで、これまでの論究をまとめ直しながら、ニーチェの行為論を自己創造論として再構成する。

ニーチェが、行為の問題について深く考えるようになったのは、おそらく、ショーペンハウアーを批判するためであったであろう。というのも、ニーチェは、ショーペンハウアーの『意志と表象としての世界』（初版一八一九年、第二版一八四四年、第三版一八五九年）の、とりわけ行為の問題を主題としていた第四巻から最初非常な感銘を受けたからである。したがって、ニーチェが、後にショーペンハウアーを批判するためには、行為の問題を避けて通ることはできなかった。

（Ⅱ）さらに、この行為の問題は、ショーペンハウアーを介して、ヘーゲルにまで遡及できる。偶然とはいえ、ヘーゲルが主査となった講義担当資格審査のための公開討論（一八二〇年三月二三日、ベルリン大学大講堂にて）に臨むにあたって、ショーペンハウアーが選んだ論題には、行為の動機が含まれていた。また、その際のヘーゲルの質問も、この動機に関するものであった。

この公開討論の様子については、おそらくショーペンハウアーから聞いた一方的な伝聞であろうが、ともかくも古典文献学者K・ベーアという人の記録が遺されている。

「公開討論は、ボエック〔教授〕の司会で開催された。ショーペンハウアーが選んだ論題は、『三種類の因果性──原因〔機械論的、物理学的、化学的〕、刺激、動機』というものであった。ヘーゲルは、おそらくショーペンハウアーを混乱させるために、つぎのように質問した。『馬が路上に横たわるとしたら、その動機は何か』と。ショーペンハウアーは、『馬の疲労および気質性状と結びついたときの、馬の足下の地面がその動機です、かりに、馬が深い谷間の側に立っていたならば、馬は横たわることはないでしょう』と応えた。ヘーゲルは、つぎのように言葉を挿んだ。『あなたは、〔地面と〕同様に動物的諸機能〔疲労と気質性状〕も動機に数えるのですか。したがって、その動機を機縁として、心臓の鼓動や血液循環が生じるのですか』と。ショーペンハウアーも、『それなら無学者氏〔ヘーゲル〕が馬脚を現したというものです』と口を挿んだ。

実際、その質問によって、至高の哲学者〔ヘーゲル〕は、自然科学の知識を欠いていることを暴露した。ショーペンハウアーは、動物的諸機能と呼ばれるのは、動物の体の、以上の現象〔疲労と気質性状〕ではなくて、むしろ動物が体を自覚的に動かすことであるということを、ヘーゲルに教えなければならなかった。ショーペンハウアーは、その際に、ハラーの『心理学』を引き合いに出した。ヘーゲルは『ええ！　動物的諸機能の意味は、自覚して体を動かすということではありませんよ』と。そのとき、出席していた教授のなかから、一人の専門医学者リヒテンシュタイン博士が立ち上がり、つぎのようにいいながら、ヘーゲルの言葉を遮った。『すみません。ここでお話を中断して、わたしはショーペンハウアー博士の肩を持たなくてはなりません。たしかに、今日の医学では、〔ショーペンハウアー博士が〕話題にしている諸機能は動物的諸機能の特徴を備えているのです』と。こうして、公開討論はお開きとなった。そのような機会によくあることが起こった。ショーペンハウアーの講演は予定時間より早く終わってしまったのである[1]」。

ここで、問題になっている行為の動機は、ヘーゲル、ショーペンハウアーそしてニーチェの行為論を分かつ試金石でもある。つまり、ヘーゲルは、自覚的行為を動物行動にはみとめないが、ショーペンハウアーは、自覚的行為を動物行動にもみとめる。

（Ⅲ）ショーペンハウアーによれば、動物的諸機能は、なるほど、身体の自覚的随意運動ではあるが、根拠を意志の外の動機に持っている。しかも、その際に行為の動機相互の対立抗争から、一つの動機が優勢となるのであって、自由意志の自覚的選択によって、動機が選ばれるのではない。「［……］選択決定とは意志の自由ではなく、実は複数の動機の間で徹底的な対立抗争が行われる可能性ということ以外の何ものでもない。それで、選択決定とは、対立抗争の後でこれらの動機のなかでより強力な動機が人間を必然的に規制するということにほかならない[2]」と。さらに、「動機づけは、人間の一定の衝動を基礎とし、衝動を前提してのみはじめて効力を発揮するものである。そして、この衝動は人間の場合には個性的で、言い換えれば一個の性格ということにほかならないのである[3]」と。したがって、ショーペンハウアーによれば意志は、個性に由来する一定の衝動を根底に成り立つのであって、知性の操作だけでは成り立たない。

さらに、ニーチェも、自由意志の深層にある動機の対立抗争は、無意識の領域で起きることを、最初は、強調していた。また、ここに行為の動機の問題を機縁にニーチェ固有の無意識論が展開されてゆくこととともなる。逆に、ニーチェの行為論は、行為の根源を無意識領域に求めたことを最大の特徴としている。

二　《意志や意図は行為の根源ではない》

（Ⅰ）以上のような行為論は、ニーチェがソクラテス的主知主義に厳しく対立したところから生じている。たとえば「正しい認識には正しい行為が続いてゆかなければならない」（*KSA* 3, S. 108）という偏見を、ソクラテスとプラトンが無邪気に信じていたことを批判している。むしろ、正しい認識に、行為が続かないことを、ニーチェは、主張することとなる。「あらゆる行為は本質的には認識されない」（*KSA* 10, S. 109）からである。しかるに、実際に行為が続く前に認識された行為とは、行為の動機である。それは、「一つの特定の行為の結果のイメージ」ともいわれる。しかし、行為を規定する本来の動機とは、まったく見えもしないし、意識もされない。それで、この本来の「動機の争い」を推定するにすぎないことになる。

してみれば、「一つの特定の行為の結果のイメージ」とは、行為の「現実的な経過や本質」（*KSA* 9, S. 445）とは異なる目的論というフィクションを対置する空想にすぎない。「何かが達成される場合、その達成されるものは、またそのために起こる一切のものは、意欲する者の頭脳のうちにあらかじめあるイメージとは、まるっきり異なっている、――向こう岸〔達成されるもの〕へはいかなる橋も通じてはいないのだ」（*KSA* 9, S. 447）。たとえば、〈ものを噛む〉際には、「わたしたちがそれについてあらかじめまったく何一つとして知ってはいない無数の個々の運動が、遂行される」（*KSA* 9, S. 445）。それらの運動は、自由意志によっては引き起こされない。こうして、「たとえば、舌の賢明さは、総じてわたしたちの意識が持つ賢明さよりも、はるかに大きい」（*KSA* 9, S. 445）こととなる。また、こうもいわれる。「『わたしは満腹になりたいために食べる』、――しかしわたしが、満腹とは何かについて何を知っていようか！　実は、満腹は達成されるが、意志されるのではない」（*KSA* 9, S. 447）と。なるほど、一口の食物を噛むことがなければ、満腹は達成されない。とはいえ、一口一口の食物を噛む行為を手段にして、満腹が目的として意図されるのでもない。そのような目的としてのイメージは、現実の行為とは異なる空想なのである。むしろ、一口一口の食物を噛む際の、うまいという刹那的な快感が、現に空腹をおぼえているかぎり、動機なのである。ただし、この動機は、〈うまいと感じるために〉という目的としての動機でもない。むしろ、この無意識的動機は、うまいかどうかという試みへ向かう衝動作用である。したがって、身体の力としての「あれこれの衝動」が、放出されることによって悦びをおぼえるかどうかという試みが、行為となる。その悦びとは、生きているという実感にほかならない。

（II）それにしても、動機という表現は、たとえ、それが無意識的ではあっても、「何のために」「何を目指して」という問いから自由ではない。つまり、目的−手段関係に取り込まれやすい。なぜ、そうなっているかというと、行為が、まだ、行為の自己表現ないし自己目的の位相で問われたにとどまり、根源の位相で問われていないからである。[4] 行為とは「そのもっとも錯綜したものに到るまで、活動への衝迫の遊戯的表出」（*ebd.*）であるという規定は、そのことを物語っている。なるほど、「遊戯的」という表現で、目的論的行為理解と区別されつつも、「活動への衝迫」が、目指される目的ではないことが精確に規定されていない。

そこで、ニーチェは、後に「何から行為されるのか？　これがわたしの問いである。何のために？　何を目指して？　これは何か第二のものである」（*KSA* 10, *S.* 268）と精確に定式化する。この定式化によって、ニーチェは、行為の構造的把握から、行為の根源的把握をはっきりと区別することができた。しかも、両者の関係をも明言することができた。すなわち、行為の根源とは、身体的力ないし自己である。わたしの目的とは、緊張を高め、刺激することによって、つぎにその力を使い果たし、緊張を緩和するための手段なのである。「幸福のために、あるいは有用のために、あるいは不快を避けんがために人間は行為するのではない。そうではなくて、或る量の力が使い果たされるのだ、その力が己れをそれにぶちまけうる何かをとらえるのだ。人々が『目標』とか『目的』とかと名づけるものは、実は、この不随意的な爆発経過にとっての手段である」（*KSA* 10, *S.* 268f.）。したがって、この目的を選択する際の意志の自由についても、つぎのように説明しなおされる。「同一量の力の感情が千の仕方で爆発することができる。これが『意志の自由』なのだ、――必然的な爆発との関係において何百もの諸行為が同等によく役立つという感情。〔意志の自由とは〕この緊張緩和に関わる行為の或る種の任意性の感情なのだ。／わたしの解決。すなわち、力の感情の度合いが精神を実り豊かにし、この精神が、多数の諸目標を持ち出した上で、その諸結果が当の感情にとって緊張を緩める働きをする一つの目標を己れのために選択するのだ。それゆえ、或る二重の爆発があるのであって、第一は、緊張を緩める働きをする一つの目標の先取における爆発、第二は、行為すること自体における爆発なのだ」（*KSA* 10, S. 269）と。

この爆発から生まれる悦びを、ニーチェは、「行動自体のうちにある幸福」と呼び、その幸福を表示する幸福のイメージとを、つぎのように区別する。「行為の目標としての**幸福**（『快楽《ル・プレジュール》』）は緊張を高める一つの手段にすぎない。この幸福は、行動自体のうちにある幸福と取り違えられてはならないのだ。目的としての幸福はきわめて明確である。そうなれば、行動の内なる幸福は百のそうした明確な幸福のイメージによって表示されることになろう。／それゆえ、『……の目的で』ということ、つまり、『わたしは、そうすることで幸福を得んがために、この行為を行う』ということは、一つの幻想である。事実はそうではないのだ。行為する者が本来の駆り立てる力を忘却して、ただ『動機』だけを見ているのである」（*KSA* 10, S. 270）。

三　自己超克的創造としての行為

（Ⅰ）以上のようにして、権力への意志を根源とする行為が示された。このような根源的行為こそが、自己創造の行為となる。その点について、ニーチェは、つぎのように述べている。「七［一二〇］わたしたちの諸行為はわたしたちを改造する。あらゆる行為において、或る種の諸力は行使され、他の諸力は行使されない、つまり一時的に放置されるのだ。一つの情動が、つねに、それ以外の諸情動の力を奪い去りながらも、それらの諸情動が余分に出費されることで、一つの情動は肯定されるのだ」（*KSA* 10, S. 282f.）。

情動的行為は、第一に、わたしたちの精神ならびに身体を創造する。そして、第二に、わたしたちについての意見をも創造する。

（Ⅱ）ニーチェは、無意識の領野から、行為者の自己を解明している。身体が自己であり、わたし（我）ないし意識は、身体遊戯の道具むしろ玩具であるという見解は、そのことを意味する。それに対して、西欧合理主義では、行為の構造の位相で確認したように、わたし（我）は、それ自体で完結していて、身体運動を道具としていることとなる。したがって、完結したわたし（我）から、道具としてのわたし（我）への転換が必要となる。その転換は、完結したわたし（我）への軽蔑と、わたし（我）を道具とする身体への尊敬から生まれる。したがって、「創造する自己が、尊敬と軽蔑を創造したのである。創造する身体がその意志の道具として、精神を創造したのである」（*KSA* 4, S. 40）とされる。

「自己はわたし（我）にいう。『ここで苦痛を感じなさい！』と。するとわたし（我）は、苦しみ、どうしたらもう苦しまないで済むかと考える、――まさにこのために、わたし（我）は考えるべきなのである。／自己はわたし（我）にいう。『ここで悦びを感じなさい！』と。するとわたし（我）は、悦び、どうしたらさらに何度も悦ぶことができるかと考える、――まさにこのためにこそ、わたし（我）は考えるべきなのである」（*ebd.*）。ここで、行為への情熱というかたちでわたし（我）に命令する〈創造する自己〉は、権力への意志であり、わたし（我）が「小さな理性」であるのに対して、「大きな理性」と呼ばれている。

（Ⅲ）この理性は、また「わたしたちに意識されているものよりも、途方もなくはるかに高次で見渡しのきく知性」あるいは「わたしたちの最上の知識ですら及びえないところの合目的性」ともいわれていた。より具体的には、「深慮、選択、合成、修理などという合目的性」あるいは「或る細胞、或る器官が他の細胞、他の器官へと及ぼす無数の刺激」（*KSA* 10, S. 654）が挙げられている。このような理性ないし知性としての無意識的身体が、意識的我を超克しながら、自己を創造する。「精神の全発達にあって問題なのは、ことによると身体である。すなわちそれは、一つの高次の身体が己れを形成しつつあるということの可感的となってゆく歴史である。有機的なものはさらに一層高い段階へと上昇してゆく。自然を認識しようというわたしたちの熱望は、身体が己れを完成しようとする一つの手段である。ないしはむしろ、身体の栄養、居住の仕方、生活法を変えるべく無数の実験がなされているのである。意識と意識のうちでの価値評価、あらゆる種類の快と不快とは、こうした諸変化と諸実験との兆候である。結局のところ、問題なのは人間では全然ない、人間は超克されるべきだからである」（*KSA* 10, *S*. 655）。

ニーチェにあっては、身体は、フォイエルバッハにおけるように、感覚器官としての受動的身体なのではなくて、感覚や思考をも支配する能動的自己でもあり、さらには、感覚や思考とも連続している。無論、ここでの身体とは、客体的身体ではなくて、メルロ＝ポンティのいう「世界内存在する身体」あるいは「身体図式」とも重なるものである。あるいは、禅の修行におけるように心を支配すべきものとして身体がとらえられ、瞑想打坐によって、身体と結びついた意識の底に立ち返ることとも重なる。

(IV) それでは、「大きな理性」としての身体自己とは、ニーチェの思索にあって、どの程度明確になっていたのであろうか。それは、わたし（我）ないし意識の完結性を否定しつつ、たんなる本能主義を否定するという戦略のなかで、いわば消去法で浮かび上がってきた生理学的地平ではなかったのか。ニーチェのいう身体自己は、行為の根源をどこまで明らかにするのか。また、ヘーゲルの行為の否定性にどのように関係するのか。

行為の結果によって、行為者が否定されるという〈行為の否定性〉を、ニーチェも指摘している。たしかに、さしあたって、行為がなされてしまうと、その一つの結果のイメージだけから、自分の本質を解釈するようになる。その行為の結果が例外であったとすれば、たった一つの例外から、行為者の本質を解釈するという意味で、この解釈は、行為の後の錯乱である。これは、超克されるべきわたし（我）ないし、貧弱な身体のなせるわざなのである。そこで、そのようなわたし（我）を超克し、健康な身体に立ち返り、無垢の自己が生成することが主張されることとなる。ここに身体としての自己が姿を現す。権力への意志によって遂行される自己超克は、より具体的には、行為の結果から生じるイメージやわたし（我）を否定超克し、健康な身体としての無垢な自己を創造することを意味する。ニーチェにとっては、身体自己こそ、わたし（我）を超克する行為の根源であり、身体は、権力への意志の比喩になっている。ヘーゲルにあっても、否定性としての主体の核心は、力とされている。ただし、ニーチェにあっては、この力が、行為主体としての身体自己において情動としてとらえられているのに対して、ヘーゲルにあっては、概念において論理的にとらえられている。

　この力が外へ発現し、わたしを超克してゆくためには、ニーチェにあっては、わたしに由来する苦悩という否定的なものに堪えることが必要であり、これを「苦悩の鍛錬」（*KSA* 5, S. 161）と呼ぶこともある。ヘーゲルも、否定的なもののもとにとどまることが、否定的なものを肯定的なものに転換する魔力であるとしている。両者いずれにあっても、苦悩ないし否定的なものを媒介としながら、自己を超えて、創造する行為が、力ないし意志を根源として語られている。

　このようにして、近世的我意識を超えて、主体的身体に立ち返るところに、行為の根源が目撃される。この問題は、哲学的文明論に属し、芸術、宗教、心理学などの各領域でも認知されつつある。新しい身体論が開拓されるべきである。

註

（1）Bähr, K., Arthur Schopenhauers Gespräche. In: Hübscher, A.（Hrsg.）, *Zwanzigstes Jahrbuch der Schopenhauer-Gesellschaft*. Schmidt & Klaunig, Kiel, 1933, S. 33f.

（2）Schopenhauer, A., *Die Welt als Wille und Vorstellung*. Bd. 1, Suhrkamp Verlag, Frankfurt am Main, 1986, S. 409.

（3）Ders., *a. a. O.*, S. 110.

（4）この三つの位相の関係については、拙著『クリエートする哲学――新行為論入門』、弘文堂、二〇〇七年（初版第三刷）、一九頁以降を参照されたい。

第四章　自己創造としての命名

一　神の死の帰結としての変身

ニーチェにおいて、「変身」が問題となるのは、「変身」が「神が死んだ」ことの帰結であるがゆえに、しかも、永遠回帰の思想の血肉化であるがゆえに、ニーチェの思索の最終局面だからである。

ニーチェの「神は死んだ」というニヒリズムは、人間から超人への変身Aを経て、超人の「絶えざる変身B」を帰結とする。死んだのは、各人の唯一我を保証する唯一の神だからである。そこでニヒリズムを克服するためには、人間はまず自己を超えて超人へと変身しなければならない。そして、その変身する自己の精髄は、権力への意志である。超人とは、より具体的には、「絶えざる変身B」による自己創造なのである。

このAとBの変身は、『ツァラトゥストラ』「精神の三段の変化」のなかに語られている。変身Aは、駱駝から獅子へそして子供へという身体的血肉化によって実現される。変身Bは、子供による忘却によって、そして結局は命名によって実現される。

たしかに、表現上は、精神が変化することであって、身体が変化することではない。しかし、ニーチェのいう精神は、身体の変化によってはじめて変化する。だからこそ、動物のメタモルフォーゼによって語っている。「わたしはそなたたちに、精神の三段の変化について語ろう。どのようにして精神が駱駝となるのか、駱駝が獅子となるのか、そして最後に獅子が子供になるのか、ということ」(*KSA* 4, S. 29)。駱駝から獅子を経て子供への変化が、超人への変身Aである。さらに、子供の段階でいわれている「創造の遊戯」こそ、「絶えざる変身」である。そして、そのためには、「忘却」が必要なのである。「子供は無垢である。忘却である。そして一つの新しい始まりである。一つの遊戯である。一つの自力で回転する車輪。一つの第一運動。一つの聖なる肯定である。／そうだ、創造の遊戯のためには、わが兄弟たちよ、聖なる肯定が必要なのだ。ここに精神は自分の意志を意志する。世界を失っていた者は自分の世界を獲得する」（*KSA* 4, S. 31）。

この変身は、永遠回帰の思想が、ニーチェに到来したときから、思想の血肉化として姿を現していた。しかし、クロソウスキーそしてドゥルーズから後、充分注意が払われてきたわけではない。そこで、永遠回帰思想到来を記した二つの草案を引用しておく。というのも、この二つの草案のそれぞれには、四段階の血肉化、永遠回帰思想の原型そして『ツァラトゥストラ』の基本構想とが、書き留められているからである。

「一一［一四一］

等しきものの永遠回帰。

草案（Entwurf）。

一、もろもろの根本的迷妄を血肉にすること。

二、もろもろの情熱を血肉にすること。

三、知識と断念的知識を血肉にすること（認識の情熱）。

四、無垢の者。実験としての個体。生の安易化、低化、弱化、――移りゆき。

五、新しい重し――等しきものの永遠回帰。わたしたちの知識、迷妄、もろもろの習慣、生活の仕方が来るべき全ての者たちにとって限りなく重要であること。わたしたちはこの人生の残りをもって何をするのか、――人生の大部分を本質的な無知のなかで過ごしてきたわたしたちは？　わたしたちはこの教説を説く、――それは、この教説をわたしたち自身の血肉にするもっとも強力な手段である。もっとも偉大な教説の師となることでのわたしたちの流儀の浄福。

一八八一年八月初旬、シルス・マリアにて、
海抜六〇〇〇フィート、またさらに高く一切の人間的物事を超えて！――」（*KSA* 9, S. 494）

ニーチェにあっては、思想の血肉化ないし変身ということが決定的に重要であることが、第一の草案から判明する。永遠回帰思想とは、血肉になるものであって、その手段は、永遠回帰の教説を教えることである。

「一一［一九五］〔『悦ばしき知識』第三四二節、『ツァラトゥストラ』第一部序説参照〕

正午と永遠。

新しき生への指針。

ウルミ湖のほとりに生まれたツァラトゥストラは、三〇歳の時、故郷を捨て、アリアの田舎に隠棲し、山中における一〇年間の孤独のなかでゼント＝アヴェスタを著す。

一一［一九六］

認識の太陽は再び正午に位置している。そして永遠の蛇がその光のなかに輪を描いて横たわっている――おまえたちの時が来た、おまえたち正午の兄弟たちよ！

一一［一九七］

『新しい生き方の設計』について。

第一部『第九交響曲』第一楽章の様式で。混沌すなわち自然（Chaos sive natura）。『自然の脱人間化について』。プロメテウスがコーカサスに縛りつけられる。κρατος〔力、権力、暴力〕、つまり、『権力』の残酷さによって書かれたものとなる。

第二部。軽く、懐疑的に、メフィストフェレス風に。『経験の血肉化（Einverleibung）について』。認識＝生体化した誤謬、また組織化をもたらす誤謬。

第三部。およそこれまでに書かれたもののなかで、もっとも心優しく、天空高く漂う。『孤独な者の最後の幸

福』——孤独な者とは、『群れに属する者』から最高度の『利己的人間』へと変身した者、完璧なる我《エゴ》である。この我のみが愛を抱いている。最高の孤独と自讃の境地に達する以前の段階にあったのは、愛とはいささか異なるものである。

第四部。包括的な陶酔の歌の調子。『永遠の円環（Annulus aeternitatis）』。全てをいまいちど、そして無限回にわたって体験したいという欲求。

絶えざる変身——おまえは、短い期間に数多くの個人を通過しなければならない。その手段は絶えざる闘争である。

シルス・マリア　一八八一年八月二六日」（*KSA* 9, S. 519f.）

こうして、ここでの永遠回帰の教説を血肉にすることは、人間から超人への変身Aである。しかも、この変身は、一つの我に呪縛されていて変身できない個人から、多くの我を通過する変身者への変身でもある。

二　超人への変身A

その変身については、『ツァラトゥストラ』で永遠回帰思想を暗示した箇所の一つ「幻影と謎」ではこう表現されている。

「まことに、わたしがそこに見たものは、かつてわたしの見たことのないものであった。一人の若い牧人がのたうちまわり、息をつまらせ、痙攣を起こし、顔を歪めて苦しんでいるのを、わたしは見た。その口からは一匹の黒くて重たい蛇が垂れさがっていた。

これほどの嫌悪の情と蒼白の恐怖が、人間の顔に現れたのを、わたしは見たことがなかった。牧人はおそらく眠っていたのだ。そこへ蛇が来て、喉にはい込み、——しかと噛みついたのだ。

わたしの手は蛇をつかんで、思いきり引きに引いた。——その甲斐はなかった！　わたしの手は蛇を喉から引き出すことはできなかった。わたしは我を忘れてそのとき絶叫した、『嚙むんだ！　嚙むんだ！　頭を嚙み切るんだ！　嚙むんだ！』——わたしはそう絶叫した。わたしの恐怖、わたしの憎悪、わたしの嘔吐、わたしの憐憫、わたしの善意と悪意の何もかもが、ただ一つの絶叫となってほとばしった。——

あなたがたはわたしのまわりの大胆なる者たちだ！　あなたがたは探求者だ、進んで試みる者だ、帆を巧妙にあやつって未知の海に乗り出す腕におぼえのある人たちだ！　あなたがたは謎の愛好者だ！

さあ、わたしがそのとき見た謎を解くがいい！　孤独の極みにある者の見た幻影を解くがいい！

あれは一つの幻影、一つの未来の予見であった。——わたしがそのとき見たのは、何の比喩だろう？　また、いつか来るに相違ないこの男は、何者なのだろう？

あんなふうに蛇が喉にはい込んだ牧人は、何者なのだろう？　あんなふうにもっとも重いもの、もっとも黒いもののかたまりが喉にはい込んだ人間は、何者なのだろう？

——しかし、牧人は、わたしの絶叫の通りに嚙んだ。力強く嚙んだ！　彼は蛇の頭を遠くへ吐き出した、——そして飛び起きた。——

もはや牧人ではなかった。もはや人間ではなかった、——一人の変容した者、光に包まれた者であった。そして哄笑した。これまでこの地上で、彼が哄笑したように、これほど哄笑した人間はなかった！」（*KSA* 4, S. 201f.）。

ここで、牧人が、自らの喉にはい込んだ黒い蛇の頭を嚙み切ることによって、人間を超えて、「一人の変容した者」になったことが描かれている。ここでも、蛇は、「もっとも重いもの」といわれているから永遠回帰思想を象徴している。しかも、蛇が黒いのは、永遠回帰の暗黒面「無意味なものが永遠に繰り返す」を意味している。そして、その蛇の頭を嚙み切って吐き出すということは、永遠回帰思想の暗黒面を克服して、血肉にすることを意味している。してみれば、ここでの変身Aとは、人間が永遠回帰思想を血肉にすることによって、超人に変身することなのである。

超人への変身Aは、単数の自己から、複数の自己への変身である。いずれの自己も、変身可能であるとした上で、複数の自己への変身の方が、ラディカルな変身になっている。(1)

三　自己創造としての変身B

「絶えざる変身」の手段が、第一節の第二草案の一一［一九七］末尾で「絶えざる闘争」であるとされている。その闘争とは、苦悩を克服することである。

「創造すること――それこそ苦悩からの大いなる救済であり、それによってこそ生は軽くなる。しかし、創造者が存在せんがためには、苦悩そのものが必要であり、また、たびたびの変身が必要である。

そうだ、きみたちの生のなかには、たびたびの苦い死がなくてはならないのだ、きみら創造者たちよ！　そうであってこそ、きみたちはあらゆる移ろいやすさの代弁者であり、是認者である。

創造者自身が、新たに生まれる子供であるためには、創造者はまた、産婦として、産婦の苦痛に耐えようと欲しなくてはならない。

まことに、わたしは百の魂を通り、また百の揺籃や陣痛を通って、わが道を行った。わたしはすでに幾多の別れを告げた。わたしは胸の張り裂ける思いをさせられる最後の時のかずかずを知っている」(*KSA* 4, S. 110f.)。

人間とは、神が保証する単一の我を持つのに対して、超人は、自己超克の変身Bによって我を複数化する。この問題については、すでにクロソウスキーが考察していて、こう述べている。「『神は死んだ』とニーチェが宣言するとき、この言葉は逆にニーチェが必然的に彼自身の同一性を失うことを意味している(2)」。「『神は死んだ』とは、生存の解明としての聖性が終わることとしか意味しないが、また責任ある我の同一性の絶対的な保証がニーチェの意識の地平線から消え、今度はニーチェもそれとともに消え去ることを意味しているのである(3)」。

「神は死んだ」というテーゼは、現世にも、神の国にも、生きる目標・規範が喪失したことを、さしあたって意味している。さらには、生きている者が、生きる目標・規範を喪失したのは、自らの責任ある我の同一性が失われたからである。その意味では、このテーゼは消極的である。しかし、我の同一性がなくなったことを積極的にとらえ直すと、生きている者が、豊かな変身の能力を手にしたことを帰結する。我が複数的になる。我の複数化は、単一な我が正気であるとすれば、狂気となる。

哲学の営みが、真実在を恋い慕う狂気であることをみとめたのは、周知のようにプラトンであった。その場合の狂気とは、神懸かりのことである。このように神懸かりは、その後の西洋の哲学の表舞台に登場することもあったし、舞台裏に隠れることもあった。

いわゆるドイツ観念論の場合は、プラトンというより、新プラトン主義の再来ともいうべきで、神懸かりの狂気というよりは、神と合体する狂気ともいえる。ヘーゲルは「乱疾気騒ぎの陶酔のようなもの」(*Phän. S.* 35)と表現した。フィヒテやヘーゲルの絶対知や、シェリングの絶対的直観には、明らかに神懸かり的な狂気が潜んでいる。知ない し我が神格化されているのである。我が神になっているといった方がよい。我を超越した唯一神が死んだ後、その残照となったものこそ、我なのである。ドイツ観念論にあっては、すでに唯一神は死んでいる。それが自覚されていないだけである。ヤコービが、フィヒテを無神論者という意味でニヒリストと考えたのは正しかったのである。

してみれば、神の死がニーチェにあって自覚されたときには、神としての唯一の我も解体せざるをえない。ニーチェの狂気は、病気であると同時に哲学である。哲学の狂気は、神の死を宣言する狂気であると同時に、唯一我を解体する狂気である。この唯一我を解体する狂気は、ニーチェ自身にあっては、自覚されることなく、クロソウスキーそしてドゥルーズによって自覚化されるようになった。それは、両人の思想としても、ニーチェ理解としてもである。

四　唯一我を解体する狂気としての変身B

ここでは、ニーチェ理解の水準で、唯一我を解体する狂気が、ニーチェの辿り着いた最後の哲学であることを解明する。それは、ニーチェが哲学者としては崩壊してゆく過程で書かれた書簡を再検討することなのである。クロソウスキーもいうように、当該書簡では、病気の狂気と哲学の狂気とが融合している。

「バーゼルのヤーコプ・ブルクハルト宛　［トリノ］一八八九年一月六日

〔……〕

わたしにとって不愉快であり、わたしの慎み深さを傷つけるのは、歴史のなかのあらゆる名前は結局わたしだということです。同様にして、わたしが世に生み出した子供たちについてもいえば、状況はあまりかんばしいとはいえず、『神の国』に入ることのできる者たちはみなもともと神からやってきたわけではないと、或る種の不信感を抱きながら自問するくらいです。

〔……〕」(*KSB* 8, *S*. 578)(4)

ニーチェの病気としての狂気は、何よりも、フロイト流にいえば、現実原則が除去され、快楽原則が優勢になっていることに見られる。しかし、それをニーチェ自身が、礼儀正しい服装を否定して、寝間着姿で応対すると書いていることに注意すべきなのである。というのも、現実原則が支配する意識的世界と、快楽原則が支配する無意識的世界を逆転させることは、発狂以前にニーチェが語っていたことだったからである。この意味では、ニーチェの手紙は、発狂以前のニーチェの思索と連続しているのである。ただし、この無意識的世界が完全に表舞台に姿を現したところに病気としての狂気がある。連続性は、第一に、「歴史のなかのあらゆる名前は結局わたしだ」という考えに現れている。これは、命名による変身の考えである。そして、この考えは、わたしは唯一の我であるという現実原則をはっきりと否定する。しかし、この考えも、発狂以前に見られる。

「人類の歴史を総体として自己の歴史と感じることのできる者は、何もかもをおそろしいほど普遍化することによって、一切のあの健康を想いやる病者の傷心を、青春の日の夢を追うあの老翁の悲哀を、恋人を奪われたあの恋する者の悲歎を、その理想が潰え去ったあの殉教者の憂悶を、何一つ決着しないまま身に傷を負い友を喪うに到った戦闘の夕べにおけるあの英雄の心痛を、ことごとく一身に感じるのである」(*KSA* 3, S. 565)。

こうして、ニーチェは、ブルクハルト宛書簡で神の幸福に到達したのである。これを読んだブルクハルトは、当該書簡をまったくの狂気の産物としか考えることはできなかったであろう。なぜならば、「人類の歴史を総体として自己の歴史と感じる」ということは、ブルクハルト流「歴史感覚」の否定だからである。

「未来の『人間性』。——遥かな時代を望む眼をもって、現代という時代を見やるときに、わたしは、『歴史感覚』と呼ばれる彼ら独特の徳性と病気以上に目ぼしいものは何一つ現代人の上に見出すことができない」(*KSA* 3, S. 564)。

このようにして、反歴史感覚こそがニーチェの核心である。それは、神の死の帰結なのである。なぜならば、唯一の我を保証していたのが神だったからだ。また、「この秋の間、わたしは可能なかぎり貧しい身なりをして、二度続けてわたし自身の埋葬に参列しました。最初はロビランテ伯爵として(——いえ、彼はわたしの息子です、わたしが、わたしの本性には不忠実なカルロ・アルベルトであるかぎりにおいて)、でもわたし自身がアントネルリでした」(*KSB* 8, S. 578f.)という件には、まさしく狂気錯乱しか見て取れないかもしれない。精神医学者は、離人症の診断すら下すかもしれない。しかし、ニーチェは『ツァラトゥストラ』で、自分の灰を運ぶツァラトゥストラという表現を繰り返していた。それは、分身の思想なのである。この虚構が手紙という現実に姿を現している。当該書簡の内容が全てこれまでのような物語として表現されていたならば、それは、狂気といっても思索として理解されたであろう。

五　道化としての変身者

このようにして、我の同一性を二段構えで否定する変身が、神の死の帰結であることが判明した。しかし、変身するニーチェがディオニュソスと名乗っている理由は、依然として定かではない。その理由は、当該書簡に即していえば、「歴史のなかのあらゆる名前は結局わたしだということです」とあるように、歴史に残る人物を名乗りうるわたしは、神としかいいようがないからである。とはいえ、これまでの考察からもディオニュソスという真実のわたしが、歴史のなかのあらゆる名前を名乗って変身するのでもない。なぜならば、ディオニュソス自体が、迷宮であり、謎だからである。たとえば、ニーチェはこう述べている。「四〔五五〕迷宮のような人間は、けっして真理を求めているのではない。彼が求めているのはアリアドネだけである」(*KSA* 10, S. 125)。あるいは、「わたし〔ディオニュソス〕はおまえ〔アリアドネ〕の迷宮なのだ……」(*KSA* 6, S. 401)。迷宮を築く変身とは、つぎつぎと仮面をつけることである。そして、仮面とは、虚構の表現であり、たとえば名前である。ディオニュソスという名前は、わたしに真実の実体がなく、謎であることを意味している。

「一二四一　コージマ・ヴァーグナーへ

〔トリノ、一八八九年一月三日〕

アリアドネ王女、わが恋人へ

わたしが人間であるということは、一つの偏見です。しかしわたしはすでにしばしば人間どもの間で生きてきました。そして人間の体験することのできる最低のものから最高のものまで全てを知っています」(*KSB* 8, S. 572 f.)。

この書簡は、文字通り狂気を示し、ここからニーチェ最後の思想を汲み取ること自体が荒唐無稽のようにも思える。

しかし、この書簡と同じ日付の別の書簡でこういわれていることに注意されたい。

「一二四〇　コージマ・ヴァーグナーへ

〔トリノ、一八八九年一月三日〕

この日頃の、神々しいハンスヴルスト〔道化師〕とかいう人物がディオニュソス - 讃歌を成し遂げました……」

(*KSB* 8, *S.* 572)。

ここで指示されている「ディオニュソス讃歌」は、まったく新たに書き上げたものではなくて、『ツァラトゥストラ』のなかに含まれている詩を改訂したものなのである。その冒頭でもこう明言されている。「多彩の仮面をかぶり、／己れ自らを獲物となす者、／これが——真理の求愛者とや？……／道化たるのみ！　詩人たるのみ！」(*KSA* 6, *S.* 377f.)。ディオニュソスは、仮面をかぶって偽る道化にして詩人なのであり、真理を追究しない。迷宮を追究する。真理自体が虚構である以上、真理の追究者としての哲学者は、道化となる。真理を追究しつつ、それを笑う。これがニーチェの行為論の最終局面である。

そこで、第四編では、以上の行為論の着手点となっていた身体自己の淵源を、『精神現象学』のうちにも確認する。

註

(1)　ニーチェは、超人のモデルをとくに強調してはいない。むしろ、モデル化されないのが超人である。あえて、モデルを日本文化に求めると光源氏になると宮原浩二郎氏は『貴人論——思想の現在あるいは源氏物語』(新曜社、一九九七年)で述べる。それは、光源氏には、ニーチェのいう力の美が可視化されているからだという。

(2)(3)　Klossowski, P., *Un si funeste désir*. Éditions Gallimard, Paris, 1963, p. 220.

(4)　当該書簡の要点は、クロソウスキーがみごとに尽くしている。「ブルクハルトへの最後の手紙のなかで多彩な戯れをみせる『意味』の異常なまでの豊かさは、精神科医にとっては哲学者の崩壊を証明するのかもしれないが、それでもやはりニーチェの『知性』の最高のクライマックスであることにかわりはない。道化症の光のなかに、それまでニーチェの生が蓄積してきたもの全ての豊饒さが立ち現れる。多様なテーマのかずかずが、一つに集められ、同数の要約のうちに乗り越えられたかのようにして、単一のヴィジョンを形成する。もはやここでは権力への意志も〈永遠回帰〉も語られない。それらは、反省的思考のための、哲学的伝達のための語彙だったのだ。そのかわりに語られるのは、神の死の裏面、すなわち、世界の創造のみなもととしての〈天上〉の王国である。文献学の教育は、神という制約を逃れるための口実でしかなかったのだ。教師の仕事がまったくの休息に見える一方で（世界の）創造はニーチェにとってはおそるべき責務にほかならなかったのだ。その責務が成し遂げられたいま、それを遂行するために必要な条件がわずかなものであるために、それは社交界についてのコラム記事と同じくらい単純なものであることが明らかになる。世界を創造することと、社交界便りを書くこと、その両者は道化症から発するのであり、悪ふざけ《モヴェーズ・ファルス》によって表現されるのだ。打ち明け話の相手として、かつまた判事として選ばれたブルクハルト教授の目には、それはたしかに悪質なものに見えただろう。現実原則の番人としての科学の真面目さは、ここでは芝居の引き立て役として使われている。聞き手が唖然とし、あるいはスキャンダルに理性が眉をひそめることは、いたずら《ファルス》が形成され、発話されるための背景をなしている。ところで、つぎにくる永遠を楽しませてやるために、いたずらはここでは絶えざる生まれ変わり《レアンカルナシオン》の様相をとる。それはさまざまな出来事や人物に波及するのだが、それらは根底においてはニーチェ自身の投影あるいは身振り以外の何ものでもない。『神の国に入ることのできる者たちはみなもともと神からやってきた』。それがいわんとすることは、あるゆる同一性はそこでは交換可能であり、一度かぎり決定的に安定した同一性は存在しないということである。だからこそ寝間着（ネグリジェ）を着用のことなのだ（逐語的に説明すれば、だらしない《ネグリジェ》服装がその場の礼儀によって要求される条件である、ということ）。だらしない服装、それは言い換えれば、神聖なる道化症が持つ無限の自由さにほかならない。その服装によってこそ、二度続けて自分自身の埋葬に参列することができたのだし、トリノの街をうろつきながら通りすがりの人々の肩をたたき、『満足かい、わたしは神で、こんなカリカチュアをやってみた』と自分の秘密の身分を親しげに明かすことができたのだ――そして同様に、自分の息子ウンベルトと魅惑的なマルゲリータにシャツ一枚で対応することができたのだ。だらしない服装は、現実原則という『不作法さ－不適切さ《アンコンヴナンス》』が除去されたことの具体的な現れなのだ。科学と道徳の基盤であるばかりでなく、それらから派生するあらゆる振る舞いが、したがって現実と非現実の区別から出発したあらゆる伝達行為が基盤とする、その現実原則が除去されたということの」（Klossowski, P., *Nietzsche et le cercle vicieux*. Mercure de France, Paris, 1969, pp. 343–344)。

第四編　ヘーゲルの行為論の再構築

第一章　自己意識の本質としての運命的行為

一　『精神現象学』研究の新たな基本課題

『精神現象学』そしてヘーゲル哲学をめぐる新たな研究課題を日本から提言するためには、第一に、ヘーゲル以後からヘーゲル哲学日本渡来前までの欧米哲学史を総点検することによって、ヘーゲル哲学そのものの日本的特質を従来より広範にして深く解明する必要がある。(1) 第二に、その成果を踏まえて、『精神現象学』研究の伝統的基本課題を、現代に照らしてさらに深めるとともに、未解明の基本課題をも明示する必要がある。著者は、日本の『精神現象学』研究が、このようにして新たな研究課題の発信地となることを切望する。

（I）ヘーゲルの現代哲学への影響は、通説によれば、キルケゴールを介して実存哲学へ到るとともに、ヘーゲル左派を介してマルクス主義哲学へ到る。たしかにこれらの影響が二〇世紀にあっては枢要なものであったことは事実である。しかし、今日、ヘーゲルの影響は、現代哲学そのものがさらに多様化するなかで、より広範で深いものとなり、それを容易に見渡すことはできなくなっている。

現代はニヒリズムの時代であるがゆえに、とりわけニーチェの比重が高まりを見せている。たしかに、ヘーゲルからニーチェに到る哲学史は、K・レーヴィット『ヘーゲルからニーチェへ』によって、ヘーゲル左派とりわけシュトラウスの聖書批判、B・バウアーの無神論やシュティルナーのニヒリズムを通してニーチェへ到る地下通路がこれまでに解明されている。(2) この点では、岩波哲男『ニヒリズム』(3) も、ヘーゲルも含めて西洋思想史におけるニヒリズムの問題を包括的に解明している。

しかも、ヘーゲルからニーチェへ到る地下通路は、この一本だけではない。本書第二編第五章で述べたように、ショーペンハウアーからE・v・ハルトマンを介してニーチェへ到るさらに深い地下通路が意外にも横たわっている。とりわけてハルトマンには、『道徳意識の現象学』（一八七九年）があり、ニーチェには、「内面世界の現象体制」という構想があったことは、『精神現象学』との関連でも今後注意すべきである（本書第二編第五章第二節参照）。そして、さらにそれよりも深い地下通路は、ヘーゲルの理解者クーザンを介してアメリカに渡来したドイツ観念論理解であり、それはいわゆる超越論者とりわけエマソンに見られるのであり、それがまたニーチェのエマソン摂取によってヨーロッパの哲学史へ還流している。こうして『精神現象学』から現代哲学への通路は、ヘーゲル左派、マルクス主義とキルケゴールにだけではなくて、ニーチェにもある。[4][5]

（II）意識経験の問題を中心としながら、ニーチェを経由して現代へと到る際に、コジェーヴの『精神現象学』解釈も再検討する必要がある。コジェーヴが、ヘーゲルの承認の運動の出発点を、「他者」を欲望することではなくて「他者の欲望」を欲望することに置いたことは『精神現象学』解釈からの逸脱と見なされたりして充分検討されてこなかった。「人間的**欲望**は他者の**欲望**に向かわねばならない。したがって、何程か人間的**欲望**が存在するためには、まずもって数多の（動物的）欲望が存在していなければならない。〔……〕群れが一つの社会となるためには、数多の**欲望**が存在するだけでは足りず、さらに、群れの成員それぞれの抱く**欲望**が、相互に、他の成員の抱く**欲望**に向かう必要があり、また向かいうるものでなければならない」[6]。ヘーゲルは、自己意識の欲望をただ「他者的存在の否定」と述べたが、意識経験の場では、その否定とは欲望であり、他者が人間である場合には、「他者の欲望」すなわち「他者的存在（Anderssein）」なのである。[7]

さらに、これを『精神現象学』研究の新しい基本課題へと洗練する過程で、コジェーヴの「他者の欲望への欲望」に着目してフロイトの精神分析を解釈したラカンの他者論にも注意を払う必要がある。なるほど、ラカンのヘーゲル理解は、ヘーゲル研究ではまったく閑却されてきた。しかし、ラカンは、広義のヘーゲル解釈者であるといってよい。

ラカンによれば、フロイトの言葉を統括していたのは、自己意識の弁証法であり、『精神現象学』の「主人と奴隷の弁証法」などに着目する。「ヘーゲルの才能がはかられる場でもあるのだが、個別的なものと普遍的なものとの深い同一性の要請のなかに何か予言的なことが残されたままになっているとすれば、まさしく精神分析こそが、主体から解離するものとしてこの同一性が実現されてくる場すなわち構造を明らかにすることによってその屈折をもたらさねばならない[8]」。また、他者について、こうもいっている。主体の存在は、意味のもとにあり、無意識は主体でありながら無意味の部分であると。「主体は、〈他者〉の領野のなかに現れ出てくるものとしてのこの意味を、その本質としている。ただしその意味は、まさにシニフィアンの機能そのものによって引き起こされた存在の消失のためにその大きな部分を蝕まれながら、やっとのことで〈他者〉の領野に現れ出てくるような意味なのである[9]」。ラカンは、コジェーヴ的な欲望論を言語論へと展開したといってよい。なぜならば、ヘーゲルにおいても、承認論は言語行為論として完成するからである。そのことによって、さしあたっては、言語におけるコミュニケーションの不在が、承認における他者の欲望に向かう自己意識の不在として明示されるのである。現代日本のニヒリズムにおいては、まずこの自己意識の不在が問題なのである。ここに承認論研究の新しい基本課題がある。つまり、ヘーゲルのいう自己意識の欲望を、人間的本能としてとらえ直し、無意識から意識へと展開する視野を切り開くとき、そこにダーウィンの進化論説、E・v・ハルトマンの本能の現象学そしてニーチェの「内面世界の現象体制」そして二〇世紀以降の現代哲学への新たな道が貫通する。そこにラカンのように承認の不在というネガから全体と個の関係を考える道も見えてくる。

二　自己意識の根源

周知のように、マルクスは、ヘーゲルの自己意識のうちに人間の本質としての労働を発見することによって、自己表出（Selbstbetätigung）と自己確証（Selbstbestätigung）の相補的関係へと到達した。それを淵源にしながら、「人間的本質力の新しい確証」[10]としての社会主義社会を建設する実験が二〇世紀後半まで試みられたが、期待された成果を得ることはなかった。だが、この結末を予言した米国のフクヤマもコジェーヴの自己意識論を継承しながら自由主義の勝利そして歴史の終わりを唱えた。さらに、フクヤマは、歴史の終わりを生きる人々を、ニーチェの「終わりの人間」[11]をも援用しながら予言している。[12]このようにして今日、わたしたちは、歴史の長い終わりの始まりを生きているかもしれないという予感を払拭することはできなくなっている。そのような意味でも『精神現象学』はニーチェとともに現代史に生きてゆくに違いない。

してみれば、『精神現象学』の自己意識をいま問うことこそ現代史に参画し生きてゆくためにも喫緊事となる。それにしても、そもそも『精神現象学』の自己意識の根源はいまだに究明されてはいない。近年のドイツでは、一方でヘンリッヒ学派を中心に自己意識についての学術的研究がなされてきたが『精神現象学』の自己意識については創造的成果を生み出しているとはいいがたい。また、他方でジープを中心に『精神現象学』の承認論がヘーゲル哲学そして近現代哲学全般にわたる視野から解明されてきている。[13]しかし、承認を行う自己意識の行為論的次元の解明はまだこれからである。その点では、たしかにコジェーヴは、その着手点を指摘したがそれ以上究明することはなかった。コジェーヴはこう指摘している。自己が観想する対象に「呑み込まれ」ている人間は、或る欲望、たとえば、食欲によらなければ、「自己に呼び戻される」[14]ことができない、あるいは「認識が人間を受動的な静的状態に保つのとは対照的に、欲望は人間をそわそわさせ、人間を行為へと追いやる」[15]と。コジェーヴによれば、ヘーゲルは、欲望にもとづく行為のうちに自己を目撃した。[16]たしかに、ここには、認識論的場面における自己意識から、行為論的場面の自己意識への転換が潜んでいる。[17]しかし、コジェーヴは、この転換の重大性を詳論することなく歴史における自己意識の承認を求める行為へと足早に移ってしまった。この点では、最近のR・B・ブランダムなどによるプラグマティズムからの言語論的解釈が『精神現象学』の言語行為論の位相を解明することにつながるかもしれない。[18]

立ち止まって問うべきことは、自己意識が意識する自己は、客観対象であるより前に、他者的存在（Anderssein）

そして他者（Anderes）だということなのである。というのも『精神現象学』そのものにおいても、客観、他者的存在そして他者という三者の区別が表立ってなされないままだったからである。[19] しかも、「感性的確信」の章冒頭で、知とその対象という枠組みから始めたことも、緒論でもっぱら意識経験だけを問題にしたことも、自己意識の対象が客観にとどまらない他者的存在そして他者だということをかえって隠蔽してしまった。そして、このことが、意識経験から精神の現象への展開の真の意味を隠蔽することになった。この意味こそが、『精神現象学』二〇〇年にわたって解明され続けている根源であるにもかかわらずである。自己意識は、ヘーゲルによれば「精神の概念」（*Phän. S.* 127）である。この概念は、「自己意識」の章では、生命そして形態化、過程から始まっている。ここからこそ本来、感性的確信は始まるべきだったのだ。

まず、緒論で説明されている意識の自己吟味が「自己知（Wissen von sich）」であり、そして、自己意識も「自己自身についての知」（*Phän. S.* 121）といわれている以上、意識の自己吟味も自己意識であることとなる。しかし、それは、原理とはならない。[20] 原理というのであれば、他者を揚棄することによって自立しようとする欲望一般としての自己意識がそれにあたる。したがって、意識の自己吟味は、欲望一般としての自己意識に導かれるべきであった。そのときには、普遍的我は普遍概念ではなくて類的生命となる。しかし、ヘーゲルは、主観と客観という認識の枠組みから意識の経験を始めてしまった。そのことによって、冒頭で自己意識を問うことができなくなってしまった。その結果として意識の自己吟味までもが、感性的確信、知覚、悟性の段階で方法として有効に機能することができなくなってしまった。[21] 緒論でヘーゲルが意識の自己吟味のことを語っていたときには、その機能が限定付きであることはまったくいわれていなかったにもかかわらずである。もし、本論冒頭で自己意識が問われたならば、意識経験の方法は最初から有効に機能したであろう。

『精神現象学』は、なるほど感性的確信の主体としての「わたしとしてのこの人」（*Phän. S.* 70）と客体としての「このもの」（*ebd.*）という知の枠組みから始まる。しかし、この知は身体行為と直結し、指示行為による一人称表現となる。そして、この一人称表現こそが、身体行為者にして知であるという行為的自己意識へと通じている。そこで、つぎにこの一人称表現が自己意識へと通じていることを解明する。

三　一人称代名詞としての「わたし（我）」

そもそも、日本語の「わたし（我）」という語も、また、英語やドイツ語やフランス語の一人称代名詞も、同時に普通名詞としての機能も持っている。従来の大方の自己意識論は、後者の普通名詞に重点をおいて、我が我を意識するという事態を解明しようとしてきた。したがって、一人称表現を解明する際には、それが普通名詞表現としての「わたし（我）」と関係する仕方がまず問題となる。一方で両者を関係づける場合（Ⅰ）には、普通名詞表現を、一人称表現に取り込んでしまうか[22]、対等に関連づけるかどちらかになる[23]。他方で、両者を切り離す場合[24]（Ⅱ）には、それぞれを異なる次元で解明してゆくこととなる。

（Ⅰ）前者の場合には、一人称表現を解明することによって自己意識をも説明しようとする。まず、「わたし（我）」という語は、それに助けを借りて発語者が自己に関わる。つぎに、（a）一方で一人称代名詞「わたし（我）」を伴う命題を使用するとき、その使用は自己指示になっていると考える。その結果、普通名詞表現「わたし（我）」を一人称表現「わたし（我）」に取り込むことになる。（b）他方で「わたし（我）」という語を伴う命題を使用するとき、その語は、普通名詞か、一人称代名詞かのいずれでもよいと考える。この結果、普通名詞表現「わたし（我）」と一人称表現「わたし（我）」を対等に並べて、その相関関係を重視することとなる。

（a）自己指示の場合、一般的指示とは異なって、指示される「わたし（我）」が欠けていることもないし、指示されている人物を誤認することもありえない。「これ」という指示代名詞は、たしかに時間上の位置「いま」と空間上の位置「ここ」を保証する。しかし、それによって位置を保証された存在物が、時間・空間上の位置以外の属性によってさらに保証されなければならないときには、指示は、その存在を保証しない。たとえば、わたしが缶を指示して「これは食べ物だ」といったとしても、それによって缶のなかの食べ物が存在することまでが保証されるわけではない。しかし、たとえば、「わたしは木を見ている」(*Phän. S.* 73) とわたしがいう場合、わたしは、自己が木を見ている者であることを直接に知っている。もし、ここで同定を経由しているのであれば誤認もありうるが、そのようなことはないからである。ヘーゲルが「直接知」(*Phän. S.* 69) と考えたのは、このような場合である。

(b) しかし、これは、つぎのような反論を引き起こす。そもそも自己指示によって自己に関わるためには、自己という事柄を分析しなければならない。そして、自己を指示する一人称表現を分析してみると、一方で、身体を持った人物として記述してよい場合もあるが、他方で身体から分離された思考主体として記述してよい場合もある。デカルト説に従えば、「わたし(我)はデカルトではない」と語ることが成り立つ。このようにして、「わたし(我)」は、一人称代名詞で指示される特定の人物であるばかりではなくて、普通名詞で意味される思考主体でもある。このような経緯から、ヘーゲルも、普通名詞としての「わたし(我)」を優先することによって、直接知を「臆念 (Meinung)」(*Phän. S.* 72) と否定的に規定する。その上で、知の媒介的普遍性をまずは追究し自己意識へ到ろうとする。

(II) しかし、一人称代名詞によって表現される直接知そのものが持つ再帰構造のうちに自己意識の原初を本来見ぬくべきだった。そもそも、(I)(a) によれば、指示されているものの存在が保証されていることが自己指示の特質であった。しかし、それは、自己指示に特有なわけではない。たとえば、「いまあなたが聞いている発言は、日本語の文である」という文の「いまあなたが聞いている発言」という再帰的な言葉は、この言葉を含んでいる日本語文自身に関わるのである。しかも、自己指示と同じように指示されている発言の存在は保証されている。

一人称代名詞の特質は、それがそのつどの発話行為の主体を再帰的に指示するという構造そのもののうちにある。まず、第一に、「わたし(我)」という語は、発話の主体自身に関わるのであり、発話され、表現された文や語に関わらないという点で、ほかの再帰的な言葉と異なっている。第二に、「わたし(我)」という語を、対話のなかでとらえるとき、そのつどの話し手が、自分を話し手として指示する機能を持っている。したがって、同じ「わたし（我）」という語で、一方の話し手が指示されるかと思えば、他方の話し手がすぐ指示されることになる。(25) なぜならば、対話のなかでは、発言ごとに話し手がすぐに交替してゆくからである。こうして、対話のなかでは、「わたし（我）」という語の機能は、自分の対話相手に対する位置や、自分と相手の交替を指示することにある。第三に、「わたし（我）」という語は遂行的な言葉である。つまり、人は、この言葉を使用することによって、自分を話し手として明示しながら、同時に、この言葉でもって自分を、そこで語られる行為の遂行主体として標示するのである。たとえば、「わたしは絵を描く」という発言でもって、話し手は自分を話し手として同定する。それと同時に、そこで語られる〈絵を描く〉という行為の遂行主体としても、自分を同定するのである。

してみれば、少なくとも、一人称表現は、認識論的な自己意識の次元とは、異なる次元からなされる場合があることは、明らかである。それは、「わたし（我）」としての自己を表現する発話の次元である。その際の「わたし（我）」は、対話のなかでの話し手であり、また、発話内容によって表現される行為の主体でもある。「わたし（我）」という語を「感性的確信」の章で問題としたとき、その再帰的構造から、発話行為者としての自己意識という前提が潜んでいた。そこで、これから、この自己意識そのものを『精神現象学』の論述から顕わにする。

四　クラマーの自己意識論

（I）「自己意識」の章に先立つ「力と悟性」の章では、まず二つの自己意識の規定が挙げられている。一つは、（A）「区別されないものを区別する働き」（*Phän.* S.117f.）としての自己意識であり、もう一つは、（B）「自己の他者的存在でありながら自己自身だという意識」（*Phän.* S. 118）としての自己意識である。

ヘーゲルによれば、意識が無限性の概念を対象とするときに自己意識（A）が生成する。この自己意識は無限性の展開を通して現れる。①現象つまり両力の遊動はすでに無限性そのものを示している。②その無限性は、悟性の説明として最初に自由に現れる。③最後に無限性が意識にとって無限性である当のものとして対象であることによって、意識は自己意識である。ここでの無限性の最後の展開が先の「区別されないものを区別する働き」としての自己意識にほかならない。しかも、ヘーゲルは、②の悟性の説明について「悟性による説明の働きは最初は自己意識である当のものの記述にすぎない」(*Phän.* S. 116) と明言している。すなわち、〈区別されない区別〉としての〈法則と力との区別〉を説明しているとき、法則も力も悟性の概念であるがゆえに、実は悟性は自己に関わっているのである。「悟性による説明の働き」(*Phän.* S. 116) のうちには「自己との直接の自己対話」(*Phän.* S. 117) というかたちで自己意識が潜んでいる。

このようにして無限性とは、区別されないものが区別されることである。そして、このことは、あらゆる区別の現象に妥当するので意識と対象との区別にも妥当する。したがって、意識と対象とは区別されないものが区別されたものとなる。ということは、区別されないという点では、意識の対象も意識であり、意識は同時に自己意識なのである。「同名のものが自己を自己から突き放す」ということが「現象そのものの法則」(*Phän.* S. 110) であり、この同名のものが我であるときは「我つまり同名のものが我を我自身から突き放す」(*Phän.* S. 118) ことになる。

しかし、〈我から突き放された我〉に〈突き放した我〉が関係することは帰結するが、突き放された我が我の意識対象であることは帰結しない。こうして、意識ないし我が自己を対象にすることが必要となってくる。そのことを意識は、説明における無限性と同一の無限性を関係項のうちに見出すことによって成し遂げる。

したがって、無限性が意識の対象であることから、自己意識が導出される理由は、意識と対象との区別が対象相互の区別と同格であることにあるだけでは不充分である。さらに意識の運動としての説明が無限性であることが必要である。なぜならば、そのことによって、意識にとって対象は疎遠な他者ではなくて、無限性という点では自己と区別されないことが判明するからである。

ところで、以上のことから、対象は、意識から区別されていると同時に区別されていないことになる。そのような対象が他者的存在（Anderssein）である。したがって、自己意識とは、精確には（B）「自己の他者的存在でありながら自己自身だという意識」（*Phän.* S. 118）にほかならない。したがって、問題は、「区別されないものを区別する働き」としての自己意識を「自己の他者的存在でありながら自己自身だという意識」として限定することであり、そのためには、無限性を体現する他者的存在を限定しなければならない。ヘーゲルによれば、「物についての意識がもっぱら自己意識にとって可能であるだけでなく、自己意識は、物についての意識の諸形態の真理にほかならない」（*Phän.* S. 118）。すなわち、物についての意識は、物を自己から区別する。

ところで、物を自己から区別するためには、自己意識が必要である。したがって、自己意識なしには、物についての意識は不可能である。しかし、この場合、自己意識は、物についての意識とは別個のものとして考えられている。それに対して「物についての意識の諸形態の真理」（*Phän.* S. 118）としての自己意識は、意識と統一されている。

（II）だが、これまでの『精神現象学』研究にあっては、自己意識の規定（A）と（B）との間で知的自己から行為的自己へと自己意識の自己が転換していることが閑却されてきた。その典型がヘンリッヒ学派のK・クラマーのヘーゲル解釈である。

クラマーは、ヘーゲルの自己意識論を、ブレンターノ、フッサール、ナトルプ、そして、ディルタイの体験という見地を凌ぐものと見なしている。「ヘーゲルの哲学には、意識と自己意識について、ヘーゲル以後の論議によっては解決することができなかった理論的問題に満足な仕方で迫っているということを求めうる」[26]。こうして、クラマーは、一二のテーゼを提示しているのである[27]。そして、クラマーは、これらのテーゼにもっともよく適合する箇所として、『エンツュクロペディー』第四二四節を引用している。

「意識の真理は自己意識であり、自己意識は意識の根拠である。したがって、自己意識とは別の対象についての全ての意識は現存するときには自己意識である。わたしはわたしのものとしての対象について、知っている（対象はわたしの対象である）。自己意識は我＝我と表現される。つまり、抽象的自由であり、純粋の観念性である。だからそれは実在性を持たない。なぜならば、自己の対象であるところの自己意識自身は、もはや自己の対象ではないからである。対象と自己という区別はまったく存在しないからそうなのである(28)」。クラマーによれば、第一に、「自己意識は我＝我と表現される。つまり、抽象的自由であり、純粋の観念性である」という言明は、フィヒテの反省理論を批判していることになる。

第二に、「意識の真理は自己意識であり、自己意識は意識の根拠である」という言明をつぎのように解している。つまり、「わたしのものとしての対象に関わることによって、わたしがわたしについて知るのは、つぎの理由による。つまり、意識がそれの意識である当のものに関わる際に、それを、意識から区別されるものとして、つまり、地位を奪われていない『精神現象学』の言い回しを使うと、こういう関係の外にも存在するものとして設定するからである(29)」。そして、「意識の真理は意識そのものの構造上の特性つまり、意識自身の自己関係性へ立ち返る(30)」とも述べている。

しかし、第三に、この自己関係性が対象への関係への関係と、デカルトの伝統に従って解釈されたならば、自己意識は意識ではなくなってしまう。なぜならば、自己意識は、対象に関わるのではなくて、関係に関わるからである。この点についてつぎのように述べられている。「自己意識の反省理論が挫折した理由は、第一次的には、自己意識のうちに意識の構造を維持することができない、ということである。これが、自己意識の反省理論に対するヘーゲル固有の批判である。自己意識の反省理論が、意識であるという自己意識の性格を維持できないのは、つぎの理由による。つまり、自己意識の反省理論によって、他者への関係において自己へ関係するという意識に特有の構造が、それを詳述するという試みのうちで、関係へのたんなる関係へ堕落しているからである(31)」。

したがって、第四に、ヘーゲルにおいては、意識の契機の回復が課題となってくる。かくして、「自己意識の理論の課題に関するヘーゲルの考えは、反省理論が、この課題に関して展開した理解に対抗して、自己意識は意識にならなければならない、と定式化される」[32]。

以上のクラマー説は、全体として卓越している。しかし、「意識の真理」としての自己意識の位置を、我の反省理論とは別の仕方で明示できていない。すなわち、意識は同時に自己意識である[33]、という解釈を否定しきれていないのである。そうであるならば、クラマーは依然としてヘーゲルの自己意識論の固有性を閑却しているといわなければならない。

五　自己意識の行為論的理解

(Ⅰ) クラマーが我の反省理論を根本的に脱却しきれないのは、ヘーゲルの自己意識の規定 (A) (B) を行為の見地から理解していないからであり、自己意識の固有性を『論理学』に見ようとしているからである。それゆえに、自己意識の規定として『エンツュクロペディー』第四二四節を挙げるのである。なぜならば、それは、『論理学』の弁証法に従って書かれているからである。しかも、実は、そのことによってクラマーは、『論理学』の自己意識をもとらえ損ねたのである。つまり、意識から自己意識をとらえていて、自己意識から意識をとらえてはいないのである。むしろ、ヘーゲル固有の自己意識は、『精神現象学』の「自己意識」の章にある「自己意識は欲望一般である」(*Phän. S.* 121) そして「自己意識は欲望である」(*Phän. S.* 125) という句に凝縮されている。自己意識の自己が行為的自己だということである。意識から自己意識への転換には、自己の認識論的次元から行為論的次元への深まりが隠されている[34]。そのことを明示したのがコジェーヴの『精神現象学』註釈なのである。

コジェーヴは、まず人間を自己意識と規定する。その上で、第一に、人間は、「わたし（我）」と言表するときに最初に自己を意識する。第二に、その自己の根源が問題になる。認識主観は、客観を明らかにするが、主観そのものは客観に呑み込まれてしまう。自己を明らかにするのは欲望なのである。「自己が観想する対象に『呑み込まれ』ている人間は、或る欲望、たとえば、食欲によらなければ、『自己に呼び戻される』ことができない。或る存在者をして『我は……』といわしめ、それによってこの存在者を**我**として構成し**我**として開示するものは、この存在者の（意識された）**欲望**である。（真の）認識のなかでそれ自身によりそれ自身に開示された**存在者**を、対象とは異なり対象に『**対立**』する主観によって、『主観』に開示された『対象』へと変じるものは、この**欲望**である。人間が我として、本質的に**非我**と異なり根本的にそれと対立する**我**として——自己自身および他者に対し——自己を構成し自己を開示するのは、『自己の』**欲望**のなかで、『自己の』**欲望**により、より適切には、『自己の』**欲望**としてである。（人間の）**我**とは、或る**欲望**の——あるいは**欲望**そのものの——**我**なのである」(35)。

　ここでいわれていることの前提を詳述するとこうなる。認識活動において認識する自己は主観であるが、欲望する自己意識の自己は、生命である。主観の対象は客観であるが、欲望する生命の対象はさしあたって他者である。しかし、コジェーヴは、欲望する生命についてのヘーゲルの説明を全て省略してしまった。自己意識の規定（A）が規定（B）になるためには、規定（C）「生命」としての「自己意識」（*Phän. S.* 125）を必要とする。ヘーゲルは、まず「むしろ、この類という結果にあって生命は、生命であることとは異なる他者を参照指示する。つまり意識を参照指示するのであり、意識にとって生命は反省されている統一としてつまり類として存在する」（*ebd.*）と述べている。そして、「この意識という生命、しかもその生命に対しては類そのものが存在し自己自身に対して類である生命は、自己意識である。この自己意識は、さしあたってもっぱらこの単純生命体であることを確信し、純粋我としての自己を対象としている」（*ebd.*）と規定している。生命が最初の直接統一から形態化そしてプロセスを経て反省されている統一としての類となったとき、意識を参照指示する。これは、推理の働きを意味している。推理にあっては、純粋カテゴリーとしての類的統一が多数のカテゴリーとしての種を参照指示し、種は、個別を参照指示する（*Phän. S.* 161）からである。推理は、この三つのカテゴリーの三位一体なのである。自己意識とは、類的生命としての意識の自覚存在なのである。そして、その存在とは、自立した形態である。いまや形態の自立自己を否定するのは、自己の他者的存在としての形態である。

ここでは、自己意識の規定（A）の無限構造に肉付けがなされて突き放される区別項は、分肢そして形態となる。こうして自己意識の存在が推理における生命形態としての身体を含んだ類となる。そして、この類こそが行為の端緒にあって欲望として現象する。ここに自己意識の規定（D）「自己意識は欲望である」が登場する。してみれば、自己意識が生命であることによって、自己意識の規定（C）が規定（D）へと限定されている。さらに、自己意識は欲求一般であるという規定（E）は、『精神現象学』で行為が三つの姿をとりながら「自己意識の本質」へ到ろうとすることを意味している。[36]

ヘーゲルは、「人倫的行為」の箇所で、明確に「行為が自己意識のもっとも固有の本質である」（*Phän. S.* 308）と述べている。すなわち、自己を意識する存在の根底が、自己を超えたものを指示しながらも、あくまでわがものであるがゆえに、それは「自己意識のもっとも固有の本質」なのである。かくして、「欲望一般」は、行為の第三の姿である根源における行為へと、まずは生成しなければならない。このようにしてヘーゲルは生命次元において自己意識の自己を、運命という己れに敵対する否定的生命ととらえた。[37]

（II）そもそも、ヘーゲルの自己意識の根源は、生命次元における運命的行為にある。[38] そのことを、青年期の草稿に目撃することができる。大略、青年期のヘーゲルがいっている「我」ないし「自己意識」に関する思索を、三つの段階[39]に分けることができる。

ここで問題となる生命次元の自己意識は第三段階の「キリスト教の精神とその運命」で登場する。そこでは、「全一な生命」が罪を犯す行為によって分断されて、分断された生命が運命の刑罰として罪を犯した分断者に降りかかる。したがって、運命とは、罪を犯した者に敵対する自己なのである。そして、罪を犯すということは、「生命という全体から背き出た行為」（*W* 1, *S.* 346）である。こうして、「運命は、自己自身の意識であるが、敵対的なものとしての自己自身の意識である」（*ebd.*）。このようにして、青年期のヘーゲルは、自己意識を運命としてとらえ、そこでの否定的な自己は、分断された全体であり、それの表現を「生命という全体から背き出た行為」と考えたのであった。そこで、次章では、このような行為的自己を、欲望という次元でさらに詳密に検討する。

註

（1）拙論「日本の『精神現象学』研究鳥瞰」、合澤清・滝口清栄編『ヘーゲル――現代思想の起点』（社会思想社、二〇〇八年、二八四頁〜三〇七頁）を参照されたい。

（2）Vgl. Löwith, K., *Von Hegel zu Nietzsche. Der revolutionäre Bruch im Denken des neunzehnten Jahrhunderts*. Bd. 1, Felix Meiner Verlag, Hamburg, 1955, S. 204.

（3）岩波哲男『ニヒリズム』、理想社、上（二〇〇五年）・下（二〇〇六年）。

（4）Vgl. *KSA* 13, S. 458.

（5）Cf. Murdock, J., *Sketches of Modern Philosophy; Especially among the Germans*. John C. Wells, Hartford, 1846, p. 184.

（6）Cf. Kojève, A., *Introduction à la lecture de Hegel. Leçon sur la phénoménologie de l'esprit. professées de 1933 à 1939 à l'École des Hautes-Études*. réunies et publiées par Queneau, R., Éditions Gallimard, Paris, 1947, p. 13.

（7）この語は、自己意識の本質が無限的であることを、意識経験の場で表現している。つまり、自己と他者との間の限界線が自己とも他者ともつかないという事態を表現している。

（8）Cf. Lacan, J., *Écrits* I. Éditions du Seul, Paris, 1966. pp. 173-174.

（9）Cf. Lacan, J., *Le Seminaire. Livre XI: Les quatre concepts fondamentaux de la psychanalyse*（*1964*）. Texte établi par Jacques-Alain, M., Éditions du Seul, Paris, 1973, p. 192.

（10）Vgl. Marx, K., *Ökonomisch-philosophische Manuskripte*（*Karl Marx/Friedrich Engels Gesamtausgabe*. I. Abteilung, Bd. 2［Text］）Dietz Verlag, Berlin, 1982, S. 418.

（11）たとえば、つぎのニーチェの言明は、コジェーヴの「歴史の終わり」の見地と重なる。「人はもはや貧しくも豊かにもならない。両方ともあまりに煩わしすぎるからだ。誰がなお統治しようとするだろうか？　誰がなお服従しようとするだろうか？　両方ともあまりに煩わしすぎるのである」（*KSA* 4, S. 20）。

（12）「わたしたちが当面の議論の総仕上げをするためには、歴史の終点において登場するといわれる存在、つまり『終わりの人間』

に触れないわけにはいかない。〔……〕／ヘーゲルに対する最大の批判者の一人であるマルクスは、承認が普遍的であるというヘーゲルの命題を否定した。経済的諸階級の存在が承認の普遍化を妨げている、というわけである。もう一方の側からの、そしてマルクス以上に深遠な批判を持ち出したのはニーチェであった。というのも、ニーチェの思想はマルクス主義のように大衆運動や政党のなかに具体的に盛り込まれはしなかったものの、人間の歴史的進歩の方向性について彼が提起した問題はいまだに未解決のままであり、地上から最後のマルクス主義政権が消滅した後も解決されそうには思えないからである」（Fukuyama, F., *The End of History and the Last Man*. Perennial, New York, 1992, pp. 300–301）。なお、「終わりの人間」については、シュトラウスも「人間が充分に満足しているといわれている状態とは、したがって、人間性の土台が崩れ去り、あるいは人間性が失われた状態なのである。これがニーチェのいう『終わりの人間』の状態である」と述べていた。Cf. Strauss, L., *On Tyranny*. Cornell U. P., Ithaka/New York, 1963, p. 223.

（13）　M・クヴァンテが、承認運動における相互行為（Interaktion）に着目していることは、先駆的である。Vgl. Quante, M., Die systematische Bedeutung der Anerkennungsrelation in Hegels *Phänomenologie des Geistes*.（日独哲学シンポジウム講演原稿、二〇〇六年三月二六日、於法政大学）。なお、当該シンポジウムについては、本書第四編第二章註（1）を参照されたい。

（14）（15）　Cf. Kojève, A., *op. cit.*, p. 11.

（16）　ガダマーは、主人の意識でもなければ、奴隷の意識でもない第三の自由な自己意識として「技量の意識」を主張している。奴隷の意識は、なるほど、主人に逆らったときには、自分が殺されるかもしれないという生存の究極的依存の境涯、自分の生き死にを、他人に決定されるという経験をする。これは、一方では、物質的・身体的には自己の自立性が不在であることの証明でもあるが、他方で、奴隷の意識には、なおも他人に依存しないで確保されているものがある。それが、労働における技量なのである。奴隷の技量は、自由な自己を意識する際の土台であり形相である。Vgl. Gadamer, H.-G., *Hegels Dialektik. Sechs hermeneutische Studien*. J. C. B. Mohr, Tübingen, 1980, S. 62f.

（17）　西田は、行為的直観は、『精神現象学』の根底にあると述べている。このことについては、西田幾多郎「行為的直観」（『西田幾多郎全集』、第八巻、岩波書店、一九七九年、五五二頁）を参照されたい。

（18）　Cf. Brandom, R. B., *Tales of the Mighty Dead. Historical Essays in the Metaphysics of Intentionality*. Harvard U. P., Cambridge/Massachusetts/London, 2002, pp. 210–234.

（19）　少なくとも、他者と他者的存在の区別についての説明はない。

（20）　Vgl. Marx, W., *Hegels Phänomenologie des Geistes. Die Bestimmung ihrer Idee in Vorrede und Einleitung*. Vittorio Klostermann, Frankfurt am Main, 1971, S. 115ff.

(21) かといって、『エンツュクロペディー』において、心理学で身体論から感性的確信へ展開したことが適切であったともならない。なぜならば、そこでは、時間と空間が問われながらも「いま」と「ここ」としては問われなくなっているからであり、そのことによって、行為主体が「このわたし」として問われることがなくなっているからである。

(22) Cf. Shoemaker, S., Self-reference and self-awareness. In: *The Journal of Philosophy*. Vol. 65, Journal of Philosophy, Inc., New York, 1968, pp. 556–567.

(23) Cf. Anscombe, G. E. M., The First Person. In: Guttenplan, S. (ed.), *Mind and Language*. Clarendon Press, Oxford, 1975, pp. 45–65.

(24) E・ホーレンシュタイン「『私』という語の特異な文法」、高田珠樹訳、『思想』、第七三六号、岩波書店、一九八五年、四九頁〜七一頁。

(25) たとえば、つぎの二つの文中の「わたし」は、異なった話し手を指示している。

(a) ペーターは、「わたしはアナーキストだ」といった。

(b) ペーターは、わたしはアナーキストだといった。

すなわち、(a)では、「わたし」は、ペーターを指示しており、(b)の文では、その文を話している人自身を指している。

(26)(27) Vgl. Cramer, K., Erlebnis. Thesen zu Hegels Theorie des Theorie des Selbstbewußtseins mit Rücksicht auf die Aporien eines Grundbegriffs nachhegelscher Philosophie. In: *Hegel-Studien*. Beiheft 11, Bouvier Verlag Herbert Grundmann, Bonn, 1983², S. 594ff.

(28) Vgl. Hegel, G. W. F., *Enzyklopädie der philosophischen Wissenschaften im Grundrisse (1830)* [*Gesammelte Werke*. Bd. 20]. Felix Meiner Verlag, Hamburg, 1992, S. 427f.

(29) Vgl. Cramer, K., Bewußtsein und Selbstbewußtsein. Vorschläge zur Rekonstruktion der systematischen Bedeutung einer Behauptung Hegels im § 424 der Berliner Enzyclopädie der philosophischen Wissenschaften. In: *Hegel-Studien*. Beiheft 19, Bouvier Verlag Herbert Grundmann, Bonn, 1979, S. 217.

(30) Vgl. ders., *a. a. O.*, S. 218.

(31) Vgl. ders., *a. a. O.*, S. 222.

(32) Vgl. ders., *a. a. O.*, S. 224.

(33) 意識は同時に自己意識である、という見地は、デカルトによる我の反省理論のうちに見出すことができる。つまり、「わたしたちが疑っている間、わたしたちが存在しているということは、疑うことができない」という『哲学原理』の句(Descartes, *Œuvres*

philosophiques. Tome III, Éditions Garnier, Paris, 1973, p. 94）は、「わたしたちが何かを意識している間、わたしたちが存在していることを確信している」と言い換えることができる。そして、それは、何かについての意識は、同時に何かについての意識の存在についての確信である、ということを意味するのである。

（34） それに対して、ハイデッガーによれば、『現象学』の意識から自己意識への移行とは積極的には自己存在を、その自立性というかたちで獲得することであり、そして、その移行は最初に固有にはっきりと現象学の全運動のもっとも内的な問題性になる。そして、その問題性とは精神の絶対的現実性を解明的に獲得することである。ハイデッガーの見解は徹底したものであるが、依然として脱落している視点がある。それは、ヘーゲルの自己意識がたしかに成立していることを確認するということである。というのは、我が我を対象として意識できるということは必ずしも自明ではないからである。Vgl. Heidegger, M., Hegels Phänomenologie des Geistes（*Gesamtausgabe*. II. Abteilung: Vorlesungen 1923–1944, Bd. 32), Vittorio Klostermann, Frankfurt am Main, 1980, S. 162ff.

（35） Cf. Kojève, A., *op. cit.*, p. 11.

（36） そもそも『精神現象学』で語られている行為それ自体は、いったい、全体としていかなるものなのであろうか。結論からいって、『現象学』では、著者が読み解いたかぎり、行為というものが三つの位相（Phase）からさまざまなかたちで論じられている。第一の位相は、すでに述べた「自己表現」の位相である。第二の位相は、「自己表現」の位相を静止的な構造においてとらえたものであって、行為の表面ともいうべき行為の構造の位相である。第三に、これらの位相より、さらに深い次元に、行為の根源の位相を見なければならない。ただし、その位相は、とりわけ「精神」の章の「人倫的行為」の箇所にわずかに語られているだけである。

（37） 田邊元が、日本における最初の本格的『精神現象学』研究「ヘーゲルの絶対観念論」で運命が身体に潜んでいることを指摘していることは先駆的であるが、その後、この洞察が深められてきたとはいえない（『ヘーゲル哲学と弁証法』、岩波書店、一九三二年、四七頁）。

（38） 最近の哲学的宗教論の代表的なものとして、ヘンリッヒの『現代哲学の遠近法』（一九八二年）の「第四章　自己意識とその自己解釈」の部分を取り上げてみたい。というのは、ここで、ヘンリッヒは、自己意識の視点から、宗教の源泉を解明しているからである。そして、さらに、ヘンリッヒは、哲学が、将来、宗教に取って代わるべきであることを、大胆にも主張しているからである。ヘンリッヒは、まず、「わたしたちの日常的世界理解とこの世界理解に含まれる自己了解とに然るべき構制を与えるもの」と「わたしたちにとって可能な意識的生命についての究極的言明」との間の関係を、「根本的相関」と呼んでいる。前者は、また生命の運動と呼ばれ、後者は、生命の解釈と呼ばれ、この両者の間の隔たりがなくなったとき、意識的生命が可能となるのである。そして、そのことは、宗教や形而上学を各人が領有することによって可能となるのである。さらに、その領有は、「根本相関」のうちにある自己意識の目指す自己解釈によってなされる。そもそも、ヘンリッヒによれば、自己意識を含んだ「根本相関」は、考えぬくことのできない根拠から出て来るのであって、自己解釈は、この根拠へ関わるべく、つぎの三つの問いを立てる。すなわち、「わたしはどこから来たのか」、「わたしは、本来いったい何なのだろうか」そして「究極のところわたしはどのようになるべきなのだろうか」という問いが、それである。このようにして、ヘンリッヒは、自己意識から、宗教が、哲学と同じような問いを掲げながら生まれてくるということを、明確に主張しているのである。Vgl. Henrich, D., *Fluchtlinien. Philosophische Essays*. Suhrkamp Verlag, Frankfurt am Main, 1982, S. 99ff.

（39）第一に、フィヒテの「絶対的我」に消極的に反対していた段階、第二に、フィヒテの「実践的我」に接近した段階、そして、第三に、「運命」としての自己意識という独自の見地に達していた段階である。第一の段階は、ベルン期のいわゆる「実践理性の断片」（一七九五年）のなかに確認することができる。第二の段階は、フランクフルト初期の「道徳性、愛、宗教」（一七九七年）という断片のなかに確認することができる。第三の段階は、同じくフランクフルト期の「キリスト教の精神とその運命」（一七九八年）のなかに確認することができる。

第二章　「欲望一般」としての自己意識

一　自己意識の縦軸と横軸

（Ⅰ）本章では、最初に、第一章で論じてきた自己意識論との関連でM・クヴァンテの講演「ヘーゲル『精神現象学』における承認関係の体系的意義」[1]を取り上げる。クヴァンテは、『精神現象学』における精神、自己意識そして承認の関係を解明することによって、哲学意識の立場で定式化された社会存在論的関連を問題にする。そこで、まず精神の概念を解明する。精神の概念が絶対的実体であり、その実体は、実体とは対立する自己意識が自由であり、自立していることによってそれらの自己意識を統一する。この統一は、「我々なる我、我なる我々」という有名な表現で言い換えられており、これこそが精神の概念なのである。しかし、この表現の意味はまったく自明ではない。それを、自己意識の概念と承認の二方向から解明しようというのである。自己意識の概念は、生命、欲望、そして自己意識の自立を契機とする。クヴァンテは、とりわけ自己意識の自立を、承認関係から明らかにする。承認関係は、ヘーゲルによる「我々」の分析と、二様の承認関係から解明される。クヴァンテは、炯眼にも承認関係を相互行為から解明する。「各人は、自分が行うことと同じことを相手が行うのを見る」（*Phän. S.* 129）という行文にはまさしく相互行為が示されている。しかし、クヴァンテは、この行為を意図的行為と解釈する。それは、当該箇所を、その後の意識経験から切り離して『法哲学』の前段階と解釈するためである。たしかに意図、身体運動、結果が行為の構造的要素をなすが、相互行為にあっては意図の要素が重要になるわけではない。むしろ、身体運動が重要となる。その後の意識経験の道において相互行為の内実が解明されてゆく。それは、欲望にもとづく身体行為なのである。そして、やがて類的カテゴリーとしての我が我を語る言語行為となり、それが聞き取られることによって承認されることになる。クヴァンテは、たしかに自己意識の章の特定箇所の分析をみごとにやってのけた。しかし、『精神現象学』全体を視野にいれていないのである。それが原因となって相互行為を精確に解釈することができなかった。やはり、『精神現象学』の部分註釈は、全体との関連を前提とする。

(Ⅱ) そこで、クヴァンテが精神の概念言及箇所を焦点に据えた箇所(『精神現象学』第一七七節)から、『精神現象学』全体をこれから問題化する。(2) 『精神現象学』全体を「精神とは何か」という根本的問いを中核に据えた書として解釈し、その根本的問いを遂行し、応答する自己意識を再構成することを目指した。管見によれば、『精神現象学』固有の理念は、問い、方法、体系の三つの次元から総括的に解明される。「精神とは何か」という問いを根本にして懐疑的方法がその問いを導くことによって「学の体系第一部」が構築されてゆく。

ところで、管見によれば、『精神現象学』の理念の三つの次元のうちでもっとも根本的なのは問いの次元である。「精神とは何か」という問いは、「意識に対して、さらに生じてくるのは、精神である当のものの経験である〔……〕」(*Phän. S.* 127) とあるようにまず経験されるべきこととして語られている。そして、ヘーゲルは、「精神とは何か」という問いを、精神のもろもろの形態を貫く自己意識的精神の働きに根差すものとして提出している。そして、「精神の不完全な諸形態化を征服する労苦」(*Phän. S.* 523) が完結してはじめて、「精神とは何か」という問いに、当の自己意識的精神が、応答することができる。しかも、それはたんに「精神である当のものを言い表す」(*Phän. S.* 526) ことにとどまらず、さらに「精神が自ら自身について真に知ること」つまり「学」(*ebd.*) でなければならない。

この問いは、つぎの二点で、まさしく「精神現象学の根本的問い」である。第一に、この問いを立てるのに先立って、ヘーゲルは、問いの定礎を自覚的に遂行している。換言すれば、問いの対象が「絶対的実体」(*Phän. S.* 127) ないし「精神の実体」(*Phän. S.* 530) であることを解明している。第二に、問いを遂行することによって、実体そのものが主体としてとらえ直され主客関係を越えるという自己否定的な事態が生じる。すなわち、問いが経験において立てられながら、経験を越えることになる。

そもそも『精神現象学』における自己意識には横軸と縦軸とがある。自己意識の横軸とは、意識の形態の一つであり、承認関係における自己意識、主人と奴隷の自己意識、ストア主義と懐疑主義の自己意識、そして不幸な自己意識である。それに対して、自己意識の縦軸は、二段構えになっている。第一段階は、認識論的段階である。いうまでもなく、自己意識がわたしたちの内面で、一つの出来事として現象する場合、それは、「わたしがわたし自身を知っている」と表現される。そして、そこでは、自己意識は、「区別されないもの〔我〕を区別する働き」(*Phän.* S. 117f.)つまり自己を知る働きとして、認識論的段階で理解されている。この点については、「自己意識」の章に先立つ「悟性」の章に「意識は、区別されないもの〔我〕を区別する働きつまり自己意識である」(*Phän.* S. 118)といわれている。

つぎに自己意識の存在論的段階が続くのである。対象を自己として認識する働きからその存在確信へ向かうのである。そのような存在を精神の現象においてとらえたのが「自己意識は欲望一般である」(*Phän.* S. 121)という規定なのである。しかも、この自己意識には、行為存在であり他者的存在へ向かう側面と、変化しないものへと向かう側面つまり罪責と不幸な意識とがある。不幸な自己意識は、「非本質的な意識」ともいわれ、「変化しないもの」を己れの本質と思い定め、「〔変化しないものと〕一つであることを達成しようと努める運動」(*Phän.* S. 147)であるともいわれている。

二　『精神現象学』の自己意識の固有性

つぎに精神とは何かを問う自己意識的精神の位置を解明することにする。『精神現象学』における自己意識に関して、最初にみとめなければならない基本的な事柄は、つぎのことである。それは、『精神現象学』〔傍点著者〕においては自己意識それ自身もまた、終始、まさに「精神の現象」だということである。たしかに、自己意識に関しては、従来、前節で述べたように横軸の方から追究されてきた。ペゲラーがいう原理としての自己意識(3)も自己意識の横軸を指摘したにすぎない。しかし、「精神の現象」としての自己意識は、以上の横軸の追究を縦に貫くかたちでも存在している。したがって、本来、そのような横軸の追究と同時に「精神の現象」としての自己意識を縦軸の方からも問うべきだったのである。ところが、また、「精神の現象」としての自己意識とはいかなるものかということに関して意外にも明確な説明をヘーゲルはしてはいない。

（Ⅰ）「精神の現象」としての自己意識の縦軸を、前節で述べたように、ヘーゲルはいわば二段構えで規定している。第一段階は、認識論的段階である。この規定は、自己意識の現象を、知ることと対象との区別という意識の経験の枠組みに従って規定したものだからである。認識論的段階については、ヘーゲルの自己意識論が、〈対象への関係への関係〉という反省理論を克服して、対象としての自己を意識するという事態を解明していることを、K・クラマーの自己意識論(4)が、なるほど正しく指摘している。しかし、クラマーも以上のような自己意識の認識論的段階にとどまることによってヘーゲルの自己意識論の固有性を見失っている(5)。また、自己を吟味する意識を『精神現象学』全体を貫く理念と理解するW・マルクス(6)も自己意識の認識論的段階を指摘したにすぎない。

（Ⅱ）だが、前節で述べたように第二に『精神現象学』では存在論的段階が続くのである。つまり、自己意識の認識する働きから、まさに自己を認識する存在確信へ向かって行ったのである。すなわち、ヘーゲルは「自己意識」の章の最初の箇所で、「だが、実際には自己意識は、感性的で知覚された世界の存在からの還帰であり、本質的に他者的存在からの還帰である」(*Phän.* S. 121)と述べている。さらに、そのような「他者的存在からの還帰」の運動は「欲望一般」であると規定しているのである。つまり、自己意識は、「感性的な世界の広がり全体」と「自己意識の自分自身との統一」という二つの契機を持っており、両者は対立し合っている(*ebd.*)。そこで、この対立を揚棄(aufheben)して、「自分との同等性」になろうとする運動が「欲望一般」にほかならないのである。このような自己意識の規定は、けっして、もはや意識の経験の途上に現れる自己意識の形態の一つではなくて、その全ての形態に妥当する規定である。さらにいえば、このようにして、自己意識を存在論的段階でとらえることによってこそ、はじめて今日に到るまでの認識論的な自己意識論が陥った困難を脱却する道を摸索することができるのである。

だが、この解釈に対しては、「一人の自己意識に対して一人の自己意識が存在する」(*Phän.* S. 127) とヘーゲルが明言しているように、承認関係において自己意識の存在がはじめて問題となるのではないかという疑問が出てくるかもしれない。しかし、『論理学』の言葉を使うならば、承認関係における自己意識の存在とは「規定された存在」であるのに対して、「欲望一般」としての存在とは、それに先立つ「生成 (Werden)」としての「存在一般」なのである。

第一に、ヘーゲルが、「自己意識は欲望一般である」と規定したとき、同時に自己を意識する存在が行為であることを肯定しているのである。つまり、自己を意識する者は、実体述語としての我でもなければ、心の内的状態でもない。言い換えるならば、「自己意識は欲望一般である」という規定によって、『精神現象学』の以後の叙述のなかに出てくる行為の領野が、厳しく限定されている。(7) したがって、それ以後、ヘーゲルは行為について「欲望一般」ということを一切ことわる必要は、当然なかったのである。現に、それを裏づけるかのように、同じ「自己意識」の章の「承認の運動」の箇所で、ヘーゲルは、何のことわりもなく「自己意識の純粋な抽象態としての自己を表現すること」が「二重化された行為」(*Phän.* S. 130) であると述べることによって、「自己表現」としての行為を導き出している。これも、すでに「欲望一般」において自己意識の存在が行為であることが肯定されていたことに由来する。

第二に、ここでの「欲望一般」とは、文字通り「一般」とあるように、各々の行為が全て自己の本質を目指す運動として現れるかぎり、それらのいずれも一般的に「欲望」として解釈すべきであることを意味している。そして、このことによって、決定的なかたちでヘーゲルは自己存在と一体となっている行為に考察の焦点を定めたのである。「欲望一般」としての行為存在には、他者的存在へ向かう側面 (A) と、変化しないものへと向かう側面 (B1) (B2)

とがある。

(A)コジェーヴが、自己意識の欲望は、〈他者の欲望への欲望〉[8]であるとした。このとき、コジェーヴは、欲望一般をもっぱら前者の側面に限定したのである。しかも、その際に論理学との対応を全て排除した。しかし、そのおかげで、自己意識が欲望一般であることによって、行為存在であることをはっきりと見ぬくことができた。そして、また、論理学を第一部とするエンツュクロペディー体系に見られない固有なるものを欲望一般を起点に解明することができた。この功績を評価すべきである。しかし、変化しないものへ向かう欲望一般を無視してしまい、悲劇的運命ないし罪責としての自己意識そしてその終極たる不幸な意識の展開を解明することができなかったのである。[9]

(B1)この罪責の正体を解き明かす上で、自己意識固有の本質としての行為を揺るがせにできない。それどころか、ヘーゲル自身が比類のないほどの純乎たる言葉で「かくして、自己意識は所為を通して罪責になる。というのは、罪責は自己意識の行為(為すこと)であり、その行為は自己意識のもっとも固有の本質である」(*Phän. S.* 308)と述べている。この章句の深みを、それを一読してもおよそ見通すことはできない。また、前後の論脈だけからも推断することはできない。

ヘーゲルは、この章句で、まず、自己意識の行為の否定的結果たる所為の罪責つまり原因となるのは自己意識である、といっている。これは、一見、行為の結果という出来事を生み出した原因として、自己意識という出来事を指定しているかに見える。もし、そうであるならば、罪責はとりもなおさず行為の構造の位相の一つの契機に還元されることとなる。すなわち、ヘーゲルのいう罪責とは、いわゆる「因果的責任」にほかならないことになる。たしかに、ヘーゲルのいう罪責にあっても、さしあたって、行為とその結果との間に通常の意味での原因と結果との関係があるといってもよいであろう。だが、そのような註釈は、『精神現象学』の罪責に関する記述があまりに簡潔すぎるとはいえ、それを補うための註釈としては、やはり基本的に不充分である。というのは、罪責の場合には、原因にあたる行為が、因果的責任におけるたんなる出来事(Begebenheit)にとどまらない意味を持っているからである。それに対して、因果的責任の場合には、一つの出来事として、行為者の自己存在から切り離してとらえることができる。したがって、その行為者は責任を負うことによって、必ずしも自己存在そのものを否定する必要はないのである。ところが、ヘーゲルのいう罪責の場合には「各人の性格（Charakter）を食いつくす罪責」（*Phän. S.* 311）と明確に述べられているように、性格という直接的自己存在の否定に到るのである。なぜならば、罪責の場合には、行為と自己とは一体のものだからである。現に、ヘーゲルは、自己意識が罪責になる理由としてすでに引用したように「罪責は自己意識の行為であり、その行為は自己意識のもっとも固有の本質である」ことを挙げているのである。すなわち、自己意識が罪責となるのは「自己意識のもっとも固有の本質」である行為が「罪責（原因）」だからなのである。それは、まさしく「自己意識のもっとも固有の本質」と呼ばれるのにふさわしい行為つまり根本における行為である。そのような、いわば自己存在の全重量がかかった行為こそが「人倫的行為」の「一面性」を罪責とする「為すこと」であり、「二重化・分裂の働き（Entzweiung）」としての行為なのである。そのことは、これまでの論究から、こうもいえる。すなわち、行為とはその根本においては、行為する者の知に領導されてゆくものではなくて、むしろ、そのことを解体し二重化しながら、自己の未知の姿を提示してゆくのである。

以上のことはたしかに、もっぱら「人倫的行為」に関する記述から読み取った事柄ではある。しかし、行為そのものの根本を、この箇所以上に純粋に語った箇所はないのである。そのような解釈にもとづいて、つぎのことを確認しておくことにする。すなわち、そもそも、二重化・分裂とは、序説（Vorrede）に「生ける実体は主体としては純粋で単純な否定性であり、まさにそれによって単純なものを二重化することである」（*Phän. S.* 14）とあるように否定性の最初の姿なのである。そして、いかにも、行為とは「相互承認」としての絶対精神の一つの契機でもあるが、実体の本質的姿としての絶対的否定性は、行為の根本のうちにこそはじめて示されてゆくのである。すなわち、行為が行為者の働きでありながら、行為者の直接的自己存在たる性格を否定するというところに、まさに否定性が行為の生ける働きとして現れている。こうして、「実体は本質的に主体である」という場合の「主体」つまり否定性の最初の具体相を以上のような行為の根本のうちに目撃することが『精神現象学』の真理観に忠実に従うことになるのである。

（B2）このようにして、「欲望一般」を、意識の経験の途上で、「精神の現象」として登場する自己意識の全てを貫くものと解釈するときに、啓示宗教に到るまでの自己意識の基本的性格である「不幸な意識」が登場する必然性を解明することができる。いかにも、横軸から見ると「不幸な意識」は、ストア主義の単純なあり方と懐疑主義の否定的なあり方が一つの自己意識のうちに取り集められたものである。そのかぎりで、「不幸な意識」は、「自分が二重化・分裂させられ、矛盾しているだけの実在であるという意識」（*Phän. S.* 144）と規定されている。

しかし、さらに、「不幸な意識」は、「変化しないもの」を己れの本質と思い定め、変化しないものと一体になろうとする。つまり、変化しない神への思慕、世界の神聖化、自己犠牲と赦免という三重の運動を「不幸な意識」は行うのである。そして、この「運動」は、実は、自己意識が「欲望一般」であることから、必然的に導き出されているのである。言い換えるならば、「欲望一般」としての自己意識が、啓示宗教に到るまでは、全体として、己れの実体を喪失しており、自己についての知すら喪失していることを、「不幸な意識」が示している。そして、「不幸な意識」が「意識そのものの没実体的運動の形態」（*Phän. S.* 349）であるということは、逆にいえば自己意識の本質が実体であることが、「不幸な意識」の段階で、実質的に判明していたことを意味する。このようにして、自己意識の本質への生成とは、より具体的には、意識の経験に従って実体を問うことにほかならなかったのである。

不幸な意識こそが、精神とは何かということを問い続けて、ついに実体としての「神自身が死んだ」（*Phän. S.* 512）という苦悶に満ちた表現によって絶対者が主体であることを告げ始めたのである。さらにこの言葉は、本書第一編第四章第四節で述べたように神という名そのものの廃棄をも意味している。それは、つぎに序説（Vorrede）でヘーゲルが、神という名は、概念ではなくて、固有名であり、「基体主語の確固とした静止」（*Phän. S.* 49）であるがゆえに避けることを提唱することにつながってゆくのである。だが、神という名を使わないで神を概念把握するということは実質的にも神の否定につながるであろう。[10] このようにして、いまや不幸な意識を『精神現象学』の根本的問いの次元に据えるときにはじめて『精神現象学』固有の理念が、問い・方法・体系という三つの次元にわたって姿を現すのである。

註

（1） 当該講演は、日独哲学シンポジウム東京プログラム「『精神現象学』二〇〇年」の際になされた。邦訳は、日本ヘーゲル学会編『ヘーゲル哲学研究』第一三号（二〇〇七年一二月）に掲載されている。当該シンポジウムは、国内外における『精神現象学』二〇〇年記念行事のスタートとなった。日本人研究者は、『精神現象学』の理念や現代哲学との関連といったテーマを扱っていて『精神現象学』全体を問題にしていた。それに対してドイツ人研究者は、『精神現象学』前半部の特定箇所や表現についての細密な註釈を行っていた。フィーベークは、緒論の「意識自身の反転」（*Phän.* 67）という表現を懐疑主義の観点から説明しようとしていた。コッホは、意識の章から自己意識の章への移行を註釈していた。そして、クヴァンテは、「自己意識」の章の原典でわずか二頁の部分についての註釈をしていた。たしかに、ドイツでは、すでに『精神現象学』の理念については、ペゲラーやフルダが一九六〇年代に発言していたので、そのような『精神現象学』全体についての問題設定から、部分についての細密註釈へ進むのが順当ではある。しかし、ペゲラーやフルダが『精神現象学』全体に内在する問題設定を充分明らかにできたとは到底思えない。さらに二〇〇六年六月一七日（土）には、日本ヘーゲル学会第三回研究大会「討論　『精神現象学』の自己意識」（於明治大学）が催され、二〇〇七年六月には、日本ヘーゲル学会第五回研究大会「シンポジウム『精神現象学』の否定性」（於名古屋市立大学）が実施された。研究誌でも、日本ヘーゲル学会編『ヘーゲル哲学研究』第一二号（二〇〇六年一二月）、第一三号（二〇〇七年一二月）、『理想』（理想社）第六七九号（二〇〇七年春）などで『精神現象学』二〇〇年特集が組まれている。また、国外では、ドイツのイェーナ市で、二〇〇六年一〇月二三日から二八日にかけて200 Jahre Hegels *Phänomenologie des Geistes*. Tagung in Jena が開催された。また、二〇〇七年三月二一日から二四日にかけては、ベルリン市で Internationales Symposion zum 200. Jubiläum von Hegels *Phänomenologie des Geistes* が開催された。

（2） 当該提題については、拙論「『精神現象学』の根本的問い」（『理想』、第六七九号所収、理想社、二〇〇七年、三〇頁～三九頁）を参照されたい。

（3） Vgl. Pöggeler, O., *Hegels Idee einer Phänomenologie des Geistes*. Verlag Alber, Freiburg/München, 1973, S. 231ff.

（4） Vgl. Cramer, K., Bewußtsein und Selbstbewußtsein. Vorschläge zur Rekonstruktion der systematischen Bedeutung einer Behauptung Hegels im § 424 der Berliner Enzyklopädie der philosophischen Wissenschaften. In: *Hegel-Studien*. Beiheft 19, Bouvier Verlag Herbert Grundmann, Bonn, 1979, S. 215ff.

（5）この点については、拙論「現代史に生きる『精神現象学』」（日本ヘーゲル学会編『ヘーゲル哲学研究』、第一二号、二〇〇六年）、一〇三頁以降を参照されたい。

（6）Vgl. Marx, W., *Hegels Phänomenologie des Geistes. Die Bestimmung ihrer Idee in Vorrede und Einleitung.* Vittorio Klostermann, Frankfurt am Main, 1971, S. 113ff.

（7）「欲望一般」が直接的欲望から区別されることについては、幸津國生『哲学の欲求――ヘーゲルの〈欲求の哲学〉』（弘文堂、一九九一年）、一九〇頁以降を参照されたい。

（8）この見地を欲望の弁証法として、フロイトの精神分析にさらに適用したのが、ラカンである。

（9）不幸な意識の展開については、拙著『ヘーゲル哲学の根源――〈精神現象学〉の問いの解明』（法政大学出版局、一九八九年）、一五六頁以降を参照されたい。

（10）ヘーゲルにおける神の否定については、拙稿「『ディオニュソス哲学への道』序説――〈神の死〉理解の転換」（『法政大学文学部紀要』、第五四号、二〇〇七年三月）、二一一頁以降を参照されたい。

第三章　近代日本におけるヘーゲルの行為論的再構築

一　田邊元による『精神現象学』の原典研究

(1) 昭和初期の『精神現象学』への関心に支えられながら田邊元の本格的な『精神現象学』論が『ヘーゲル哲学と弁証法』(一九三二年)として公表されることとなった。田邊は、翌年一九三三年から京都大学においても定年退官まで演習原典として『精神現象学』を用いた[1]。

第一に田邊は、『精神現象学』の独自の弁証法を評価し、それと唯物弁証法を絶対的に媒介することによって、行為の絶対弁証法を提唱しようとした。つまり、『精神現象学』の弁証法は主観に一面化し、唯物弁証法は、客観に一面化しているので、両者の一面化の克服は、主客の区別にもとづく知においてではなくて道徳的行為においてなされるというのである。第二に、その根拠は、『精神現象学』の描く精神の世界が、行為による表現だからなのである。「精神とは一言でいへば、他に於いて自己を見出し、他を媒介として自己の同一性を自覚する意識に外ならない。自己に対する客観の独立性を承認して而も同時に斯く自己に対立する客観を媒介とし、之を通じて自己の同一を自覚する主観は精神の段階に立つ意識でなければならない。而して斯かる主観に対応する客観が一般に表現の世界であることは明である[2]」。田邊は、このことをディルタイの解釈学を『精神現象学』に適用することで主張しようとしているが、ヘーゲル自身が述べている[3]。さらに田邊によれば表現は必然的に人間行為の成果であると同時に個人に対して独立なる存在を有するものである[4]。それが運命となる。そこで、第三に田邊は炯眼にも『精神現象学』の根源を運命との和解に見る。「運命との和解はたんに観想的な忍従でなくして、実践的なる行為に於けるそれの超克、即ちそれを否定的媒介とする絶対普遍の実現としての個別的行でなければならぬ。我々は自己の身体の限定から始めて、凡ての自己に対する否定を運命と観ずるのであるが、同時に行為の合目的性に於いて常に之を超え、否定の否定としての絶対否定の肯定性に於いてこれを超克する。これが道徳的善であって、其反対に運命あるいは自然の否定性に屈従して、自己の本質としての絶対普遍に背くのが悪である(5)」。

ここに田邊の『精神現象学』理解の長所と短所とが集約されている。なるほど、ここでヘーゲルのいう運命が身体行為からまことに精確にとらえられているし、それを『精神現象学』の根源に据えることができたことは炯眼である。しかし、田邊のいう道徳的行為は、絶対無の弁証法を体現しているがゆえに、すでに『精神現象学』の内在的理解を超えている。『精神現象学』では、道徳的行為は、「精神」の章の最後の良心でもっとも深く問われているが、ここで田邊のいう道徳は「精神」の章のはじめにある人倫のことである。さらにいえば青年期ヘーゲルの「キリスト教の精神とその運命」でのことである。しかし、青年期でも道徳に田邊がいうほどの高い位置は与えられていないのである。さらに、そもそもその道徳的行為ないし実践が観想ないし知と統合する地平が開かれていない。あるいは同じ問題になるのだが、行為の個別性へ収斂しながらも、その普遍性が顕わではないのである。その原因は、表現行為ということが、『精神現象学』では相互承認と結びついていることを見落としていることにある。承認とは、相互の認知であると同時に相互の表現行為なのである。たとえば、挨拶や握手のように相互に同じ行為を表現し合ってはじめて相互に承認し合うことができる。

(Ⅱ) 田邊がこのような相互承認の見地をまったく抜かしてしまったのは、「絶対者は主体である」という『精神現象学』の根本洞察をとらえ損ねたせいである。田邊は、Subjekt を絶対主観と訳してこう述べている。「行為とは我ならぬ客観的存在の発展の方向に我が変化を起して、我の主観が客観を自己の作為せるものに化し、物を我の内容に変ずる動性である。其動性を包みて動かざる根柢となり主観と客観とを媒介する絶対無の普遍が、客観を主観に化する行為主観において、客観を媒介にして自己を否定的に実現する絶対主観として自覚せられる所に哲学の絶対知が成立する」[7]。Subjekt を主観とだけ訳すと我の主観とも行為主観とも絶対主観とも定まらない。そこで田邊は絶対主観と限定する。これは、なるほどヘーゲルの絶対観念論が主観と客観の枠組みのなかで主観の側にとどまっているという評価を含んでいる。この認識論的枠組みでは、他者もまず客観であって相互主体という見地は出てこない。むしろ、Subjekt は田邊にあっては本来主体であるにもかかわらず、そのように訳すことを先程の評価が妨げた。主体は他の主体にとって客観ではなくて他者である。そうなったとき主体同士の承認が見えてくる。

しかし『精神現象学』の Subjekt は、主体と訳してもなお充分ではない[8]。なぜならば、『精神現象学』固有の用語では、実体（Substanz）とは同一性であり、主体は実体を動かすものだからである。少なくとも Subjekt の方はアリストテレス以来のヒュポケイメイノンそしてズプイェクトゥムの伝統とは切断されている。むしろ、ヘーゲルは、アリストテレスの「不動の動者」と Subjekt を結びつけている。まず、『精神現象学』初版では、こう書かれている。「だが、アリストテレスもまた自然を合目的的働きと規定しているように、目的は、直接的なもの、静止しているものでありながら、自身動かしているのであり、主体である。主体の抽象的な動かす力は、自立存在つまり純粋な否定性である（Allein, wie auch Aristoteles die Natur als das zweckmäßige Tun bestimmt, der Zweck ist das Unmittelbare, das Ruhende, welches *selbst bewegend* oder Subjekt ist. Seine abstrakte Kraft, zu bewegen ist das Fürsichsein oder die reine Negativität.）」（*Phän*. S. 16f.）。ここでは、アリストテレスの目的論とヘーゲルの否定性との関係は示されているが、不動の動者と否定性との関係は、はっきりとは示されていない。そこで、ヘーゲルは、つぎのように書き換えた。「だが、アリストテレスもまた自然を合目的的働きと規定しているように、目的は、直接的なもの、静止しているもの、不動者でありながら、自身動かしているのである。そのようにして不動者は主体である。主体の抽象的な動かす力は、自立存在つまり純粋な否定性である（Allein, wie auch Aristoteles die Natur als das zweckmäßige Tun bestimmt, der Zweck ist das Unmittelbare, *Ruhende*, das Unbewegte, welches *selbst bewegend* ist; so ist es *Subjekt*. Seine Kraft, zu bewegen, abstrakt genommen, ist das Fürsichsein oder die reine Negativität.）」（*Phän*. S. 16. Z. 35 から *Phän*. S. 17. Z. 1）。

ここでは、不動者が明示され、それと否定性との関係も明らかである。しかも、初版では、主体は、「動かしている（bewegend）」と等置されているかのようであったのを、ヘーゲルは、訂正して、不動者（das Unbewegte）と等置したわけである。主体は、目的論的には、不動者であり、それが他のものを動かす力を持っているという点から見ると、純粋な否定性なのである。しかも、ヘーゲルからすれば、他のものとは他者的存在という自己の分身なのであるから、他のものを動かすとは、自己の力で自己を動かし、自己運動することにもなるのである。この点については、啓示宗教の箇所では「自己運動するものこそは精神であり、精神は、運動の主体であり、それと同様に運動の働き自身つまり実体であり、その実体を主体が通り抜けてゆく」（*Phän. S.* 513）といわれている。つまり、動かす主体と動かされるものという区別が成立するとき、運動の働きが実体となる。しかし、精神という点から見ると、自己が自己を動かしているのである。これが「精神が運動の主体である」ことの意味である。このようにして、『精神現象学』第二版のための訂正では、アリストテレスの不動の動者との対応が非常に明らかである。アリストテレスの不動の動者が実体であるといわれている点からいえば、このSubjektは「生ける実体」（*Phän. S.* 14）と呼ばれることになる。しかし、この「生ける実体」は、自己意識ないし我でもあるから主観でもあり、思弁命題の内容の主語でもあるからやはりSubjektなのである。日本語には、主体と主観と主語を包括する言葉Subjektに対応する言葉はない。したがって主体と訳しても主観と訳しても精確な訳語とはならない。

　このようにヘーゲルがアリストテレス解釈からSubjektを考えていることは、当時まだ読み解かれていなかったのである。後に『精神現象学』の全訳と註釈を成し遂げた金子武蔵もこの頃は、Subjektを主観と訳していた。そして、実体を客観と理解し、アリストテレスの実体（ウーシア）から説明している。[9] 戦後になっても樫山欽四郎は『ヘーゲル精神現象学の研究』（一九六一年）で依然として主観と理解し実存的解釈の手がかりにしているが、その前から、金子訳『〈改訳〉精神現象学（上）』（一九五二年）になると、主体と訳されるようになり、ようやく主観―客観の枠組みから解放され始めた。

二　西田幾多郎の『精神現象学』解釈

（Ⅰ）この点では、西田幾多郎は田邊と違って主観―客観の枠組みに囚われることなく『精神現象学』を解釈した。というのも、西田は、主観―客観の枠組みにおける主観として知的自己から脱却し、主客未分の行為的自己の立場に立ったからである。行為的自己は、はじめから社会的・歴史的であり、個人から出発しない。むしろ、世界が自己に矛盾するかたちで、自己を否定するものとして行為的自己を生むのである。田邊と行為の自己表現性を共有しながらも、西田は、道徳的行為ではなくて制作行為へと向かった。このような立場からの『精神現象学』解釈を示した論文が「行為的直観」（一九三七年）にほかならない。その掉尾でもつぎのようにして『精神現象学』解釈を提示している。「①弁証法的論理とはもっとも具体的な物の見方である。ゆえに立場なき立場とも考えられ、絶対知とも考えられる。絶対知ということは、対象的に絶対を知るということでない。それは不可能であり、また対象的に知られるものは絶対でもない。具体的実在は自己自身を媒介するものでなければならない、矛盾的自己同一でなければならない。物と物との対立綜合も、かかる立場から見られなければならない。分析というも、かかる立場からの分析でなければならない。しかしてそれはかえってわれわれに日常的な歴史的身体的立場から物を見ることである。真の直接の立場は絶対媒介の立場でなければならない、矛盾的自己同一の立場から物を見ることでなければならない。ヘーゲル『現象学』もかかる立場において理解しうるであろう。②またまったく反対の立場ではあるが、唯物史観的見方においても、それは弁証法的として、〔『経済学批判』の緒論、方法〕経済現象というものを、分析したものの綜合として考えるのでなく、生きた全体の過程として見るのである」[10]。ここで、西田は、知的自己の立場から、①『精神現象学』の絶対知と②唯物史観の経済現象を理解している。『精神現象学』と唯物史観は対立し合いながらも、絶対弁証法へ向かっていることになる。〈行為的直観〉の〈行為〉の契機を対象の主体的把握として唯物史観から受容し、〈直観〉の契機を絶対知として『精神現象学』から受容した。前者については、別の箇所でこう説明されている。「史的唯物論は対象、現実、感性というごときものが、従来客観または直観の形式の下に捉えられて、感性的・人間的活動、実践として捉えられなかった、主体的に捉えられなかったという。対象とか現実とかいうものを、実践的に、主体的に捉えるということは、行為的直観的に捉えることでなければならない。身体的に物を見るということが行為的直観的に物を見ることである、歴史的形成作用的に物を見ることである」[(11)]。ここで、西田は史的唯物論の実践を深めるようにして、行為を身体による歴史形成作用ととらえたのである。それが経済社会では商品を生産する労働から出発する。「資本主義的経済社会の要素としての商品というものが、使用価値と交換価値との二者闘争的な弁証法的個物と考えられる。資本主義的経済社会の弁証法的発展はここに基づくのである。歴史的実在の世界が矛盾的自己同一的であり、弁証法的に動きゆくというのは、われわれの身体が歴史的身体として行為的直観的に物を見るというところに基づかねばならない。しかして経済社会が弁証法的だというのもここに基礎づけられねばならない」[(12)]。そして、その行為が直観でもあり、絶対知として学となるとき『精神現象学』が生まれることになる。この点についてはこういわれている。

「①ヘーゲルの『現象学』において論ぜられ意識の弁証法的発展の底に働いたものも、行為的直観的なものであったと私は思う。ヘーゲルがしか考えたというのではないが、それは歴史的構成作用的なものであったのでなければならない。②意識というも、それは従来の心理学者の考えるごとき、具体的実在から切り離された抽象的意識ではなく、ガイスト（精神）の意識でなければならない。このゆえに自己自身を否定して具体的な立場に進みゆくのである。③しかしそれがヘーゲルの最後にいうごとき絶対知の立場に達するには、さらに根柢的な深いものでなければならない。それはガイストをも否定する立場でなければならない。ガイスト自身の真の否定はガイストそのものからは出ない。意識は最始から絶対知的であったのでなければならない。④弁証法というのは図式的な考えではない。弁証法とはどこまでも具体的な思惟でなければならない、具体者とともに、いわば絶対とともに歩いてみることでなければならない。自己が物の世界にはいり、物そのものとなって考えることである。ゆえにヘーゲルはかかる弁証法的運動を経験ともいうのである(『現象学』の緒論において)。具体的実在そのものの動きが弁証法的なのである。しかして自己自身のなかから自己を限定しゆくものは推論式的なのである。ヘーゲルの一般者というのは、形成的なのである、創造的なのである。われわれの自己はそのなかに含まれていなければならない。⑤対象認識の科学というものは具体的実在から推論式的に媒介せられるといいうるかもしらぬが、哲学は具体的実在そのものの自己媒介から成立する学でなければならない。ヘーゲルははじめてかかる点に着眼した人といいうるであろう。ヘーゲルの学というのはかかる性質のものでなければならない。論理というものが生命の外にあるのではなく、生命自身の自己媒介に基づくものでなければならない。ゆえに弁証法的であるのである[13]。ここに西田の『精神現象学』解釈が集約されている。『精神現象学』とは、具体的実在つまり生命自身の自己媒介である。この自己媒介とは、自己自身をその内側から限定してゆく推理である。自己自身を内側から限定するとは、自己が物の世界に入り、物そのものとなって考える弁証法的運動ないし具体的思惟である。だからこそ、この思惟は『精神現象学』では意識の経験となった。この経験の根底に行為的直観的なものないし歴史的構成作用的なものがある。それは、絶対媒介から生まれた直接知の行為である。絶対知とは意識の経験という媒介を経た行為的直観である。

(II) しかし、『精神現象学』における行為的直観は、管見によれば言語行為を通して生まれた。ヘーゲルは、語ることが行為することであると考えていた。たとえば、『精神現象学』の「良心」の箇所で、「良心の信念を断言する」そして、「悪を告白する」「悪を赦す」という言語行為が考察されている。ヘーゲルの良心論は、カントの道徳法則の立場が、具体的行為について何も語りえないことを批判することによって示されている。カント的な道徳的世界観が生じるのは、人間が個別者でありながら、普遍的であり、道徳的義務を遂行できるからである。しかし、ヘーゲルによれば、この世界観は、人間の個別面と普遍面との間の矛盾を免れることができない。

これに対して、ヘーゲルは、個々の場合に、道徳的に行為する精神としての良心、つまり「具体的道徳的な精神」を提出したのである。つまり、良心によって具体的道徳を示した。そして、具体的ということは、さしあたって、行為と言語によって自己を実現することである。良心は、行為者にとっての個々の場合を、直接に知り確信するという態度である。行為者は意図したことを現実に移行させる。良心は、義務にかなう行為をするが、具体的な正しさを知ってそれを行うだけである。自分の個人的な現実、個人の信念にすなおに従いながら、普遍的義務を遂行しようとする。してみれば、個人の信念が、いかにして普遍的なものとして、他人にも承認されるかということが問題となる。

ヘーゲルは、この問題を解決するために言語行為を採用する。第一に、良心的な人が、自分の善い信念を断言し、そして、それを他者が承認する。良心的な人にとっても、自分の断言は自分の良心の完全な表現である。言語を語るということは、「為すことの真の現実態であり、行為が妥当することである」(*Phän. S.* 429) とも述べている。つまり、言語による良心の断言とは、良心的行為を真に現実化して、相手から承認を引き出す。

第二に、たしかに、言語によって、己れの信念を断言するといっても、建前だけ相手に伝えて、本音を隠すこともできる。つまり、自分の個人的な信念にもとづいている行為を、何か普遍的な規範に従っているかのように、偽ることもできる。しかし、そのような自分の悪を告白するのも言語によってであり、その告白に応えて　いままでその人の偽善を非難していた者が赦すのも、言語によってである。そして、この告白と赦しという言語行為によって、相互承認が結果として成立する。

このようにして、言語行為は、相互承認の場面において、個体としての自己を否定しつつ普遍的自己を表現する場合もある。そして、この普遍的自己は、「神自身が死んでいるという厳しい言葉として自己を表明する苦悶」となって主体つまり絶対知となる。このとき、悲劇としてこの言葉は他者と自己に同時に聞き取られることによって承認されて普遍的な自己知となる。西田がいう行為的直観とは『精神現象学』に従うとこのような言語行為なのである。

(Ⅲ) してみれば、西田は、『精神現象学』において行為と直観が結びついて絶対知となることを天才的に発見し、この知の直接性が媒介によることを洞察した。[14] しかし、この媒介の展開を言語行為による相互承認として説明することまではできなかった。行為の歴史的制作性をヘーゲルも述べてはいるがそれだけでは絶対知と自己意識との間の展開を説明することはできない。なぜならば、良心の箇所で、歴史的制作的な事象そのもの（Sache selbst）が、普遍的自己意識の言語行為による表現としての自己（Selbst）となり、宗教の章へと展開してゆくからである。[15]

承認の行為が言語行為へと高まってゆくという観点は、残念ながら今日まで抜けたままであった。たしかに戦後日本の『精神現象学』研究の中心は承認論にあったがそうなのであった。この観点は、現代日本ではますます重要になっている。現代日本には、ニヒリズムが蔓延しているといわれるが、より精確にはコミュニケーションの不在が蔓延しているのである。つまり、お互いにみとめ合うことができないのである。それは、その前提となる自立性が融解して自己が空洞化しているからである。その空洞化した自己をかろうじて守るのが心の壁なのである。相手のうちに自己をみとめようとしても自分と相手との間には、心の厚い壁が立ちふさがっていてわかり合うことが不可能になっている。[16] 現代日本を代表する作家村上春樹は、現代日本人の若者たちの厚い壁で覆われた空虚な心を、生活の臭いがしないホテルの部屋に喩えている。二度と入ることのできない入り口と二度と出ることのできない出口だけがある。[17]

このような承認関係の欠如という現代の人間関係を、ラカンは、フロイトの精神分析を『精神現象学』で読み解くことによって説明しようとした。したがってラカンへの『精神現象学』の影響ということが問題となる。それは逆光の承認論なのである。このようなかたちで『精神現象学』の影響を考えることがこれから日本でも促進されるべきである。そのことは「そこからわたしがおまえを見るその場所において、おまえはけっしてわたしを眼差すことはない」[18]というテーゼに凝縮されている。わたしは、他者の欲望が欲望する対象〔対象a〕として存在するが、その他者の欲望が失われているのであれば、わたしは存在することができなくなる。ラカンは、『精神現象学』「自己意識」冒頭の欲望一般としての自己意識で立ち止まり、いわば縦に掘り下げていったわけである。欲望の欠如によって自立性の実現がすでに不可能になっているとき、眼差し合うという相互行為によって承認し合うことも不可能になる。そのことは語り合い聞き取り合うという関係においても本質的には同様である。

そして、最後に付言すべきは、行為の問題を近代日本にあってもっとも深く考えたのは、三木清であることである。

すなわち、三木は、行為を、無を根底にして構想力によって生み出される制作技術へと掘り下げた。

この見地を三木は、西田哲学を継承しながら鍛え上げたのである。西田は、知的自己に対する行為的自己の見地を明確にして、ポイエシスとしての表現行為を重視した。このポイエシスを、三木は、構想力がパトスとロゴスを混合することによって、環境に反応しながら形を芸術的に形成する行為つまり技術へと深めた。

さらに、技術の根源たる無を、ハイデッガーの無や西田の無を超えて否定性へと深めようとした。それが、遺稿「親鸞」であった。技術の自己否定の行き着く先に、親鸞のいう罪があったのである。ここに行為の結果から生まれる罪責の問題と重なる。こうして、無は、ハイデッガー流の世界からの超越そして西田流の形なき形から否定性へと深まった。

しかし、三木は、さらにその先に自己創造性を予見しながら、展開することなく、獄死した。その予見とは、技術の芸術性を示唆したところにある。「形成は虚無からの形成、科学を超えた芸術的ともいふべき形成でなければならぬ。一種芸術的な世界観、しかも観照的でなくて形成的な世界観が支配的になるに至るまでは、現代には救済がないといへるかも知れない(19)」。

註

(1) 辻村公一編・解説『現代日本思想大系二三・田邊元』、筑摩書房、一九七二年、四二三頁。
(2) 田邊元『ヘーゲル哲学と弁証法』、岩波書店、一九三二年、一七頁〜一八頁。
(3) 世界が表現行為の結果としての普遍的所業(allgemeines Werk)であることについては、拙著『ヘーゲル哲学の根源——〈精神現象学〉の問いの解明』(法政大学出版局、一九八九年)、一八二頁以降を参照されたい。
(4) 田邊元、前掲書、二〇頁。
(5) 田邊元、前掲書、五五頁。
(6) 田邊元、前掲書、六四頁以降。
(7) 田邊元、前掲書、六八頁。

（8）絶対者という意味が依然として主体にはないからである。
（9）金子武蔵「Substanz から Subjekt へ」、『哲学雑誌』、第一七巻第五四二号、一九三二年、三一三頁～三四六頁。
（10）西田幾多郎「行為的直観」、『西田幾多郎全集』、第八巻、岩波書店、一九七九年、五七〇頁～五七一頁。
（11）西田幾多郎、前掲書、五五〇頁～五五一頁。
（12）西田幾多郎、前掲書、五五一頁～五五二頁。
（13）（14）西田幾多郎、前掲書、五五二頁～五五三頁。
（15）この点については、拙著『ヘーゲル哲学の根源――〈精神現象学〉の問いの解明』（法政大学出版局、一九八九年）、二四四頁以降を参照されたい。
（16）たとえば、黒沢清監督『大いなる幻影』（一九九九年）は、いまにも消えそうな自己でありながら、他者との間に通じ合うものがないコミュニケーションの弁証法的な不在を映像化している。
（17）村上春樹『ダンス・ダンス・ダンス』（上）、講談社文庫、一九九八年、二四頁～二五頁。
（18）Cf. Lacan, J., *Le Séminaire. Livre XI: Les quatre concepts fondamentaux de la psychanalyse* (*1964*). Texte établi par Jacques-Alain, M., Éditions du Seuil, Paris, 1973, p. 95.
（19）三木清「人生論ノート」、『三木清全集』、第一巻、岩波書店、一九八四年、二五九頁。

補論　現代日本の内閉の行為論的考察

一　現代日本における「心の壁」

（Ⅰ）二〇〇四年に刊行された村上春樹『アフターダーク』は、彼がこれまで書き続けたものをさらに凝縮させて結晶にしている。著者の関心からいえば、それは現代日本の都市ニヒリズムなのである。高度情報消費社会の最先端にある都市は一人一人を匿名にしてその自己を空虚なものにすることによって居場所を与える。そこに内閉の孤独を習慣とする気楽さが生まれる。村上春樹は、そのような孤独で匿名の現代人を冷静な視線で描いてくれている。そうであるがゆえに、現代日本に生きる若者たちは、村上の作品の登場人物に安心して自分を重ねる。

ニヒリズムは、都市ではいまや空気のように透明であり、吸っては吐き出すものとなっている。ニヒリズムによって生かされているといってもよい。端的にいうならば、まっとうなコミュニケーションの不在のなかで生まれるコミュニケーションの仮象に導かれて都市で人々は生きている。都市は、いわばコミュニケーションのマトリックスである。

私たちは「デニーズ」の店内にいる。

面白みはないけれど必要十分な照明、無表情なインテリアと食器、経営工学のスペシャリストたちによって細部まで緻密に計算されたフロアプラン、小さな音で流れる無害なバックグラウンド・ミュージック、正確にマニュアルどおりの応対をするように訓練された店員たち。「ようこそデニーズにいらっしゃいました」。店はどこをとっても、交換可能な匿名的事物によって成立している。店内は満席に近い状態だ。(1)

都市は、このデニーズを典型とするような空間である。満席ではあるが、一人一人が互いに孤立していて、しかも心地よく座っていられるようにできている。他のテーブルから聞こえてくる話し声すらもバックグラウンド・ミュージックとなる。

『アフターダーク』に描かれた人たちは、無のなかにいる。それは、ストーリーの全てが夜に進行していることに象徴されている。『アフターダーク』では、「重い沈黙」を、眠り続けて目覚めることのないエリが象徴し、登場人物を取り巻く夜が、「無限の闇」を象徴している。

都市の社会システムといったものは、村上にとってはけっして希望をもたらすものではなくて、わたしたちに孤独をもたらす。

そのような孤独を、「習慣としての孤独」と「トニー滝谷」(一九九一年)で呼んでいる。このようなコミュニケーションを失った孤独こそが、ニヒリズムを空気のようにして日常化させるのである。

トニー滝谷はそのせいもあって、すっかり閉じ籠りがちな少年になってしまった。友達らしい友達もできなかったが、彼はとくにそれを辛いとも思わなかった。ひとりでいることは、彼にとつてはごく自然なことであり、敢えていうならば、人生のある種の前提でさえあった。物心ついたときから父親はしょっちゅう楽団を率いて演奏旅行に出ていた。幼いころは通いの家政婦が彼の面倒をみてくれたが、小学校も上の学年になると、彼はなんでも一人でこなすようになった。ひとりで料理をつくり、ひとりで戸締りをして、ひとりで眠った。とくに寂しいとは思わなかった。誰かにあれやこれやと構ってもらうよりは、自分でやった方がずっと気が楽だった。滝谷省三郎は妻の死後、どういうわけか二度と結婚はしなかった。もちろんあいかわらず数多くのガール・フレンドを作りつづけはしたけれど、そのうちの誰かを家に連れてくるようなことは一度もなかった。彼も息子と同じようにひとりでやっていくことに慣れてしまったようだった。父親と息子の関係も、そのような生活から想像されるほど疎遠なものではなかった。しかし二人とも同じくらい深く、習慣としての孤独に馴染んだ人間だったので、どちらからも進んで心を開こうとはしなかった。そうする必要もとくに感じなかったのだ。滝谷省三郎は父親に向いた人間ではなかったし、トニー滝谷もまた息子に向いた人間ではなかったのだ。(2)

以上のようにして、村上春樹の作品では、コミュニケーションの及ばない底知れない虚無が、内閉によって生み出されている。その世界を村上は、『ダンス・ダンス・ダンス』(一九九八年)で二度と入ることのできない入り口と二度と出ることのできないホテルの部屋に喩えている。その部屋には他者が宿泊できるが、コミュニケーションは成立しない。透明で優しい内閉なのである。

(II) このように村上によって描かれた現代日本は、先進国のなかでも、もっとも希望が見えにくい国になっている。それは、国そして社会が青年層に希望を与えないどころか、ダメージを与えるがゆえに、自己閉塞が主として起こっているせいである。自己閉塞とは、社会そして他者と自己との間に壁を築くことである。自らコミュニケーションを絶つことである。しかも、この心の壁は、二重になっている。外側の壁と内側の壁とである。前者は、他者が投影される障子のような壁である。他方で後者は、石造りの城壁のようで、外側からは内部を見ることはできず、小さな窓から、外側をかろうじて見ることができるにすぎない。村上が問題にしたのは、主として外側の壁であるが、内側の壁についても述べてはいる。たとえば、短編「土の中の彼女の小さな犬」(一九八二年)では、死んだ愛犬の匂いがいまも手に残っていると語る彼女の手の匂いを主人公の僕が嗅いでみる。そして、彼女から問われて「石鹼の匂いだけです(3)」と応えるしかなかった。犬の匂いを感じる彼女と、石鹼の匂いしか感じない僕との間にある壁は、内側の壁なのである。

この二種類の壁を区別したのは、ニーチェであろう。ニーチェは、外側の壁は、黄金の垣根のように他者をひきつけ、垣根の内側の庭園を他者が覗き見ることもできる。そういう庭園をエピクロスの庭園に喩えたりしている(*KSA* 5, S. 21)。内側の壁は、居城や隠れ家に喩えられている(*KSA* 5, S. 43)。ニーチェは、なるほどこのような二重の壁を持って生きる人間のタイプを自由精神者と呼んだ。そして、ニーチェは、その自由の重心を、他者との相互コミュニケーションを仮面という内壁で絶っている自己に置いている。むしろ、わたしたちは、この内側の壁を考えるためにも、外側の壁をまず考えることにする。

二　ヘーゲルの自己意識論

自己意識と他の生命体

外側の壁に重心をおいた代表的哲学者は、ヘーゲルである。他者と接する外側の壁は、ヘーゲルによれば、他者と自分との共有物なのである。自分であるとは自立して生きていることであり、その自立していることは、さしあたっては、他の生命体が自立していることを否定して自分が自立していることを維持しようとする欲望である。

しかし、他の生命体が、人間ではない場合、その欲望は満たされない。なぜならば、欲望の対象となる生命体の量には限りがないので、一つの欲望を満たすこと自体が、新しい別の欲望を生み出すからである。したがって、欲望は、他の生命体が自立していることを完全に否定することはできず、他の生命体がつぎつぎに現れることに振り回される。これでは、自己意識は、自分が自立していることを確証することはできない。

自己意識と自己意識

そこで、自己意識の自立性を確証することを可能にする生命体は、自立した他の人間しかなくなる。なぜならば、人間の自立性は、自分が自立していることを自分で否定することによって、他の自己意識の自立性を受け入れるからである。相手の自己意識（A）が、自分の自己意識（B）の自立していることを承認し、かつ、自分も相手の自立していることを承認することを明示するときに、両者の自己意識は相互に自立することができる。自分も相手の自立していることを承認することを明示するとは、自分の自己意識（B）が自立していることを自己否定することによって、相手の自己意識（A）が自立していることに従うことである。そして、相手の自己意識（A）も自立していることを自己否定することによって、自分の自己意識（B）が自立していることに従う。これは、日本人の挨拶によく具現されている。自分が相手に向かって上半身を折ることが、自分の自立していることを自己否定することである。同じ行為を相手も行うことによって挨拶が成立する。こうして、自分と相手の自立性は、相互に前提し合うことになっている。その意味で、相手の自己意識が自分の自己意識に入り込んでいる。

このようにして、自分が自立していることを相手との承認関係を通してとらえるということは、自分の心と相手の心の境界とが交差していて共有地帯ができあがっていることを意味する。自分の心の境界が相手の心の境界内に限りなく入り込んでいる。このようにして、自己意識相互の関係にあっては、自己と相手とをはっきりと区別する境界線を引くことができない。このような自己意識の本質をヘーゲルは「無限態」と呼んだ。「区別されたものが二重になっているという意味が自己意識の本質にはある。つまり、その意味とは、無限であるという本質、すなわち、自己意識が規定されて置かれている状態とは直ちに正反対であるという本質のうちにある」（*Phän. S.* 128）。

したがって、自己意識と自己意識との相互関係は、両者の間の境界線が双方から引かれながら、それらが発展的に解消されてゆく運動である。ここに、自分の外に出たとおもったら、相手の自己意識のうちに自分の分身が「他者的存在」として見出されるのである。ヘーゲルもこう述べている。「これは二重の意味を持つ。第一に自己意識は自分自身を失ってしまう。なぜならば、自己を他の〔自立的〕存在者として見出すからである。第二に、こうして自己意識は他者を撤廃している。なぜならば、自己意識もまた他者を〔自立的〕存在者として見ず、他者のうちに自己自身を見るからである」（*ebd.*）。このことは、行為の次元では、自分の行為が相手の行為でもあることを意味する。それは、単純には、先程の挨拶という行為の相互性である。しかし、さらに否定的状態では、主人と奴隷の関係になる。なぜならば、主人が生殺与奪権で奴隷を支配するという行為は、奴隷が物の形成・加工で主人を支配するという行為へと逆転するからである。主人にとっての他者的存在とは、物を形成・加工する奴隷であり、奴隷にとっての他者的存在とは、生殺与奪権で支配する主人なのである。これは、承認関係の異常状態であり、正常状態が重要であった。その正常状態の典型は、ヘーゲルにとっては、罪を神に告白する良心的な人と、その良心のゆえに罪を赦す神との関係であった。そして、このような相互性のなかで見出された他者をヘーゲルは他者的存在（Anderssein）と規定した。

三　夏目漱石の〈心〉

ヘーゲルの〈自己意識〉と漱石の〈心〉

他者的存在という見地は、個人を原理とする近代社会に生きる人たちの心を解明する。そのような論脈で『精神現象学』の自己意識を、なかば無自覚にではあるが日本で最初に問題にしたのは夏目漱石である。夏目漱石がたとえ『精神現象学』を読んでいなかったにせよ、「老子の哲学」や『三四郎』でのヘーゲル言及からそれなりにヘーゲルを理解していたことがわかる。端的にいえば、『道草』や『こころ』は、他者的存在をめぐる弁証法そのものである。たとえば、「自分と夫との間には何のわだかまりもない、またないはずなのに、やはり何かある。それだのに目をあけて見きわめようとすると、やはりなんにもない」[4]とある。先生と呼ばれる登場人物の妻にとって、先生は、「何のわだかまりもない」家族であると同時に「やはり何かある」他人なのである。こういう他人を、ヘーゲルは、「他者的存在」と呼んでいた。この「他者的存在」を、現代風に表現すれば、自分の心の壁に投影した他者の分身なのである。この分身を通して、他者と関わる物語が『精神現象学』であるといってもよい。その意味では、『精神現象学』は西欧化してゆく日本人の心を読み解いてきたし、今後もそうであろう。

夏目漱石が二五歳のとき、帝国大学文科大学英文科二年生として提出した論文「老子の哲学」（一八九二年）の終わりで、夏目は、老子とヘーゲルをこう比較している。

「無法の法、理外の理に叶ふ故に道法自然〔道は自然に法《のっと》る〕と云ひ無為而無不為〔道の常は〕無為にして而《しか》も為さざるは無し」と云ふ是老子の哲学が『ヘーゲル』と異なる所にして両者共一元論者なれども一は道に意識なしとなし一はAbsolute Ideaが発達して最上の位地に到るときは遂に絶対的に意識を有するとす（両者の差是のみと云ふにあらず。『ヘーゲル』の論杯は善く知らざれども気の付たこと丈を比較するなり）[5]」。

ここで「絶対的に意識を有する」というのは、『精神現象学』の絶対知を指しているのであろう。そして、老子のいう道は無意識だが、ヘーゲルの道は、意識経験の道だということをいおうとしているのであろう。後に漱石は英国留学の後、『精神現象学』の承認論における生か死かを賭ける争いの記述と重なることを書いていることからしても、敏感に意識の問題を哲学解説書などから読み取ったことはありうる。

たとえば、明治三八・九年頃の断片で、漱石はつぎのような文明論的予言をしている。

「出来るだけ自由に出来得るだけのパーソナリチーをfree playにbringする以上は人と人との間には常にテンションあるなり。社会の存在をdestroyせざる範囲内にて出来得る限りに我《が》を張らんとするなり。我は既に張り尽してこの先一歩でも進めば人の領分に踏み込んで人と喧嘩をせねばならぬ所まで張りつめてあるなり[6]」。

人間関係のしがらみ構造

このようにして、ヘーゲルと漱石は、人間の心ないし自己意識の構造理解を共有していた。違いは、それを肯定的にとらえるか、否定的にとらえるかにあった。

心ないし自己意識は、他者の心ないし自己意識の承認を通してしか自立しない。しかも、両者の関係とは、即《つ》きたくても即くことができず、離れたくても離れることができないというものであった。これは、俗にいうしがらみである。ヘーゲルは、しがらみを「生か死かを賭ける争い」そして主人と奴隷の弁証法へと発展させて相互承認の世界へと到達しようとする。それに対して、漱石は、しがらみに囚われたわたしを否定して天に則する。つまり、しがらみは、漱石にとっては発展させてはいけない。争いの果てにあるものは、『こころ』におけるように「先生」とその友人Kの自殺だったがゆえに、避けなければならない。そのことが、「先生」のつぎの台詞に表現されている。

「とにかくあまりわたしを信用してはいけませんよ。いまに後悔するから。そうして自分があざむかれた返報に、残酷な復讐《ふくしゅう》をするようになるものだから」

「そりゃどういう意味ですか」

「かつてはその人の膝《ひざ》の前にひざまずいたという記憶が、今度はその人の頭の上に足を載せさせようとするのです。わたしは未来の侮辱を受けないために、今の尊敬をしりぞけたいと思うのです。わたしは今よりいっそう寂しい未来のわたしを我慢する代りに、寂しい今のわたしを我慢したいのです。自由と独立と己《おのれ》とにみちた現代に生まれた我々は、その犠牲としてみんなこの寂しみを味わわなくてはならないでしょう」

わたしはこういう覚悟をもっている先生に対して、いうべき言葉を知らなかった(7)。

このしがらみとは、ヘーゲルの言葉でいえば、他者的存在である。それは、自己のなかに映っている他者の像であり、他者のなかに映っている自己の像である。つまり、自己と他者とが直接に関係し合うことはできず、像を仲立ちにした関係なのである。この関係は、ヘーゲルにあっては、他者のなかに映っている自己と、自己のなかに映っている他者との関係なのである。自己と他者の関係は、家族関係よりは、市民相互の関係、国民相互の関係、人間と神との関係であった。それに対して、漱石の場合は、ヘーゲルのような重層的関係への可能性を秘めながらも、主に家族関係に収斂している。つぎの『道草』の最初の場面にそのことが全て凝縮されている。ここで、主人公の健三が、無視した通行人は、養父の島田なのであった。この作品が、家族関係における承認関係の不在を主題にしていることが冒頭でみごとに凝縮されている。

ある日小雨《こさめ》が降った。その時彼は外套《がいとう》も雨具も着けずに、ただ傘《かさ》を差しただけで、何時《いつ》もの通りを本郷の方へ例刻に歩いて行った。すると車屋の少しさきで思い懸けない人にはたりと出会った。その人は根津権現《ねづごんげん》の裏門の坂を上《あが》って、彼と反対に北へ向いて歩いて来たものと見えて、健三が行手を何気なく眺《なが》めた時、十間《けん》位先から既に彼の視線に入ったのである。そうして思わず彼の眼《め》をわきへ外《そら》させたのである。

彼は知らん顔をしてその人の傍《そば》を通り抜けようとした。けれども彼にはもう一遍この男の眼鼻立を確かめる必要があった。それで御互《おたがい》が二三間の距離に近づいた頃《ころ》又眸《ひとみ》をその人の方角に向けた。すると先方ではもう疾《と》くに彼の姿を凝《じっ》と見詰めていた。

往来は静《しずか》であった。二人の間にはただ細《ほそ》い雨の糸が絶間なく落ちているだけなので、御互が御互の顔をみとめるには何の困難もなかった。健三はすぐ眼をそらして又真正面を向いたまま歩き出した。けれども相手は道端に立ち留《ど》まったなり、少しも足を運ぶ気色《けしき》なく、じっと彼の通り過ぎるのを見送っていた。健三はその男の顔が彼の歩調につれて、少しずつ動いて回るのに気が着いた位であった。

彼はこの男に何年会わなかったろう。彼がこの男と縁を切ったのは、彼がまだ二十歳《はたち》になるかならない昔の事であった。それから今日《こんにち》までに十五六年の月日が経《た》っているが、その間彼等はついぞ一度も顔を合せた事がなかったのである。

彼の位地も境遇もその時分から見るとまるで変っていた。黒い髭《ひげ》を生して山高帽を被《かぶ》った今の姿と坊主頭《ぼうずあたま》の昔の面影《おもかげ》とを比べて見ると、自分でさえ隔世の感が起らないとも限らなかった。然《しか》しそれにしては相手の方があまりに変らな過ぎた。彼はどう勘定しても六十五六であるべき筈《はず》のその人の髪の毛が、何故《なぜ》今でも元の通り黒いのだろうと思って、心のうちで怪しんだ。帽子なしで外出する昔ながらの癖を今でも押通しているその人の特色も、彼には異な気分を与える媒介《なかだち》となった。(8)

僻《ひが》みの弁証法

評論家三浦雅士氏は、漱石が『精神現象学』を読んでいると推察しつつ、この承認関係の不在を「僻みの弁証法」と呼んでいる。

自己意識をめぐるこの構図は、『道草』の健三と細君の関係にもそのまま当てはまる。

二人は二人同志で軽蔑し合つた。自分の父を何かにつけて標準に置きたがる細君は、動《やや》ともすると心のなかで夫に反抗した。健三は又自分をみとめない細君を忌々しく感じた。一刻な彼は遠慮なく彼女を眼下に見下す態度を公けにして憚らなかつた。

「ぢや貴夫《あなた》が教へて下されば好いのに。そんなに他《ひと》を馬鹿にばかりなさらないで」

「御前の方に教へて貰はうといふ気がないからさ。自分はもう是で一人前だといふ腹があつちや、己にや何うする事も出来ないよ」

誰が盲従するものかといふ気が細君の胸にあると同時に、到底啓発しやうがないではないかといふ弁解が夫の心に潜んでゐた。二人の間に繰り返される斯うした言葉争ひは古いものであつた。然し古い丈で埒は一向開かなかつた。

細君の意識がほんとうはどうであったか議論の余地はあるだろう。健三は細君が自分をみとめていないと考えるが、むしろたんにそう決めつけているだけにも思える。みとめる次元、すなわち承認する次元は多様であり、また、ある意味では際限がないからだ。だが、際限がないというそのことこそ、自己という現象の核心である。千代子と市蔵の会話を思いおこすまでもなく、細君の対応は「相手が同じことをするかぎりにおいてのみ、自分もまた同じことを実行」しているのである。健三は細君が思っているだろう自己像と闘い、細君は健三が思っているだろう自己像と闘っている。自己意識のかたちはヘーゲルが描いたそれとおよそ違っていない。

漱石が大学時代にヘーゲルの『精神現象学』を読んで感銘を受け、「老子の哲学」を書いたことについてはすでに紙幅を割いた。ドイツ語でどの程度読みこんだのか想像の限りでないが、老荘から英文学への転換にあたって『精神現象学』が少なからぬ役割を果たしたことは疑いない。『文学論』において体系的な記述を志したのも、おそらくは『精神現象学』の影響である。『文学論』を完成させるにあたって、強い刺激を受けることになるジェイムズに接したのは、早くとも漱石がロンドンを去る直前であり、それ以前はヘーゲルやヴントのほうが身近に感じられていただろう。

『精神現象学』についていえば、一九一〇年に刊行されたベイリーの英訳を漱石はすぐに入手したと思われる。『彼岸過迄』が執筆される二年ほど前のことだ。ベイリーの英訳はいまもリヒトハイムの序文つきの普及版が刊行されている。

小説のなかで具体的にヘーゲルの名が言及されるのは『三四郎』においてのみだが、『三四郎』にはじまる三部作で意図された自身の狂気と神経衰弱を時代に結びつけようとする試みはいかにもヘーゲルを思わせる。『現代日本の開化』で展開される外発的開化と内発的開化という考え方にしてもそうだ。

むろん、漱石はヘーゲルの影響を受けて小説を書いたわけではない。僻みの弁証法は漱石に骨がらみであって、その淵源は出生の秘密にさかのぼる。自身の論理を考察するに大いに役立ったにせよ、影響を受けたとはいえない。

逆に、ヘーゲルの弁証法こそ僻みの精神以外の何ものでもないのだ。(9)

四　コジェーヴの「他者の欲望への欲望」

夏目漱石の作品では、ヘーゲルの自己意識が心と読み換えられている。そして、その心に潜んでいるものは、家族関係や恋愛関係における愛欲と金銭欲である。この欲というものをさらに中心にしたのがコジェーヴである。

人間的欲望の特質

まず、コジェーヴは、ヘーゲルのいう自己意識を人間的欲望ととらえる根拠として、欲望において自己がはじめて現れることを主張する。そして、人間的欲望を動物的欲望から区別する事例として、愛欲と物欲が挙げられている。「たとえば、男女間の関係においても欲望は相互に相手の肉体ではなく相手の欲望を望むのでないならば、また相手の**欲望**を**欲望**としてとらえ、この**欲望**を『占有』し、『同化』したいと望むのではないならば、すなわち、相互に『欲せられ』、『愛され』ること、あるいはまた自己の人間的な価値、個人としての実在性において『承認され』ることを望むのではないならば、その**欲望**は人間的ではない。同様に、自然的対象に向かう**欲望**も、同一の対象に向かう他者の**欲望**によって『媒介され』ていなければ人間的ではない。すなわち、他者が欲するものを他者がそれを欲するがゆえに欲することが、人間的なのである。このようなわけで、（勲章とか敵の旗など）生物的な観点からはまったく無用の対象も、他者の欲望の対象となるから欲せられうる。このような**欲望**は**人間的欲望**以外の何ものでもありえず、動物的実在性とは異なったものとしての人間的実在性は、このような**欲望**を充足させる行動によらなければ創り出されない。つまるところ人間の歴史は欲せられた**欲望**の歴史なのである[10]」。

他者の欲望へ向かう欲望

ここでいわれている「他者が欲するものを他者がそれを欲するがゆえに欲することが、人間的なのである」という点については、さらにこう説明されている。「人間的**欲望**は他者の欲望に向かわねばならない。したがって、何程か人間的**欲望**が存在するためには、まずもって数多の（動物的）**欲望**が存在していなければならない。換言するならば、**自己感情**から**自己意識**が生まれうるためには、つまり人間的実在性が動物的実在性の枠内において構成されうるためには、この実在性が本質的に数多なものでなければならない。したがって、人間は或る群れのなかでなければ地上に現れることができない。人間的実在性が社会的であらざるをえないのはこのためなのだが、群れが一つの社会となるためには、数多の**欲望**が存在するだけでは足りず、さらに群れの成員それぞれの抱く**欲望**が、相互に、他の成員の抱く**欲望**に向かう必要があり、また向かいうるものでなければならない。人間的実在性が社会的実在性であるならば、社会は**欲望**として相互に他を欲し合う**欲望**の全体となってはじめて人間的となる。したがって、**人間的欲望**、より正確に表現するならば、人間の生成をもたらす**欲望**、すなわち自己の個体性、自己の自由、自己の歴史、そうして自己の歴史性を意識する自由かつ歴史的な個体を構成する**欲望**――このような人間の生成をもたらす欲望は、実在する『肯定的』な所与の対象ではなく、他者の**欲望**に向かうという事実によって、（ただ生き、ただ自己の生命感情を持つにすぎない自然的存在者を構成する）動物的欲望と異なる」[11]。

ここでいわれている「群れの成員それぞれの抱く**欲望**が、相互に、他の成員の抱く**欲望**に向かう必要があり、また向かいうるものでなければならない」というのは、『精神現象学』の「対象が自己自身において否定でありながら、しかも同時に自立している」（*Phän. S.* 126）という論理学的見地をさらに現象学的に具体化している。欲望（A）の対象は、他者の欲望（B）であり、その他者の欲望（B）は、欲望（A）であるから、欲望（A）の対象である欲望（B）の自立性を否定することは、欲望（B）の対象である欲望（A）を否定することを伴う。したがって、欲望（A）は、他者の欲望（B）において自己を否定することになる。しかも、それが相互否定であることによって、二つの自己意識は自立している。こうして、他者は、自己を欲望する者として自己の心の壁に投影され、また、自己は、他者によって欲望されている者として他者の壁に投影される。心の外側の壁には他者がこうして投影される。

内側の壁のなかの自己

それに対して、心の内側の壁にはもはや他者は投影されない。外側の壁からコジェーヴ方式で内側の壁に迫ったのがラカンである。内側の壁のなかの自己を、自己を含めたわたしたちという「大文字の他者」から見ようとしている。そして、「大文字の他者」は、言語として働く。そのとき、自己は、「大文字の他者」によって欲望されている者として現れる。その現れは、分裂病では、妄想となる。或る分裂病者は、国家や大学や自衛隊などの機関が、彼を実験台にしてクローン人間を作ろうとしているということを確信する。彼は、妄想のなかで国家の欲望の対象として存在している。このような分裂病者にあっては、「大文字の他者の欲望」は、国家的意図などの公的地盤を持ちながら、患者を目指してくる。そのとき、「他者の語らい」は幻聴となって実際に聞こえてくるかのようである。妄想化された他者の欲望と分裂病者との関係は、他者の欲望を通じて人生を主体化しようとしていることを物語っている。

ところで、この「大文字の他者」によって欲望されている自己とは、ラカンのいう対象aである。他者のなかに埋め込まれ、自己にとって非人間的で疎遠で、鏡に映りそうで映らず、それでいて確実に自己の一部で自己が自己を人間であると規定するに際して、自己が根拠としてそこにしがみついているものが、対象aである。自己の分身の代替なのである。というのも、自己が自己について言及することが不可能であることから、言及される自己の埋め合わせとして対象aは生じてもいるからである。自己についての言葉ではなくて、対象aが他者の欲望の対象であることにより、自己の経験を示す言葉の世界の有意味性が保たれている。こうして、言語という他者と人間主体とのもっとも内側の関係は、人間が自己自身を示す言葉を持っていないことにある。[12] 心の内側の壁となっているのはラカンによれば言語そのものなのである。

ニーチェによれば、行為の唯一性が言語において失われる。「わたしたちの行為は、根本において一つ一つみな比類ない仕方で個人的であり、唯一的であり、あくまでも個性的である、それには疑いの余地がない。それなのに、わたしたちがそれらを意識に翻訳するやいなや、それらはそう見えなくなる……これこそがわたしの解する本来の現象体制であり遠近法体制である」(*KSA* 3, S. 592f.)。ここに、意識における原因と結果の取り違えが、言語において個人的なものが平均的なものに見えてくることを本来の現象体制そして遠近法と呼んでいる。「動物的意識の本性の然らしめるところ、当然つぎのような事態が現れる。すなわち、わたしたちに意識されうる世界は表面的世界にして記号世界であるにすぎない、普遍化された世界であり凡常化された世界にすぎない、――意識されるものの一切は、意識されるそのことによって深みを失い、薄っぺらになり、比較的に愚劣となり、普遍化され、記号に堕し、群畜的標識に化する。全て意識化というものには、大きなしたたかな頽廃が、歪曲が、皮相化と普遍化が、結びついている」(*KSA* 3, *S*. 593)。

註

(1) 村上春樹『アフターダーク』、講談社、二〇〇四年、五頁。

(2) 村上春樹「トニー滝谷」、『レキシントンの幽霊』、文春文庫、一九九一年、一二一頁。

(3) 村上春樹「土の中の彼女の小さな犬」(一九八二年)、『中国行きのスロウ・ボート』、中公文庫、二〇〇四年、二四六頁。

(4) 夏目漱石『こころ』、角川文庫クラシックス、一九九七年、五二頁。

(5) 夏目漱石「老子の哲学」(一八九二年)、『漱石全集』、第一四巻、岩波書店、一九三六年、九九頁～一〇〇頁。

(6) 夏目漱石「断片」、『漱石文明論集』、岩波文庫、一九九四年、三一五頁。

(7) 夏目漱石『こころ』、角川文庫クラシックス、一九九七年、四一頁。

(8) 夏目漱石『道草』、新潮文庫、二〇〇四年、五頁～六頁。

(9) 三浦雅士『出生の秘密』、講談社、二〇〇五年、四九四頁～四九六頁。

(10)(11) Kojève, A., *Introduction à la lecture de Hegel. Leçon sur la phénoménologie de l'esprit. professées de 1933 à 1939 à l'École des Hautes-Études*. réunies et publiées par Queneau, R., Éditions Gallimard, Paris, 1947, p. 13.

(12) 新宮一成『ラカンの精神分析』、講談社現代新書、一九九九年、一〇六頁～一三四頁。

参考文献一覧

A. 全　集

F. W. J. Schellings sämtliche Werke. Hrsg. v. Schelling, K. F. A., J. G. Cotta, Stuttgart/Augsburg, 1856–1861.

Nietzsche・Werke. Kritische Gesamtausgabe. Hrsg. v. Colli, G. und Montinari, M., Walter de Gruyter & Co., München/Berlin/New York, 1967ff.

Hegel, G. W. F., *Werke in zwanzig Bänden. Auf der Grundauflage der Werke von 1832–1845 neu editierte Ausgabe*. Redaktion: Moldenhauer, E. und Michel, K. M., Suhrkamp Verlag, Frankfurt am Main, 1969–1979.

Die Fragmente der Vorsokratiker. Griechisch und deutsch v. Diels, H., Hrsg. v. Kranz, W., Weidmann, Berlin, 1974[17].

Nietzsche, F., *Sämtliche Briefe. Kritische Studienausgabe*. 8 Bde., Hrsg. v. Coli, G. und Montinari, M., Walter de Gruyter & Co., München/Berlin/New York, 1986.

Nietzsche, F., *Sämtliche Werke. Kritische Studienausgabe*. Hrsg. v. Coli, G. und Montinari, M., Walter de Gruyter & Co., München/Berlin/New York, 1999.

B. ヘーゲル－ニーチェ関係研究文献

〈邦　語〉

①論　文

氷上英廣「ニーチェにおけるヘーゲル像」、『理想』、第四四九号、理想社、一九七〇年、二四頁〜三五頁。

森田啓嗣「『神の死』について——ヘーゲルとニーチェを中心に」、『倫理学研究』（関西倫理学会）、第五号、一九七五年、三九頁〜四七頁。

圓増治之「哲学に於ける『勇気』――ヘーゲル対ニーチェ」、『長野大学紀要』、第九号、一九八八年、八三頁～九二頁。

勝道興「生成的自己あるいは悲劇――ニーチェにおけるヘーゲル的なもの」、『哲学』（関西大学哲学会）、第一五号、一九九二年、七三頁～九四頁。

上妻精「ヘーゲルとニーチェ――弁証法的否定とディオニュソス的肯定」、『現代思想』、第二一巻第八号、一九九三年、三八〇頁～三九〇頁。

青木茂「ヘーゲルとニーチェ――『神の死』をめぐって」、『実存思想論集』、第四巻、理想社、一九九四年。

新町貢司「ヘーゲルのゾロアスター、ニーチェのツァラトゥストラ」、『Rhodus』、第一六号、二〇〇〇年、三七頁～四七頁。

川野美玲「理性主義の限界――ヘーゲルとニーチェ」、岩佐茂・島崎隆編著『精神の哲学者ヘーゲル』、創風社、二〇〇三年、一四六頁～一四七頁。

②研究発表

勝道興「後期ニーチェにおける『ヘーゲル的なもの』について（第五三回日本哲学会大会一般研究発表要旨）」、『哲学』（日本哲学会）、第五三号、一九九四年、一四三頁～一四五頁。

③翻　訳

K・レヴィット『ヘーゲルからニーチェへ1』、柴田治三郎訳、岩波書店、一九五二年。

K・レヴィット『ヘーゲルからニーチェへ2』、柴田治三郎訳、岩波書店、一九五三年。

K・レーヴィット『ヘーゲルからニーチェへ1』、柴田治三郎訳、重版、岩波書店、一九七一年。

K・レーヴィット『ヘーゲルからニーチェへ2』、柴田治三郎訳、重版、岩波書店、一九七一年。

D・オリエ「バタイユの書庫のなかでのヘーゲル＝ニーチェ配合図」、山本功訳、『現代思想』、第一巻第一二号、一九七三年、一九二頁～二一一頁。

イルミヤフ・ヨベル『深い謎――ヘーゲル、ニーチェとユダヤ人』、青木隆嘉訳、法政大学出版局、二〇〇二年。

④書　評

氷上英廣「K・レヴィット『ヘーゲルからニーチェへ』、柴田治三郎訳」、『日本読書新聞』、第六四七号、一九五二年、二面。

桝田啓三郎「K・レヴィット著『ヘーゲルからニーチェへ』、柴田治三郎訳」、『図書新聞』、第一四九号、一九五二年、二面。

齋藤忍随「カール・レーヴィットの『ヘーゲルからニーチェへ』」、『理想』、第五二八号、理想社、一九七七年、二頁〜七頁。

〈欧　文〉

Löwith, K., *Von Hegel zu Nietzsche. Der revolutionäre Bruch im Denken des 19. Jahrhunderts*. Europa Verlag, Zürich, 1941.

Löwith, K., *Von Hegel zu Nietzsche. Der revolutionäre Bruch im Denken des neunzehnten Jahrhunderts*. Bd. 1, Felix Meiner Verlag, Hamburg, 1955.

Schulz, W., *Der Gott der neuzeitlichen Metaphysik*. Günther Neske, Pfullingen, 1957, Kap. IV.

Beerling, R. F., Hegel und Nietzsche. In: *Hegel-Studien*. Bd. 1, Bouvier Verlag, Bonn, 1961, S. 229ff.

Greene, M., Hegel's 'Unhappy Consciousness' and Nietzsche's 'Slave Morality'. In: Christensen, D. E.(Ed.), *Hegel and the Philosophy of Religion*. M. Nijhoff, Den Haag, 1970, S. 125ff.

Kaufmann, W., *Nietzsche. Philosoph—Psychologe—Antichrist*. Princeton U. P., Princeton, N. J., 1974.

Lefebvre, H., *Hegel, Marx, Nietzsche ou le royaume des ombres*. Casterman, Paris, 1975.

Breazeale, D., The Hegel-Nietzsche Problem. In: *Nietzsche-Studien. Internationales Jahrbuch für die Nietzsche-Forschung*. Bd. 4, Bouvier Verlag, Bonn, 1975, S. 146ff.

Houlgate, St., *Hegel. Nietzsche and the Criticism of Metaphysics*. Cambridge U. P., Cambridge, 1986.

Djuric, M. und Simon, J.(Hrsg.), *Nietzsche und Hegel*. Königshausen/Neumann, Würzburg, 1992.

Horstmann, R.-P., Metaphysik bei Hegel und Nietzsche. In: *Hegel-Studien*. Bd. 28, Bouvier Verlag, Bonn, 1993, S. 285ff.

Vieweg, K., *Skepsis und Freiheit. Hegel über den Skeptizismus zwischen Philosophie und Literatur*. Wilhelm Fink Verlag, München, 2007.

Vieweg, K. und Gray, R. T.(Hrsg.), *Hegel und Nietzsche. Eine literarisch-philosophische Begegnung*. Bauhaus-Universität Weimar, Weimar, 2007.

C．欧文関連文献

Anscombe, G. E. M., The First Person. In: Guttenplan, S. (ed.), *Mind and Language*. Clarendon Press, Oxford, 1975, pp. 45–65.

Bähr, K., Arthur Schopenhauers Gespräche. In: Hübscher, A. (Hrsg.), *Zwanzigstes Jahrbuch der Schopenhauer-Gesellschaft*. Schmidt & Klaunig, Kiel, 1933.

Bauer, B., *Die Posaune des jüngsten Gerichts über Hegel*. Neudruck der Ausgabe (Leipzig 1841), Scientia Verlag Aalen, Darmstadt, 1969.

Beierwaltes, W., *Denken des Einen*. Vittorio Klostermann, Frankfurt am Main, 1985.

Bernays, J., Heraklitische Studien. In: *Rheinisches Museum*. Bd. 7, E. Weber, Bonn, 1850, S. 319ff.

Blumenberg, H., *Arbeit am Mytos*. Suhrkamp Verlag, Frankfurt am Main, 1986^{4}.

Bolz, N., *Eine kurze Geschichte des Scheins.* Wilhelm Fink Verlag, München, 1991.

Brandom, R. B., *Tales of the Mighty Dead. Historical Essays in the Metaphysics of Intentionality*. Harvard U. P., Cambridge/Massachusetts/London, 2002.

Burnham, D., *Reading Nietzsche. Analysis of Beyond Good and Evil*. Acumen, Socksfield, 2007.

Camus, A., *Le mythe de Sisyphe*. Éditions Gallimard, Paris, 1942.

Camus, A., *L' étranger*. Éditions Gallimard, Paris, 1953.

Campioni, G., D'lorio, P., Fornarin, M. C., Fronterotta, F., und Orsucci, A., *Nietsches persönliche Bibliothek*. Walter de Gruyter & Co., Berlin/New York, 2003.

Cramer, K., Erlebnis. Thesen zu Hegels Theorie des Theorie des Selbstbewußtseins mit Rücksicht auf die Aporien eines Grundbegriffs nachhegelscher Philosophie. In: *Hegel-Studien*. Beiheft 11, Bouvier Verlag Herbert Grundmann, Bonn, 1983^{2}, S. 537ff.

Cramer, K., Bewußtsein und Selbstbewußtsein. Vorschläge zur Rekonstruktion der systematischen Bedeutung einer Behauptung Hegels im § 424 der Berliner Enzyclopädie der philosophischen Wissenschaften. In: *Hegel-Studien*. Beiheft 19, Bouvier Verlag Herbert Grundmann, Bonn, 1979, S. 215ff.

Descartes: *Œuvres philosophiques*. Tome III, Éditions Garnier, Paris, 1973.

Emerson, R. W., *Essays*. Series 1, 1st World Library-Literary Society, Fairfield, 2004.

Fichtes Werke. Bd. I, Hrsg. v. Fichte, I. H., Walter de Gruyter & Co., Berlin, 1971.
Fink, E., *Spiel als Weltsymbol*. W. Kohlhammer, Stuttgart, 1960.
Frank, M., *Der kommende Gott. Vorlesungen über die Neue Mythologie*. Suhrkamp Verlag, Frankfurt am Main, 1982.
Fukuyama, F., *The End of History and the Last Man*. Perennial, New York, 1992.
Gadamer, H.-G., *Hegels Dialektik. Sechs hermeneutische Studien*. J. C. B. Mohr, Tübingen, 1980.
Gerber, G., *Die Sprache als Kunst*. Bd. 1, Mittler'sche Buchhandlung, Bromberg, 1871.
Gerratana, F., Der Wahn jenseits der Menschen. Zur frühen E. v. Hartmann-Rezeption Nietzsches（1869–1874）. In: *Nietzsche-Studien. Internationales Jahrbuch für die Nietzsche-Forschung*. Bd. 17, Walter de Gruyter & Co., Belin/New York, 1988, S. 391 ff.
Goethe, J. W., *Sämtliche Werke*. I. Abteilung, Bd. 2, Deutscher Klassischer Verlag, Frankfurt am Main, 1988.
Granier, J., *Nietzsche*（Que sais-je? 2042）. PUF, Paris, 1982.
Häfliger, G., Nietzsche…Heraklit…Bataille、日本独文学会編『ドイツ文学』、第八五号所収、一九九〇年、七五頁〜八四頁。
Hartmann, E. v., *Philosophie des Unbewußten. Versuch einer Weltanschuung*. Carl Duncker's Verlag, Berlin, 1869.
Hartmann, E. v., *Phänomenologie des sittlichen Bewusstseins. Prolegomena zu jeder künftigen Ethik*. Carl Duncker's Verlag, Berlin, 1879.
Hegel, G. W. F., *Vorlesungen über die Philosophy der Religion. Teil 3: Die vollendete Religion.* Hrsg. v. Jaeschke, W., Felix Meiner Verlag, Hamburg, 1984.
Hegel, G. W. F., *Phänomenologie des Geistes*. Hrsg. v. Wessels, H. und Clairmont, H., Felix Meiner Verlag, Hamburg, 1988.
Hegel, G. W. F., *Enzyklopädie der philosophischen Wissenschaften im Grundrisse*（*1830*）［*Gesammelte Werke*. Bd. 20］. Felix Meiner Verlag, Hamburg, 1992.
Hegel, G. W. F., Berliner Antrittsrede. In: *Gesammelte Werke*. Bd. 18, Hrsg. v. Jaeschke, W., Felix Meiner Verlag, Hamburg, 1995, S. 11ff.
Hegel, G. W. F., *Vorlesungen über die Geschichte der Philosphie*. Teil 1（1994）; Teil 2（1996）; Teil 3（1989）; Teil 4（1986）, Hrsg. v.

Garniron, P. und Jaeschke, W., Felix Meiner Verlag, Hamburg.

Heidegger, M., *Nietzsche*. Bd. 1, Verlag Günther Neske, Stuttgart, 1961.

Heidegger, M., *Holzwege* (*Gesamtausgabe*. I. Abteilung: Veröffentlichte Schriften 1914–1970. Bd. 5). Vittorio Klostermann, Frankfurt am Main, 1977.

Heidegger, M., Hegels Phänomenologie des Geistes (*Gesamtausgabe*. II. Abteilung: Vorlesungen 1923–1944. Bd. 32), Vittorio Klostermann, Frankfurt am Main, 1980.

Heidegger, M., Heraklit. Freiburger Vorlesungen (Sommersemester 1943 und 1944) [*Gesamtausgabe*. II. Abteilung: Vorlesungen 1919–1944, Bd. 55]. Vittorio Klostermann, Frankfurt am Main, 1987^{2}.

Heidegger, M., *Nietzsche*. Bd. 2, Verlag Günther Neske, Stuttgart , 1989^{5}.

Heidegger, M., *Die Metaphysik des deutschen Idealismus* (*Schelling*) [*Gesamtausgabe.* II. Abteilung.: Vorlesungen 1919–1944. Bd. 49]. Vittorio Klostermann, Frankfurt am Main, 1991.

Henrich, D., *Fluchtlinien. Philosophische Essays*. Suhrkamp Verlag, Frankfurt am Main, 1982.

Hermann, E., *Cultur und Natur*. *Studien im Gebiete der Wirtschaft*. Allgemeiner Verein für Deutsche Literatur, Berlin, 1887.

Jamme, C., *Einführung in die Philosophie des Mythos*. Bd. 2, Wissenschaftliche Gesellschaft, Darmstadt, 1991.

Kant, I., *Kritik der reinen Vernunft*. Hrsg. v. Schmidt, R., Felix Meiner Verlag, Hamburg, 1956.

Kant, I., *Kritik der Urteilskraft*. Hrsg. v. Vorländer, K., Felix Meiner Verlag, Hamburg, 1974.

Klossowski, P., *Un si funeste désir*. Éditions Gallimard, Paris, 1963.

Klossowski, P., *Nietzsche et le cercle vicieux*. Mercure de France, Paris, 1969.

Kojève, A., *Introduction à la lecture de Hegel. Leçon sur la phénoménologie de l'esprit. professées de 1933 à 1939 à l'École des Hautes-Études*. réunies et publiées par Queneau, R., Éditions Gallimard, Paris, 1947.

Lacan, J., *Écrits* I. Éditions du Seul, Paris, 1966.

Lacan, J., *Le Séminaire. Livre XI: Les quatre concepts fondamentaux de la psychanalyse* (*1964*). Texte établi par Jacques-Alain, M., Éditions du Seuil, Paris, 1973.

Lacoue-Labarthe, P., Der Umweg. In: Hamacher, W.(Hrsg.), *Nietzsche aus Frankreich*. Ullstein, Frankfurt/München/Berlin, 1986.

Löwith, K., *Nietzsches Philosophie der ewigen Wiederkehr des Gleichen*. Neue Ausgabe, Kohlhammer, Stuttgart, 1956.

Marx, K., *Ökonomisch-philosophische Manuskripte* (*Karl Marx/Friedrich Engels Gesamtausgabe*. I. Abteilang, Bd. 2[Text]). Dietz Verlag, Berlin, 1982.

Marx, W., *Hegels Phänomenologie des Geistes. Die Bestimmung ihrer Idee in Vorrede und Einleitung*. Vittorio Klostermann, Frankfurt am Main, 1971.

Mauthner, F., *Beiträge zu einer Kritik der Sprache*. 3 Bände, J. G. Cotta'sche Buchhandlung Nachfolger G.M.B.H., Stuttgart/Berlin, 1901–1902.

Meijers, A., Gustav Gerber und Nietzsche. In: *Nietzsche-Studien*. *Internationales Jahrbuch für die Nietzsche-Forschung*. Bd. 17, Walter de Gruyter & Co., Berlin/New York, 1988.

Meijers, A. und Stingelin, M., Konkordanz zu den Wörtlichen Abschriften und Übernahmen von Beispielen und Zitaten aus Gustav Gerber: Die Sprache als Kunst(Bromberg 1871) in Nietzsches Rhetorik-Vorlesung und in Über Wahrheit und Lüge im aussermoralischen Sinn. In: *Nietzsche-Studien*. *Internationales Jahrbuch für die Nietzsche-Forschung*. Bd. 17, Walter de Gruyter & Co., Berlin/New York, 1988.

Merleau-Ponty, M., *Le visible et l'invisible*. Éditions Gallimard, Paris, 1964.

Merleau-Ponty, M., Philosophie et non philosophie depuis Hegel(I). Notes de cours, Texte établi et présenté par Lefort, C., In: *Textures*. Vol. 8–9, Éditeur responsable, Richir, M., 1974, pp. 83–129.

Merleau-Ponty, M., Philosophy and Non-Philosophy Since Hegel. Tr. by Silverman, H. J., In: *Telos*. No. 29, Telos Press, St. Louis, 1976.

Most, G. und Fries, Th., Die Quellen von Nietzsches Rhetorik-Vorlesung. Auszüge aus Nietzsches Rhetorik-Vorlesung. In: Kopperschmidt, J. und Schanze, H.(Hrsg.), *Nietzsche oder Die Sprache ist Rhetorik*. Wilhelm Fink Verlag, München, 1994.

Müller-Lauter, W., *Nietzsche. Seine Philosophie der Gegensätze und die Gegensätze seiner Philosophie*. Walter de Gruyter & Co., Berlin, 1971.

Müller-Lauter, W., Nihilismus als Konsequenz des Idealismus. In: Schwan, A.(Hrsg.), *Denken im Schatten des Nihilismus. Festschrift für Wilhelm Weischedel zum 70. Geburtstag*. Wissenschaftliche Buchgesellschaft, Darmstadt, 1975, S. 113ff.

Murdock, J., *Sketches of Modern Philosophy; Especially among the Germans*. John C. Wells, Hartford, 1846.

Nietzsche, F., *Nachgelassene Fragmente 1887–1889*(*Kritische Studienausgabe*. Neuausgabe, Bd. 13). Deutscher Taschenbuch/de Gruyter, Berlin/New York/München, 1999.

Nietzsches Rhetorik-Vorlesung. In: Kopperschmidt, J. und Schanze, H.(Hrsg.), *Nietzsche oder Die Sprache ist Rhetorik*. Wihelm Fink Verlag, München, 1994, S. 243f.

Pfeiffer, E.(Hrsg.), *Eriedrich Nietzsche, Paul Rée, Lou von Salomé. Die Dokumente ihrer Begegnung*. Auf der Grundlage der einstigen Zusammenarbeit mit Schlechta, K. und Thierbach, E., Insel Verlag, Frankfurt am Main, 1970.

Pöggeler, O., *Hegels Idee einer Phänomenologie des Geistes.* Verlag Alber, Freiburg/München, 1973.

Porter, J. I., *The Invention of Dionysus. An Essay on The Birth of Tragedy.* Stanford U. P., Stanford/California, 2000.

Quante, M., Die Systematische Bedeutung der Anerkennungsrelation in Hegels *Phänomenologie des Geistes.* （日独哲学シンポジウム講演原稿、二〇〇六年三月二六日、於法政大学）

Reginster, B., *The Affirmation of Life. Nietzsche on Overcoming Nihilism*. Harvard U. P., Cambridge/Massachusetts/London, 2008.

Reibnitz, B. v., *Ein Kommentar zu Friedrich Nietzsche. »Die Geburt der Tragödie aus dem Geiste der Musik«* (*Kap. 1–12*). Verlag J. B. Metzler, Stuttgart/Weimar, 1992.

Schelling, F. W. J., *Urfassung der Philosophie der Offenbarung*. Teilband 1, Hrsg. v. Ehrhardt, W. E., Felix Meiner Verlag, Hamburg, 1992, S. 321ff.; *SW* 2/III.

Schelling, F. W. J., *Die Weltalter. Fragmente. In den Urfassungen von 1811 und 1813*. Hrsg. v. Schröter, M., C. H. Beck, München, 1966.

Schiller, F., *Werke und Briefe*. Hrsg. v. Dann, O., usw., Deutscher Klassiker Verlag, Frankfurt am Main, 1992.

Schlimgen, E., *Nietzsches Theorie des Bewußtseins*(*Monographien und Texte zur Nietzsche-Forschung*. Bd. 41). Walter de Gruyter & Co., Berlin/New York, 1999.

Schneider, G. H., *Der tierische Wille. Systematische Darstellung und Erklärung der tierischen Triebe und deren Entstehung, Entwicklung und Verbreitung im Tierreiche als Grundlage zu einer vergleichenden Willenslehre*. Verlag von Ambr Abel, Leipzig, 1880.

Schopenhauer, A., *Die Welt als Wille und Vorstellung*. Bd. 1, Suhrkamp Verlag, Frankfurt am Main, 1986.

Shoemaker, S., Self-reference and self-awareness. In: *The Journal of Philosophy*. Vol. 65, Journal of Philosophy Inc., New York, 1968, pp. 556–567.

Silverman, H. J., Heidegger and Merleau-Ponty: Interpreting Hegel. In: *Research in Phenomenology*. Vol. 7, 1977, pp. 209–224.

Stack, G. J., *Lange and Nietzsche*. Walter de Gryuter & Co., Berlin, 1983.

Steinhauer, K., *Hegel: Bibliographie*. Teil 1 (1980), Teil 2 (1998), K. G. Saur, München/New York/London/Paris.

Stingelin, M., Psychologie. In: Ottmann, H. (Hrsg.), *Nietzsche-Handbuch. Leben-Werk-Wirkung*. Verlag G. B. Metzler, Stuttgart/Weimar, 2000.

Strauss, D. F., *Das Leben Jesu*. Bd. 2, Verlag von C. F. Osiander, Tübingen, 1836.〔法政大学大原社会問題研究所所蔵貴重書〕

Strauss, L., *On Tyranny*. Cornell U. P., Ithaka/New York, 1963.

Tarn, W. W., *The Greeks in Bactria & India* (Revised Third Edition). Ares Publishers, Inc., Chicago/IIIinois, 1997.

Theunissen, M., *Sein und Schein. Die kritische Funktion der Hegelschen Logik*. Suhrkamp Verlag, Frankfurt am Main, 1980.

Townsend, H. G., *Philosophical Ideas in the United States*. American Book Company, New York, 1934.

Verene, D. P., *Hegel's Recollection. A Study of Images in the Phenomenology of Spirit*. State University of New York Press, Albany, 1988.

Volkmann, R., *Die Rhetorik der Griechen und Römer in systematischer Übersicht*. Ebeling & Plahn, Berlin, 1872.

Wohlfart, G., *»Also sprach Herakleitos«. Heraklits Fragment B52 und Nietsches Heraklit-Rezeption*. Alber, Freiburg/München, 1991.

Wohlfart, G., Wer ist Nietzsches Zarathustra? In: *Nietzsche-Studien. Internationales Jahrbuch für die Nietzsche-Forschung*. Bd. 26, Bouvier Verlag, Bonn, 1997.

Wundt, M., *Grundzüge der Physiologischen Psychologie*. Verlag von Wilhelm Engelmann, Leipzig, 1874.

D. 邦語関連文献

秋山英夫『ニーチェ論』、理想社、一九五〇年。

W・イェシュケ「ヘーゲルの体系」、山田有希子訳、日本ヘーゲル学会編『ヘーゲル哲学研究』第一二号、二〇〇六年、七頁〜三〇頁。

石川文康「理性の現象学と精神の現象学」、『理想』、第六七九号、理想社、二〇〇七年、五一頁以下。

『井筒俊彦著作集1・神秘哲学』、中央公論社、一九九一年。

稲富栄次郎『ヘルバルトの哲学と教育学』、玉川教育新書、一九七二年。

岩波哲男『ニヒリズム』、理想社、上(二〇〇五年)・下(二〇〇六年)。

大山正・詫摩武俊・中島力『心理学』、有斐閣双書、一九九六年。

樫山欽四郎『ヘーゲル精神現象学の研究』、創文社、一九六一年。

金子武蔵「Substanz から Subjekt へ」、『哲学雑誌』、第一七巻第五四二号、一九三二年、三一三頁〜三四六頁。

木田元『マッハとニーチェ――世紀転換期思想史』、新書館、二〇〇二年。

M・クヴァンテ「ヘーゲル『精神現象学』における承認関係の体系的意義」、竹島尚仁訳、日本ヘーゲル学会編『ヘーゲル哲学研究』第一三号、二〇〇七年、七二頁〜八四頁。

幸津國生『哲学の欲求――ヘーゲルの〈欲求の哲学〉』、弘文堂、一九九一年。

小坂井敏晶『責任という虚構』、東京大学出版会、二〇〇八年。

斎藤忍随『知者たちの言葉』、岩波新書、一九七六年。

坂部恵『仮面の解釈学』、東京大学出版会、一九七六年。

笹澤豊『自分で考える倫理――カント、ヘーゲル、ニーチェ』、ちくま新書、二〇〇〇年。

清水紀子「レトリックの視点から見たニーチェ『この人を見よ』」、上智大学一般外国語教育センター『Lingua』、第一三号、二〇〇二年、一五九頁〜一七三頁。

新宮一成『ラカンの精神分析』、講談社現代新書、一九九九年。

関塚正嗣「ニーチェにおける身体と霊魂の論」、『飯塚信雄教授古稀記念論集』、飯塚信雄教授古稀記念論集刊行会、一九九一年。

田邊元『ヘーゲル哲学と弁証法』、岩波書店、一九三二年。

谷本慎介「ニーチェのワーグナー・コンプレックス――『生殖理論』をめぐって」、三光長治他『思索する耳――ワーグナーとドイツ近代』、同学社、一九九四年。

辻村公一編・解説『現代日本思想大系二三・田邊元』、筑摩書房、一九七二年。

土井虎賀寿「はかなきものの美しさについて――ヘラクレイトスの生成流転とニーチェの永却回帰」、『思想』、第三三〇号、岩波書店、一九五一年、八二頁〜八五頁。

内藤可夫「ニーチェのヘラクレイトス解釈における『人格』の問題について」、『人間環境論集』、第八号、人間環境大学、二〇〇九年、一頁〜一三頁。

夏目漱石「老子の哲学」（一八九二年）、『漱石全集』第一四巻、岩波書店、一九三六年、九九頁〜一〇〇頁。

夏目漱石「断片」、『漱石文明論集』、岩波文庫、一九九四年、三一五頁。

夏目漱石『こころ』、角川文庫クラシックス、一九九七年。

夏目漱石『道草』、新潮文庫、二〇〇四年。

西田幾多郎「行為的直観」、『西田幾多郎全集』、第八巻、岩波書店、一九七九年。

長谷川宏『格闘する理性――ヘーゲル、ニーチェ、キルケゴール』、河出書房新社、一九八七年。

K・フィーベーク「意識自身の転回――『精神現象学』の意識の道程について」、満井裕子訳、日本ヘーゲル学会編『ヘーゲル哲学研究』第一三号、二〇〇七年、四四頁〜五七頁。

K・フィーベーク「像を支配する柔らかい力――構想力についてのヘーゲルの哲学的構想」、赤石憲昭・野尻英一訳、山口誠一解説、『理想』、第六八二号、二〇〇九年、一六七頁〜一八七頁。

G・W・F・ヘーゲル『〈改訳〉精神の現象学』（上）、金子武蔵訳、岩波書店、一九五二年。

E・ベルトラム『ニーチェ』（下）、浅井真男訳、筑摩書房、一九七一年。

E・ホーレンシュタイン「『私』という語の特異な文法」、高田珠樹訳、『思想』、第七三六号、岩波書店、一九八五年、四九頁〜七一頁。

前田耕作『バクトリア王国の興亡――ヘレニズムと仏教の交流の原点』、レグルス文庫、一九九二年。

三浦雅士『出生の秘密』、講談社、二〇〇五年。

三木清「人生論ノート」、『三木清全集』、第一巻、岩波書店、一九八四年、一九三頁〜三六二頁。

宮武昭『ガンダーラ仏の不思議』、講談社、一九九六年。

宮原浩二郎『貴人論――思想の現在あるいは源氏物語』、新曜社、一九九七年。

村上春樹「トニー滝谷」、『レキシントンの幽霊』、文春文庫、一九九一年、一一一頁〜一四五頁。

村上春樹『ダンス・ダンス・ダンス』(上)、講談社文庫、一九九八年。

村上春樹「土の中の彼女の小さな犬」(一九八二年)、『中国行きのスロウ・ボート』、中公文庫、二〇〇四年、一八九頁〜二四七頁。

村上春樹『アフターダーク』、講談社、二〇〇四年。

M・メルロ＝ポンティ「ヘーゲル以降の哲学と非哲学」、田島節夫・実川敏夫・田島由美子訳、『理想』、第五二六号(メルロ＝ポンティ特集号)、理想社、一九七七年、三八頁〜七三頁。

森鷗外『妄想他三篇』、岩波文庫、一九四八年。

山口誠一『ヘーゲル哲学の根源――〈精神現象学〉の問いの解明』、法政大学出版局、一九八九年。

山口誠一『ヘーゲルのギリシア哲学論』、創文社、一九九八年。

山口誠一「ニーチェからヘーゲルへ」、『法政大学文学部紀要』、第四六号、二〇〇四年、二五頁〜四五頁。

山口誠一「物語としてのドイツ観念論――後期シェリングのヤコービ論を中心に」、哲学会編『哲学雑誌』、第一一九巻第七九一号(ドイツ観念論再考)、二〇〇四年、五七頁〜七三頁。

山口誠一「現代史に生きる『精神現象学』」、日本ヘーゲル学会編『ヘーゲル哲学研究』、第一二号、二〇〇六年、九八頁〜一〇九頁。

山口誠一「『ディオニュソス哲学への道』序説――〈神の死〉理解の転換」、『法政大学文学部紀要』、第五四号、二〇〇七年、一三頁〜二五頁。

山口誠一「『精神現象学』の根本的問い」、『理想』、第六七九号、理想社、二〇〇七年、三〇頁～三九頁。

山口誠一『クリエートする哲学――新行為論入門』、弘文堂、二〇〇七年（初版第三刷）。

山口誠一「日本の『精神現象学』研究鳥瞰」、合澤清・滝口清栄編『ヘーゲル――現代思想の起点』、社会思想社、二〇〇八年、二八四頁～三〇七頁。

山田忠彰『エストー エティカ――〈デザイン・ワールド〉と〈存在の美学〉』、ナカニシヤ出版、二〇〇九年。

事項索引

ボェック Boeckh, A.　187
ボルツ Bolz, N.　3

マ
マッハ Mach, E.　136, 162

ミ
ミューラー Müller, K. O.　36
ミューラー Müller, J.　121

ム
村上春樹　246, 248-249, 251, 263

メ
メルロ＝ポンティ Merleau-Ponty, M.　3, 15-20, 23, 40, 135, 193

モ
モンテーニュ Montaigne, M. E. de　151

ヤ
ヤコービ Jacobi, F. H.　24, 38, 75, 88, 201

ラ
ライプニッツ Reibniz, B. v.　36-37
ライプニッツ Leibniz, G. W.　138
ラカン Lacan, J.　210-211, 237, 246, 261-263
ラクー＝ラバルト Lacoue-Labarthe, P. 114
ラ・ロシュフコー La Rochefoucauld, F. 151
ランゲ Lange, F. A.　75, 135

リ
リッチュル Ritschl, F. W.　36

ル
ルー・ザロメ Andrea-Salomé, L.　55

レ
レーヴィット Löwith, K.　1, 3, 24, 41, 68, 76, 209

ロ
ロッツェ Lotze, R. H.　75

人名索引

ア
アテナ Athena　48
アリアドネ Ariadne　65, 67
アリストテレス Aristoteles　49, 117, 122-125, 131, 145, 174, 240-241
アレクサンダー大王 Alexandros III　10

イ
イェシュケ Jaeschke, W.　1, 4
イエス Jesus　25, 69-70
イソクラテス Isokrates　117, 123
イッポリート Hyppolite, J.　17-18, 23
岩波哲男　209, 223

ウ
ヴァーグナー Wagner, R.　25, 27-28, 75, 95, 108
ヴィンケルマン Winckelmann, J. J.　9, 36
ヴィンデルバント Windelband, W.　138
ヴォールファート Wohlfart, G.　53

エ
エマソン Emerson, R. W.　68, 77, 105, 113, 137, 210
エンペドクレス Empedokles　41

カ
カミュ Camus, A.　167-168, 170
カント Kant, I.　2-3, 24, 26, 41, 75-76, 80-83, 88, 133, 138, 143, 161, 244

キ
キケロ Cicero, M. T.　117, 123, 127-128
キルケゴール Kierkegaard, S. A.　18, 24, 209-210

ク
クインティリアヌス Quintilianus, M. F.　117, 123, 127
クヴァンテ Quante, M.　2, 4, 224, 228-229, 236
クーザン Cousin, V.　68, 77, 210
クラマー Cramer, K.　216, 218-220, 231
クロイツァー Creuzer, G. F.　36-37

ケ
ゲーテ Goethe, J. W.　9, 36, 41-42, 151
ゲルバー Gerber, G.　118, 122-123, 126, 128

コ
コルナーロ Cornaro, L.　154-155
ゴルギアス Gorgias　117

サ
坂部　恵　86, 89-90
ザグレウス Zagreus　36-37, 47-48

シ
シェリング Schelling, F. W. J.　24-25, 31-32, 34-38, 75-77, 80, 84-85, 114-115, 138, 201
シュティルナー Stirner, M.　75-76, 209
シュトラウス Strauss, D. F.　24-25
シュナイダー Schneider, G. H.　151-152
シュリムゲン Schlimgen, E.　163
シラー Schiller, J. C. F.　13, 107

ス
スタック Stack, G. J.　135
スピノザ Spinoza, B. de　32, 41-42

セ
ゼウス Zeus　48

著　者

山口誠一（やまぐち せいいち）

1953年，東京生まれ．現在，法政大学文学部哲学科教授（ドイツ哲学）．

〔主要編著書〕

『ヘーゲル哲学の根源―精神現象学の問いの解明』（法政大学出版局，1989年），『ヘーゲル事典』（共編著，弘文堂，1992年，2008年韓国語訳），『ヘーゲルのギリシア哲学論』（創文社，1998年），『クリエートする哲学』（弘文堂，2000年），『ヘーゲル《新プラトン主義哲学》註解』（共著，知泉書館，2005年）．

ニーチェとヘーゲル――ディオニュソス哲学の地下通路

2010年2月10日　初版第1刷発行

著　者　山口誠一
発行所　財団法人 法政大学出版局
〒102-0073 東京都千代田区九段北 3-2-7
電話 03 (5214) 5540 振替 00160-6-95814
組版・印刷：三和印刷，製本：鈴木製本所

Printed in Japan

ISBN 978-4-588-15062-3